shukujo5@yahoo.com.tw

exact time
zǔn què de shí jian
準確的時間

CHENG CHUNG
BOOK CO., LTD.

3.659 GPA

CHENG CHUNG
BOOK CO., LTD.

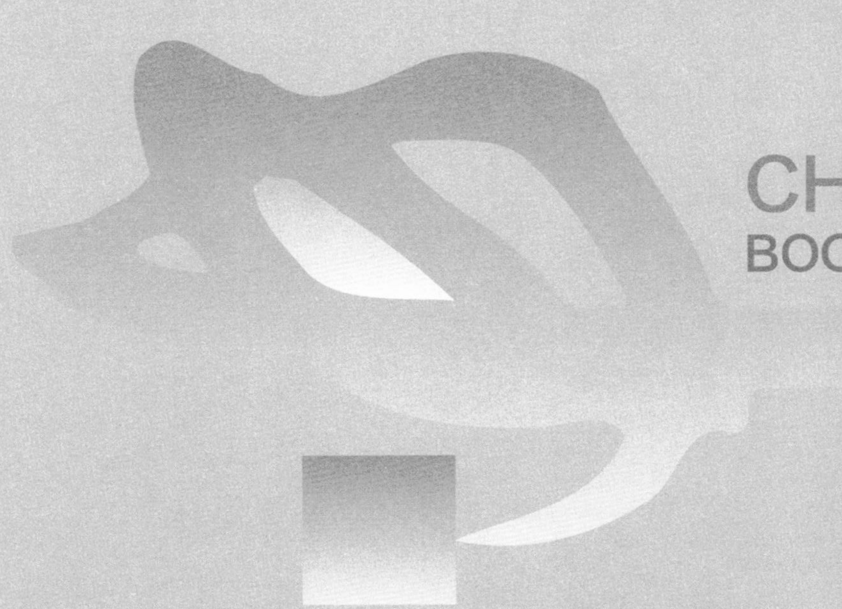

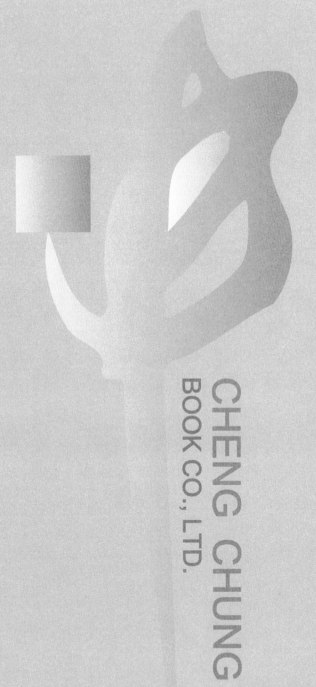

CHENG CHUNG
BOOK CO., LTD.

CHENG CHUNG
BOOK CO., LTD.

新版 實用視聽華語

PRACTICAL AUDIO-VISUAL CHINESE 2ND EDITION

4

主 編 者◆國立臺灣師範大學
編輯委員◆范慧貞．劉秀芝（咪咪）．蕭美美
策 劃 者◆教育部

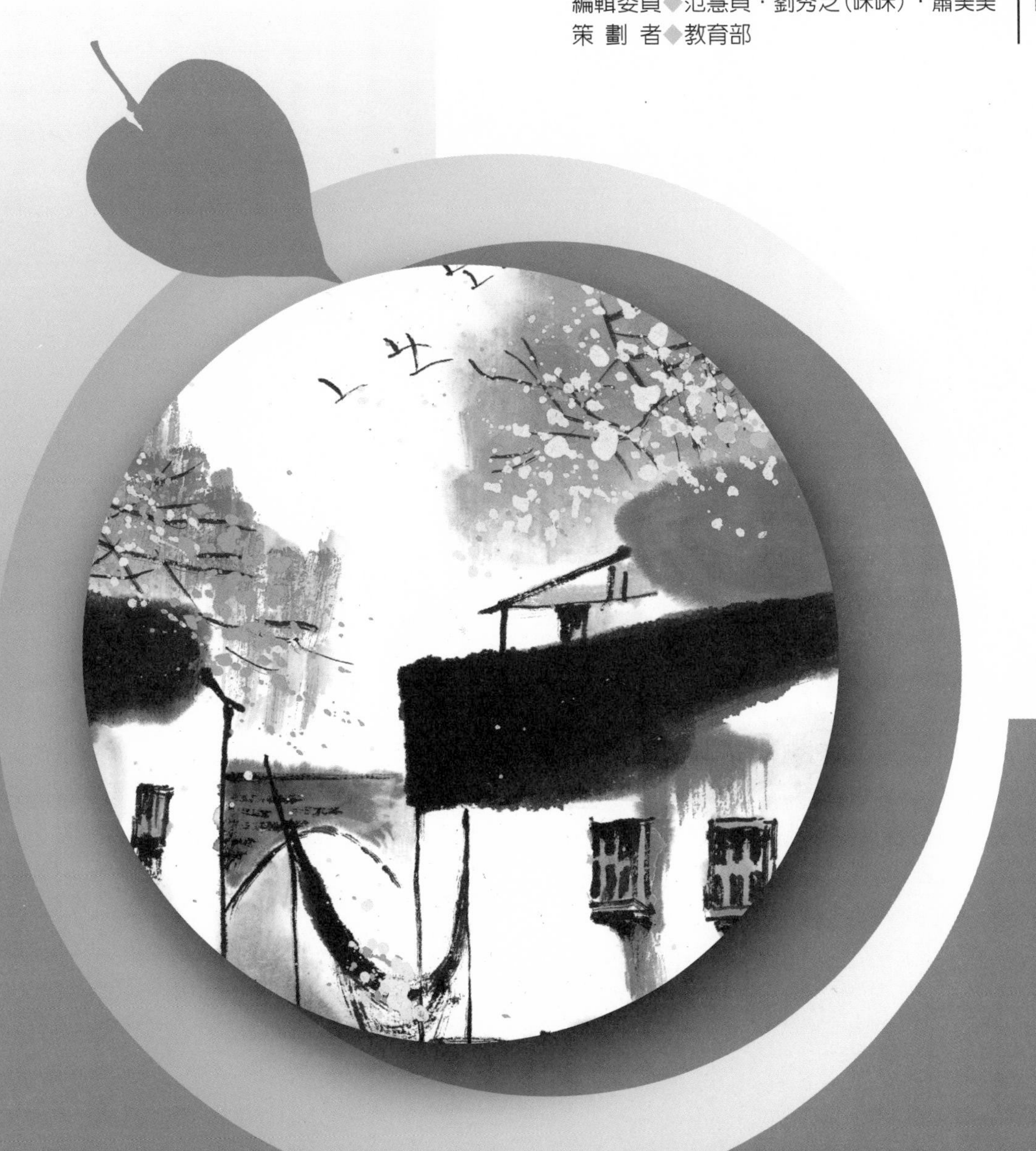

再版編輯要旨

本書原版《實用視聽華語》1、2、3冊，自1999年9月出版以來深受海內外好評，並廣被採用至今。

本書七年來使用期間，曾收到國內外華語教學界、各大學華語教學中心或華語文教師及學生對本書建設性的批評與建議。

適逢2003年美國大學委員會宣布AP(Advance Placement)華語測驗計畫——針對已在美國實行的第二語言教學考試，作了一次改革性的創舉，此項壯舉，影響了今後華語文教材編寫、師資培訓、教學方法及測驗等內容之改進，並在第二語言教學上建立了要實現的五大目標，即——Five C's：1.溝通(Communication)，2.文化(Cultures)，3.多元(Connection)，4.辨思(Comparisons)，5.實用(Communities)。

本書原為臺灣師範大學編輯委員會負責編寫，教育部出版發行，目前著手改編之理由：一是採納各方使用者之意見，修改不合時宜之內容。二是響應國際華語文教學趨勢，配合第二語言教學之五大目標進行修正。

本次再版修訂之內容及過程如下：

本教材在改編之前邀請教育部對外華語小組、原教材編輯者、華語文專家學者，商定改編計畫。對原書之課文內容、話題調整、詞彙用法及練習方式等相關各項問題，廣徵各方意見，並達成協議，進行大幅度變動與修改。

原版《實用視聽華語》1、2、3共三冊，再版後將原第1冊改為1、2兩冊；原第2冊改為3、4兩冊；原第3冊保持一冊，改為第5冊。新版《實用視聽華語》共分1、2、3、4、5五冊。每套教材包括課本、教師手冊、學生作業簿等三冊，每課均附有語音輔助教具。

新版《實用視聽華語》第1冊共十二課，重點在於教授學生的基本發音、語法及常用詞彙，以達到使用華語基本實用語言溝通的目的。本冊課文調整後之生字共314個，生詞449條，語法句型50則。

《實用視聽華語》第2冊共十三課，延續第1冊實際生活用語，並達到使用流利華語，表達生動自然的語用技巧。生字共303個，生詞481條，語法句型39則。

《實用視聽華語》第3冊共十四課，內容著重在校園活動和日常生活話題。生字共600個，生詞1195條，語法句型137則。每課加附不同形式之手寫短文。

《實用視聽華語》第4冊共十四課，延續介紹中華文化，包括社會、歷史、地理、人情世故。生字共625個，生詞1250條，語法配合情境介紹句型119則。每課加附手寫短文。

《實用視聽華語》第5冊共二十課， 課文介紹中華文化之特質及風俗習慣；以短劇、敘述文及議論文等體裁為主，內容則以民俗文化、傳統戲劇、文字、醫藥、科技、環保、消費、休閒等配合時代潮流，以提高學生對目前各類話題討論的能力。本冊新增生詞677條，連結結構之句型70則。每課除課文外，另附有閱讀測驗、佳文共賞及成語故事。

本書所有的生字與生詞及第1、2冊課文，拼音係採用1.國語注音；2.通用拼音；3.漢語拼音並列，以收廣為使用之效。

每冊教材所包括的內容大致如下：1.課文、對話；2.生字、生詞及用法；3.語法要點及句型練習；4.課室活動；5.短文；6.註釋。

本書第1、2冊由王淑美、盧翠英兩位老師負責改編工作； 第3、4冊由范慧貞、劉咪咪兩位老師負責改編工作；第5冊由張仲敏、陳瑩漣兩位老師負責改編工作；英文由任友梅小姐工作群翻譯。並由林姿君小姐、陳雅雪老師、林容年老師及三位助理完成打字及整理全稿工作。插圖則由張欣怡小姐補充設定完成。

本書在完成修改稿後，曾邀請華語文專家學者進行審查，經過修訂後定稿。審查委員如下：陳純音教授、曾金金教授、陳俊光教授、陳浩然教授。

本書改版作業歷時半年有餘，在臺灣師大國語中心教材組陳立芬老師等工作人員之全力配合下得以完成，感謝所有盡心戮力參與編輯的作者及審核的委員，使這部修訂版《實用視聽華語》得以出版。各位教學者使用時，請不吝指教並匡正。

主編 葉德明

2007年3月

新版 實用視聽華語 4
PRACTICAL AUDIO-VISUAL CHINESE 2ND EDITION

CONTENTS

第一課 新年晚會

■新年晚會（師大國語中心提供）

（在禮堂）

李平：林建國，你把這張海報貼在門口，好不好？

建國：等一下，我把這些桌子排好就去貼。

台麗：李平，你買的紙杯、紙盤放在哪裡了？我找不到。

李平：就在舞台上那個裝光碟的大紙袋裡。高偉立呢？

建國：他在舞台後面弄音響。（說著偉立走出來）

偉立：**總算**修理好了，剛剛那個機器忽然沒聲音了，**把**我急**得**滿頭大汗。誰管燈光啊？

美眞：那邊那個戴眼鏡，穿白襯衫的就是。你不認識吧？他是教育系的陸康。

李平：喂！老陸！你過來一下。（陸康過來）這是高偉立，他負責音效。這是陸康。有什麼需要互相配合的，你們談談吧！

美眞：李平，你叫人去搬飲料跟點心了沒有？

李平：我已經派人去了，現在應該在回來的路上了。對了，等東西到了以後，麻煩你把點心拿出來，**一樣一樣地**排好。就擺在那兩個大桌子上好了。

美眞：是，會長[1]。

李平：別叫我會長，**都是**你們害的，下次可**別再**選我**了**！

台麗：大家輪流服務嘛！

李平：那明年就輪到你了！參加表演的人都準備好了嗎？

台麗：我的節目大概沒問題，只要上台不緊張就行了。我看到參加服裝表演的同學已經開始化妝了。

建國（過來）：海報貼好了，還要我做什麼？

李平：好像都準備得差不多了，你休息一下吧！

建國：今天有沒有人錄影啊？

李平：活動中心的辦公室會派一個人來錄影，另外還有幾個同學會帶照像機來。

美眞（過來）：今天有哪些老師會來？誰當招待啊？

李平：校長、中文系、歷史系的主任都會來，到時候由我跟副會長來招待他們。

偉立、陸康（過來）：行了，就等晚會開始了。

李平：各位辛苦了，要不是大家幫忙，我一定忙不過來。

建國：那就給個紅包[2]吧！大家發財[3]。

李平：可惜經費不夠，很抱歉！我只能代表臺灣同學會[4]謝謝大家。希望你們今天晚上都玩得很愉快。

※　※　※　※　※　※

（在活動中心）

李平（走過來）：嗨！你們在這裡正好，要不要看像片？（打開背包拿出像機）

偉立：什麼像片？

李平：新年晚會照的啊！

建國：噢！快給我看看。哇！你這個數位相機的螢幕好大，好清楚。

■春聯（新聞局提供）

偉立：台麗這張不錯。沒想到她的民族舞蹈跳得這麼好。

建國（看另外一張）：中間這個人是美真嗎？嘴張得這麼大，唱得好高興啊！

偉立：她們唱歌的樣子很可愛，可是有一首我聽不懂。

李平：一定是那首臺灣民謠[5]。你請美真給你翻譯吧！

偉立：好。（看下一張）這個人唱的京劇，我也是一句都不懂。我倒是對他的化妝很有興趣，他的動作也很美。

李平：京劇的每一個動作都代表不同的意思，想了解的話，可以去請教張教授，聽說他對京劇相當有研究。

建國：哇！我這張真難看。我不記得我吃春捲的時候有人照像啊！

臺灣山地舞（中國時報 唐榮麗 攝）

京劇一西廂記（聯合報 記者林弘斌 攝影）

偉立：那是因為你**一會兒**餃子，**一會兒**餛飩，**一會兒**紅茶，**一會兒**咖啡，吃**個不停**，**哪裡**有時間注意別人？

建國：不能怪我啊！誰叫他們準備了那麼多好吃的東西呢？

偉立：這倒是真的。李平，你們這次的晚會不但點心多、節目精彩，時間控制得也正好，真是成功極了！

李平：這次晚會辦得這麼順利，是大家合作得好。你們兩位也幫了不少忙啊！

gender?

生詞及例句

1 晚ㄨㄢˇ會ㄏㄨㄟˋ (wǎnhuèi) (wǎnhuì)

N：a party of performance held in the evening（M：場）

我們準備開個迎新晚會，歡迎一年級的新生，你願意唱首歌嗎？

2 禮ㄌㄧˇ堂ㄊㄤˊ (lǐtáng)　N：auditorium, assembly hall

我們學校今年的畢業舞會在禮堂舉行。

3 海ㄏㄞˇ報ㄅㄠˋ (hǎibào)　N：poster（M：張）

你有沒有空幫我們畫一張演講活動的海報？

4 貼ㄊㄧㄝ (tiē)　V：to paste, stick, glue

這封信得貼多少錢的郵票？

5 舞ㄨˇ台ㄊㄞˊ (wǔtái)　N：stage (for performance)

這個位子不好，離舞台太遠了，看不清楚台上的表演。

上ㄕㄤˋ台ㄊㄞˊ (shàng//tái)　VO：to appear on stage

下ㄒㄧㄚˋ台ㄊㄞˊ (sià//tái) (xià//tái)　VO：to step down from the stage

(1) 老趙太緊張了，上台沒說幾句就下台了。
(2) 這位總統雖然才上台兩年，可是經濟情形越來越壞，所以人民要他下台。

6 光ㄍㄨㄤ碟ㄉㄧㄝˊ (guāngdié)　N：CD, compact disk（M：片／張）

音樂 (yīnyuè, music) 光碟只能聽，影音光碟（影碟）不但能聽，還能看。

光ㄍㄨㄤ碟ㄉㄧㄝˊ機ㄐㄧ (guāngdiéjī)　N：a CD-ROM drive; CD player（M：台／部）

7 音ㄧㄣ響ㄒㄧㄤˇ (yīnsiǎng) (yīnxiǎng) N：stereo; audio（M：套）

這套音響包括收音機 (radio)、錄音機 (tape recorder) 和光碟機。

響ㄒㄧㄤˇ (siǎng) (xiǎng) V：to make a sound, to reverberate

鬧鐘響了，可是我室友還是不願意起來。

8 總ㄗㄨㄥˇ算ㄙㄨㄢˋ (zǒngsuàn) A：finally, at last

我說了半天，小謝總算明白了。

9 機ㄐㄧ器ㄑㄧˋ (jīci) (jīqì) N：machine, machinery（M：部）

工業革命 (gōngyè gémìng, Industrial Revolution) 就是用機器代替 (to replace) 手工。

機ㄐㄧ器ㄑㄧˋ人ㄖㄣˊ (jīcìrén) (jīqìrén) N：robot

人類能做的事，機器人差不多都能做，但是他們不能自己想問題。

10 修ㄒㄧㄡ理ㄌㄧˇ (siōulǐ) (xiūlǐ) V：to repair, to mend

冰箱壞了，快打電話找人來修理吧。

11 滿ㄇㄢˇ頭ㄊㄡˊ大ㄉㄚˋ汗ㄏㄢˋ (mǎn tóu dà hàn)

IE：for one's head to be covered with big drops of perspiration, bathed in sweat

我爸剛運動回來，熱得滿頭大汗。

汗ㄏㄢˋ (hàn) N：sweat, perspiration（M：滴／身／頭）

出ㄔㄨ汗ㄏㄢˋ (chū//hàn) VO：to sweat, to perspire

房子裡人好多，也沒開冷氣，害我出了好多汗，衣服都溼了。

流ㄌㄧㄡˊ汗ㄏㄢˋ (liú//hàn) VO：to sweat, to perspire

我剛喝了一碗熱湯，熱得一直流汗。

12 燈光 (dēngguāng)　N：lamp light, lights; illumination

王英英的臉在蘋果色的燈光下看起來特別漂亮。

陽光 (yángguāng)　N：sunlight

月光 (yuèguāng)　N：moon light

星光 (sīngguāng) (xīngguāng)　N：star light

13 眼鏡 (yǎnjìng)　N：glasses, spectacles（M：副）

小王穿了一件黑色皮夾克，再戴上太陽眼鏡，看起來特別帥。

鏡子 (jìng·zih) (jìng·zi)　N：mirror（M：面）

(1) 我出門以前一定照照鏡子，看看衣服穿好了沒有。
(2) 歷史就是一面鏡子，教我們不要再犯同樣的錯。

14 襯衫 (chènshān)　N：a dress shirt or a collared blouse with buttons（M：件）

圓領衫 (yuánlǐngshān)　N：T shirt, collarless shirt（M：件）

找工作，面談的時候，最好穿襯衫，穿圓領衫太隨便了。

運動衫 (yùndòngshān)　N：sports shirt, sweatshirt

15 負責 (fù//zé)

SV/AV/VO：to be responsible/to be in charge of, be responsible for

(1) 老丁是個很負責的人，事情交給他辦，一定會辦好。
(2) 我們明天去野餐，李愛美負責準備飲料。
(3) 這次的運動會如果辦不好，我願意負全責。

責任 (zérèn)　N：responsibility, duty

教育孩子是父母的責任。

16 音效(音響效果)
[yīnsiào(yīnsiǎng siàoguǒ)] [yīnxiào (yīnxiǎng xiàoguǒ)]

N：sound effects

這部電影裡有很多機器人，所以音效是電腦做出來的。

效果 (siàoguǒ) (xiàoguǒ) N：effect, result

這個藥效果不錯，吃了以後，頭很快就不疼了。

17 互相 (hùsiāng) (hùxiāng) A：mutual, mutually

我們都是同學，當然應該我幫你，你幫我，互相照顧。

18 配合 (pèihé) V：to coordinate, be in harmony with

我下午有課，要是老闆要我下午去，跟我的時間不能配合，我就不打工了。

配 (pèi) SV/V：to be matching / to match, to fit

(1) 這個椅子的顏色、樣子都跟你們家客廳的桌子很配，你為什麼不買？
(2) 你看，白褲子配這件襯衫怎麼樣？

配上 (pèi//·shàng) RC：to match, to go with, to be a match for

(1) 只有紅花不夠，還得配上綠葉才好看。
(2) 我們都覺得小高的女朋友配不上他，因為那個女孩沒念什麼書。

19 派 (pài) V：to send, to dispatch, to assign

老闆派我去洛杉磯談生意。

20 會長 (huèijhǎng) (huìzhǎng) N：president (of an organization)

小王的媽媽非常熱心，所以當選了我們學校家長會的會長。

21 節ㄐㄧㄝˊ目ㄇㄨˋ (jiémù)　N：program, events (of entertainment, a program, etc.)

(1) 我對電視上的節目都沒有什麼興趣。
(2) 這個週末你安排了什麼節目？看電影、跳舞，還是去喝酒？

節ㄐㄧㄝˊ目ㄇㄨˋ單ㄉㄢ (jiémùdān)　N：program (list)

節ㄐㄧㄝˊ目ㄇㄨˋ表ㄅㄧㄠˇ (jiémùbiǎo)　N：program (list)

這本雜誌後面有我們電視公司這個月的節目表，新年晚會的節目單也在裡面。

22 服ㄈㄨˊ裝ㄓㄨㄤ (fújhuāng) (fúzhuāng)　N：costume, garment

林小姐在那部電影裡的服裝都很有特色，像印地安人。

23 化ㄏㄨㄚˋ妝ㄓㄨㄤ (huà//jhuāng) (huà//zhuāng)

VO/N：to put on make-up / make-up

(1) 王美美化了妝以後，變得非常漂亮。
(2) 陳小姐想當美容師 (cosmetologist)，所以去學化妝。

化ㄏㄨㄚˋ裝ㄓㄨㄤ (huàjhuāng) (huàzhuāng)　V：to disguise oneself

新年晚會的時候，小王化裝成聖誕老人。

24 錄ㄌㄨˋ影ㄧㄥˇ (lù//yǐng)　VO：to make a video recording

那個節目下午才錄影，晚上就播出了。

錄ㄌㄨˋ音ㄧㄣ (lù//yīn)　VO：to make an audio recording

錄ㄌㄨˋ (lù)　V：to record, to copy

錄ㄌㄨˋ進ㄐㄧㄣˋ去˙ㄑㄩ (lù//jìn·cyù) (lù//jìn·qù)　RC：to be included in a recording

在家錄音不好，連路上車子的聲音都錄進去了，只好洗掉 (sǐ//diào) (xǐ//diào, to erase) 再錄。

錄ㄌㄨˋ下ㄒㄧㄚˋ來˙ㄌㄞ (lù//sià·lái) (lù//xià·lái)　RC：to record

我把張教授的演講都錄下來了。

錄音機 (lùyīnjī) N：tape recorder

錄音帶 (lùyīndài) N：cassette tape, audio tape（M：卷 juǎn）

錄音筆 (lùyīnbǐ) N：digital voice recorder

收音機 (shōuyīnjī) N：radio

我們現在在山裡開車，收音機聽不清楚，聽錄音帶吧！

25 招待 (jhāodài) (zhāodài)

V/N：to serve (customers), to entertain, to care for / reception, receptionist

(1) 張先生來了，你拿點兒水果去招待他吧！
(2) 我的生日舞會，請你當招待，好不好？

26 主任 (jhǔrèn) (zhǔrèn) N：director, head

系主任 (sì jhǔrèn) (xì zhǔrèn) N：department (in a college) head

我在大學當系主任，除了教書以外，系裡大大小小的事，我都得管。

27 副會長 (fù huèijhǎng) (fù huìzhǎng)

N：vice president (of an organization)

副 (fù) AT：vice

副總統 (fù zǒngtǒng) N：vice president (of a republic)

副校長 (fù siàojhǎng) (fù xiàozhǎng)

N：vice president or provost (of a university)

28 忙不過來 (máng·bú guòlái)

RC：to have more work than one can manage, to be extremely busy

老陳要負責照像，還要招待客人，怎麼忙得過來？

29 紅包 (hóngbāo) N：a red envelope containing a money gift

(1) 今年過年我收到很多紅包，明年開始工作，紅包大概就會少了。
(2) 我老哥以為送個紅包，就可以得到這個工作，沒想到被那家公司的人事 (personnel) 主任罵了一頓。

30 發財 (fā//cái) VO：to make a fortune, to become rich

趙先生寫了一本很受歡迎的書，發了大財，錢多得可以買一座城堡了。

31 愉快 (yúkuài) SV：to be joyful, happy, cheerful, pleasant

我們興趣一樣，所以談得很愉快。談著談著，天黑了都不知道。

32 背包 (bēibāo) N：backpack, rucksack, knapsack; packsack

背 (bēi) V：to carry on one's back

小李今天背了一個大背包來學校，不知道裡面裝了什麼東西。

33 數位相機 (shùwèi siàngjī) (shùwèi xiàngjī) N：digital camera

用數位相機照相，照好以後，可以用 e-mail 傳給朋友，不用加洗 (to get reprints of a photograph)，方便多了。還可以燒成光碟，放多久都不會壞。

數位化 (shùwèihuà) N：to digitize

錄音帶數位化以後，就可以用電腦聽，不必再用錄音機了。

34 螢幕 (yíngmù) N：screen

我的手機螢幕是彩色的，清楚多了。

35 民族舞蹈 (mínzú wǔdào) N：ethnic dance

從民族舞蹈可以看出那個民族的生活習慣。

民族 (mínzú) N：a race of people

中國有五十六個民族，人口最多的是漢 (hàn) 族。

族ㄗㄨˊ (zú) N/M：a race, a nationality

(1) 清朝是滿族人建立的。
(2) 臺灣的原住民 (aborigines) 一共有十三族。

舞ㄨˇ蹈ㄉㄠˋ (wǔdào) N：dance

舞ㄨˇ（蹈ㄉㄠˋ）團ㄊㄨㄢˊ [wǔ(dào) tuán] N：dance troupe, dance company

王美美大學念的是舞蹈系，畢業以後，參加了一個舞團，舞越跳越好。

36 中ㄓㄨㄥ間ㄐㄧㄢ (jhōngjiān) (zhōngjiān) N：between, among, in the middle of

我說的那家書店就在銀行跟郵局中間。

37 張ㄓㄤ (jhāng) (zhāng) V：to open, to stretch

我去看牙的時候，醫生叫我把嘴張得越大越好。

張ㄓㄤ開ㄎㄞ (jhāng//kāi) (zhāng//kāi) RC：to stretch open, to open

燈光太亮，我的眼睛都張不開了。

38 首ㄕㄡˇ (shǒu) M：(used for poems and songs)

這首歌我聽膩了，你能不能換首別的？

39 民ㄇㄧㄣˊ謠ㄧㄠˊ (mínyáo) N：folk song

「天黑黑」這首臺灣民謠，大部分的臺灣人都會唱。

40 相ㄒㄧㄤ當ㄉㄤ (siāngdāng) (xiāngdāng) A：quite, rather

你妹妹那麼小，毛筆字就寫得這麼好，相當不容易！

41 春ㄔㄨㄣ捲ㄐㄩㄢˇ (chūnjyuǎn) (chūnjuǎn) N：spring roll

42 餛ㄏㄨㄣˊ飩ㄊㄨㄣˊ (hún·tún) N：wonton, dumpling soup

43 紅茶 (hóngchá) N：black tea

綠茶 (lyùchá) (lǜchá) N：green tea

44 怪 (guài) V：to blame

你自己不小心打破杯子，怎麼可以怪別人碰你呢？

45 順利 (shùnlì) SV/A：smooth going, without a hitch/smoothly; successfully

(1) 這次旅行都很順利，不管坐飛機住旅館都沒碰到問題。
(2) 小王從小成績就很好，後來也很順利地考上了大學。

專有名詞 Proper Names

1. 陸康 (Lù Kāng)　Lu, Kang
2. 臺灣同學會 (Táiwān Tóngsyuéhuèi) (Táiwān Tóngxuéhuì)
   Taiwanese Students Association
3. 京劇 (Jīng Jyù) (Jīng Jù)　Peking Opera

注釋

1. **是！會長！** means "Yes, Chairman!" and gives the tone of "yes, sir!" as if one has just received an order. Depending on the person being addressed, the second half of this phrase can be changed, such as in "**是！老爸！**", "**是！大哥！**", "**是！老闆！**". As in this instance, it is usually said as a joke.
2. **紅包** is a special red envelope containing cash. On the eve of the lunar new year these envelopes are distributed to children by their elders. After a big New Year's Eve feast, members of the younger generation pay respects to the elders and wish them a Happy New Year. The elders respond by giving them **紅包** containing a cash gift called **壓歲錢**. This practice, intended to bring good luck, is repeated by other relatives and friends over the next few days. The envelopes are red because Chinese people consider red to be a lucky color and use it for happy occasions. Gifts are often wrapped in red and a Chinese bride would wear a red gown during a traditional wedding ceremony.
3. **發財** means "to make a fortune and become rich." During the Chinese New Year season,

people often greet one another by saying, “恭喜！恭喜！恭喜發財！”, wishing them good fortune for the coming year. Some people simply say “恭喜！恭喜！新年好！”.

4. **臺灣同學會** is the Taiwanese Students Association. It is an organization of Taiwanese students studying abroad.

5. **臺灣民謠** are Taiwanese folk songs. They are sung in the Taiwanese dialect. This is why 高偉立 was unable to understand it.

文法練習

一　總算　finally, at last

◎總算修理好了。

Finally, it’s fixed.

用法說明：表示「終於」、「好不容易」一直在期待的事情實現了。

Explanation: This pattern indicates that a task has been expected or anticipated for a long time has “finally” or “with great difficulty” been completed.

練習　請用「總算」完成下面句子。

1. 我辛苦了十幾年，孩子總算長大了。
   After my putting in over 10 years of hard work, the children have finally grown up.
2. 那個實驗我一直做不好，這次總算＿＿＿＿＿＿。
3. 那兩個國家打了八年，現在總算＿＿＿＿＿＿。
4. 爲了看這場電影，我排了半天的隊，總算＿＿＿＿＿＿。
5. 我的嘴都快說乾了，老丁總算＿＿＿＿＿＿。

二　把 N(PN) V/SV 得 Comp.

made N so V/SV that it reached the point of Comp.

◎把我急得滿頭大汗。

It made me so anxious that my whole head was covered with sweat.

用法說明：這個句型跟第第三冊二課第二個句型意思一樣。用「把」字句是因爲要強調「致使」、「處置」的意味。

Explanation: This sentence pattern has the same meaning as that of Ch.2, No. 2, Vol. 3. The 把 is used to emphasize the idea that somebody or something is the recipient of an action. The rest of the pattern indicates the result of the action.

練習　請根據所給情況用「把 N (PN) V/SV 得 Comp」描述下面的事情。

1. 今天是李小姐第一天開車上班，她好緊張，出了一身汗。
Miss Lee drove to her office for the first time today. She was so nervous that she was sweating all over.
→第一天開車上班，把李小姐緊張得出了一身汗。
Driving to the office for the first time made Miss Lee so nervous that she broke into a sweat.

2. 老師要你寫一篇報告，你想了好幾天，覺得頭都快想破了，還想不出來要寫什麼。

3. 你在下班時間上了一班非常擠的公車，連轉身都有困難。

4. 單子上產品的價錢，張主任少寫了一個 0，害公司少賺了幾百萬，老闆罵了他好幾個鐘頭，他的臉色都變白了。

5. 你弟弟愛吃糖，牙齒 (yáchǐ, tooth) 很不好，昨天晚上忽然疼起來了，沒辦法睡覺。

三　一M一M地　one by one, one at a time

◎麻煩你把點心拿出來，一樣一樣地排好。

Please take out the snacks and line them up one by one.

用法說明：表示做某件事不是一次完成，而是多次，每次一M。以「一M一M地」方式完成。

Explanation: This pattern shows that an action cannot be completed in one motion, but, instead, has to be repeated many times in succession, with each repetition involving one unit of measure.

練習　請用「一M一M地」改寫下面各句。

1. 請你把書放在書架上，一次放一本。
Please put the books in the bookshelf, one book at a time.
→請你把書一本一本地放在書架上。
Please put the books in the bookshelf one by one.

2. 那瓶酒老陳一次喝一口，一次喝一口，就喝光了。
____

3. 你們大家不要搶，車上位子很多，一次上一個，好不好？
____

4. 快要期末考了，我們從今天開始複習，一次複習一課。
____

5. 這卷錄音帶的歌都很好聽，我可以一次教你一首。
____

四　都是……　all (referring to causes)

◎都是你們害的。

It's all caused by you/because of you.

用法說明：「都」有埋怨的語氣，「是」用來說明埋怨的理由。

Explanation: 都 indicates a tone of complaint. 是 is used to explain the reason of complaint.

練習　請根據所給情況用「都是……」表示埋怨。

1. 同學們約好了坐火車去海邊游泳，因爲小王來晚了，我們沒有趕上那班火車。現在小王來了，你對他說什麼？
   Our classmates had arranged to go swimming on the seaside by train. We missed the train because Little Wang was late. What would you say when Little Wang arrives at the station?
   → 都是你來晚了，害我們沒趕上車，還得再等一個小時。
   We missed the train. It's all because you came late. We have to wait for another hour now.

2. 老林在開會的時候跟對方說：「要不是我們公司買你們的產品，你們今年恐怕一點錢都賺不到。」對方聽了以後很生氣，決定不跟我們簽約合作了。你是老林的同事，你對他說什麼？
   ____

3. 因爲最近天氣變化很大，一會兒冷一會兒熱，你就感冒了，頭痛、發燒、咳嗽什麼的，很不舒服。你會說什麼？
   ____

4. 這次考試，題目不難，可是時間不夠，你沒有寫完，就沒考好，你會說什麼？
   ____

5. 房東給你的床太硬 (yìng, to be hard)，害你每天晚上都睡不好，白天很累，朋友說你臉色不好，你會怎麼說？
   ____

五　別再……了　do not ...... again (imperative)

◎下次可別再選我了。
Don't you elect me again next time.

用法說明：說話者覺得對方做的事不好或不對，就告訴他以後不要再做了。如果不是要求對方，可以用「不再……了」。句尾的「了」表示情況改變。

Explanation: This pattern is used when the speaker feels that something another person has done is incorrect or undesirable. The speaker uses it to tell him/her not to do it again. If the speaker is describing a situation rather than making a request, 不再……了 can be used. In either case, the 了 indicates a change in situation.

練習　請用「別再……了」或「不再……了」完成下面各句。

1. 我離開那家公司了，可以不再看老闆的臉色了。
   I've left that company; I never have to watch out for my boss's temper again.
2. 酒喝多了對身體不好，我希望你以後 ________________。
3. 既然上下班時間會塞車，以後上班就 ________________。
4. 王先生當了幾年市長，什麼事也沒做，我們都 ________________。
5. 張先生的家人都不喜歡他當國會議員，叫他 ________________。

六　一會兒……，一會兒……

one moment ......, another moment ......

◎那是因為你一會兒餃子，一會兒餛飩，一會兒紅茶，一會兒咖啡，吃個不停。

That's because one moment you were eating dumplings, another moment you were eating wontons, one moment you were drinking black tea, another moment you were drinking coffee: You ate non-stop.

用法說明：這是一種誇張的描寫，形容行爲或狀況在很短的時間內變來變去。「一會兒」的後面可以是名詞、動詞、VO 或 SV。如果名詞，後面的句中應有一相關的動詞。

Explanation: This pattern is used as an exaggeration to describe behavior or a situation which undergoes frequent changes within a relatively short span of time. Either a noun, a verb, a VO, or an SV can be placed after 一會兒. If it is a noun, there ought to be a related verb in the final simple sentence. (e.g., the 吃 in the sample sentence above.)

練習　請用「一會兒……，一會兒……」改寫下面各句。

1. 張太太看電視的時候，剛哭完馬上就又笑了，眞像神經病。
When Mrs. Chang watches television, she starts laughing as soon as she's finished crying; it really seems like she's gone nuts.
→張太太看電視的時候，一會兒哭一會笑，眞像神經病。
When Mrs. Chang watches television, she cries one minute and then laughs another; it really seems like she's gone nuts.

2. 小李本來要學法文，後來又要學德文，他到底想學什麼？
____

3. 最近氣溫變化很大，早上冷，中午熱，一不小心就感冒了。
____

4. 那個地方不是颱風就是地震，誰願意住在那兒啊？！
____

5. 我爺爺身體很不好，今天頭疼，明天腳疼，所以得常看醫生。
____

七　V個不停　continually, without stopping

◎……一會兒紅茶，一會兒咖啡，吃個不停。
…… one moment you were drinking black tea, another moment you were drinking coffee; You ate non-stop.

用法說明：表示某個動作不斷地在重覆。
Explanation: This pattern indicates that some action is performed continuously, without pause.

練習　請用「V個不停」完成下面各句。

1. 你應該吃咳嗽藥，你這樣咳個不停，怎麼行呢？
You should take some cough medicine. You can't keep continually coughing like that.

2. 眞討厭！雨一直 ________________，不知道什麼時候才會晴？！

3. 我們老闆喜歡罵人，你只要做錯了一點事，他就 ______________ 。

4. 我弟弟一點疼都受不了，手上才破了一小塊皮，就 ______________ 。

5. 奇怪，電話一直 ______________ ，都沒人接。大概沒人在家。

八　哪裡……？

Since when ......? Where ......? (rhetorical)

◎哪裡有時間注意別人？

Since when do you have time to pay attention to other people?

用法說明：這是一個反問句。「哪裡」是「怎麼」的意思，後面雖然是肯定的短句，但因爲是反問，卻變成否定的意思，反之亦然。

Explanation: This is a pattern for a rhetorical question. **哪裡** means the same as **怎麼** (how come?)". Although the phrase following **哪裡** is positive, the implication is that it is simply not true, vice versa.

練習　請用「哪裡……？」完成下面對話。

1. 太太：你看！王太太今天又穿了一件新衣服！
   Wife: Look! Mrs. Wang is wearing another new outfit today!
   先生：你就會羨慕別人，哪裡知道我賺錢多辛苦？！
   Husband: You're so obsessed with being jealous of other people. You have no idea how hard I work to earn money!

2. 張：你怎麼不買房子？！
   李：我才工作半年，哪裡 ______________ ?!

3. 張：我們現在去看七點的電影，來得及來不及？
   李：已經六點五十了，現在去哪裡 ______________ ?!

4. 張：你這麼熱心，應該去競選市議員。
   李：我沒有錢，認識我的人也不多，哪裡 ______________ ?!

5. 張：你沒想到這麼多人來搶這個工作機會吧？
   李：是啊！我以爲沒人願意做，哪裡 ______________ ?

課室活動

一、大家來說繞口令 (ràokǒulìng, tongue twister)，看誰說得又快又好。

1. 門外有四輛四輪大馬車，你愛拉哪兩輛，就拉哪兩輛。

ㄇㄣˊ ㄨㄞˋ ㄧㄡˇ ㄙˋ ㄌㄧㄤˋ ㄙˋ ㄌㄨㄣˊ ㄉㄚˋ ㄇㄚˇ ㄔㄜ，ㄋㄧˇ ㄞˋ ㄌㄚ ㄋㄚˇ ㄌㄧㄤˇ ㄌㄧㄤˋ，ㄐㄧㄡˋ ㄌㄚ ㄋㄚˇ ㄌㄧㄤˇ ㄌㄧㄤˋ。

2. 吃葡萄不吐葡萄皮，不吃葡萄倒吐葡萄皮。

ㄔ ㄆㄨˊ ㄊㄠˊ ㄅㄨˋ ㄊㄨˇ ㄆㄨˊ ㄊㄠˊ ㄆㄧˊ，ㄅㄨˋ ㄔ ㄆㄨˊ ㄊㄠˊ ㄉㄠˋ ㄊㄨˇ ㄆㄨˊ ㄊㄠˊ ㄆㄧˊ。

吐：tǔ; to spit

3. 和尚端湯上塔，塔滑湯灑，湯燙塔。

ㄏㄜˊ ㄕㄤˋ ㄉㄨㄢ ㄊㄤ ㄕㄤˋ ㄊㄚˇ，ㄊㄚˇ ㄏㄨㄚˊ ㄊㄤ ㄙㄚˇ，ㄊㄤ ㄊㄤˋ ㄊㄚˇ。

和尚：héshàng; monk

灑：sǎ; to sprinkle, to splash

燙：tàng; to scald

4. 山前有個崔腿粗，山後有個崔粗腿。兩人山前來比腿，不知道是崔粗腿的腿粗，還是崔腿粗的腿粗？

ㄕㄢ ㄑㄧㄢˊ ㄧㄡˇ ˙ㄍㄜ ㄘㄨㄟ ㄊㄨㄟˇ ㄘㄨ，ㄕㄢ ㄏㄡˋ ㄧㄡˇ ˙ㄍㄜ ㄘㄨㄟ ㄘㄨ ㄊㄨㄟˇ。ㄌㄧㄤˇ ㄖㄣˊ ㄕㄢ ㄑㄧㄢˊ ㄌㄞˊ ㄅㄧˇ ㄊㄨㄟˇ，

ㄅㄨˋ ㄓ ㄉㄠˋ ㄕˋ ㄘㄨㄟ ㄘㄨ ㄊㄨㄟˇ ˙ㄉㄜ ㄊㄨㄟˇ ㄘㄨ，ㄏㄞˊ ㄕˋ ㄘㄨㄟ ㄊㄨㄟˇ ㄘㄨ ˙ㄉㄜ ㄊㄨㄟˇ ㄘㄨ？

崔：(cuēi) cuī; a family name

粗：cū; thick

5. 山前有個顏圓眼，山後有個袁眼圓。兩人上山來比眼，不知道是顏圓眼的眼圓，還是袁眼圓的眼圓？

ㄕㄢ ㄑㄧㄢˊ ㄧㄡˇ ˙ㄍㄜ ㄧㄢˊ ㄩㄢˊ ㄧㄢˇ，ㄕㄢ ㄏㄡˋ ㄧㄡˇ ˙ㄍㄜ ㄩㄢˊ ㄧㄢˇ ㄩㄢˊ。ㄌㄧㄤˇ ㄖㄣˊ ㄕㄤˋ ㄕㄢ ㄌㄞˊ ㄅㄧˇ ㄧㄢˇ，

ㄅㄨˋ ㄓ ㄉㄠˋ ㄕˋ ㄧㄢˊ ㄩㄢˊ ㄧㄢˇ ˙ㄉㄜ ㄧㄢˇ ㄩㄢˊ，ㄏㄞˊ ㄕˋ ㄩㄢˊ ㄧㄢˇ ㄩㄢˊ ˙ㄉㄜ ㄧㄢˇ ㄩㄢˊ？

顏：yán; a family name

袁：yuán; a family name

6. 長蟲圍著磚堆轉，轉完了磚堆，長蟲鑽磚堆。

ㄔㄤˊ ㄔㄨㄥˊ ㄨㄟˊ ˙ㄓㄜ ㄓㄨㄢ ㄉㄨㄟ ㄓㄨㄢˋ，ㄓㄨㄢˋ ㄨㄢˊ ˙ㄌㄜ ㄓㄨㄢ ㄉㄨㄟ，ㄔㄤˊ ㄔㄨㄥˊ ㄗㄨㄢ ㄓㄨㄢ ㄉㄨㄟ。

蟲：chóng; insect, bug, worm

圍：wéi; to encircle, to surround

磚堆：(jhuānduēi) zhuānduī; a pile of bricks

轉：(jhuàn) zhuàn; to rotate

鑽：zuān; to worm into, to dig through

7. 長藤上掛銅鈴，風吹藤動銅鈴動，風停藤停銅鈴停。

ㄔㄤˊ ㄊㄥˊ ㄕㄤˋ ㄍㄨㄚˋ ㄊㄨㄥˊ ㄌㄧㄥˊ，ㄈㄥ ㄔㄨㄟ ㄊㄥˊ ㄉㄨㄥˋ ㄊㄨㄥˊ ㄌㄧㄥˊ ㄉㄨㄥˋ，ㄈㄥ ㄊㄧㄥˊ ㄊㄥˊ ㄊㄧㄥˊ ㄊㄨㄥˊ ㄌㄧㄥˊ ㄊㄧㄥˊ。

藤：téng; vine, rattan, cane

銅鈴：tónglíng; copper bell

吹：(chuēi) chuī; to blow

8. 四個四，四個十，四個十四，四個四十，四個四十四。

十個四，十個十，十個十四，十個四十，十個四十四。

ㄙˋ ˙ㄍㄜ ㄙˋ，ㄙˋ ˙ㄍㄜ ㄕˊ，ㄙˋ ˙ㄍㄜ ㄕˊ ㄙˋ，ㄙˋ ˙ㄍㄜ ㄙˋ ㄕˊ，ㄙˋ ˙ㄍㄜ ㄙˋ ㄕˊ ㄙˋ。

ㄕˊ ˙ㄍㄜ ㄙˋ，ㄕˊ ˙ㄍㄜ ㄕˊ，ㄕˊ ˙ㄍㄜ ㄕˊ ㄙˋ，ㄕˊ ˙ㄍㄜ ㄙˋ ㄕˊ，ㄕˊ ˙ㄍㄜ ㄙˋ ㄕˊ ㄙˋ。

9. 你會燉我的燉凍豆腐，來燉我的燉凍豆腐；

你不會燉我的燉凍豆腐，別混充會燉，燉壞了我的燉凍豆腐。

ㄋㄧˇ ㄏㄨㄟˋ ㄉㄨㄣˋ ㄨㄛˇ ˙ㄉㄜ ㄉㄨㄣˋ ㄉㄨㄥˋ ㄉㄡˋ ㄈㄨˇ，ㄌㄞˊ ㄉㄨㄣˋ ㄨㄛˇ ˙ㄉㄜ ㄉㄨㄣˋ ㄉㄨㄥˋ ㄉㄡˋ ㄈㄨˇ；

ㄋㄧˇ ㄅㄨˊ ㄏㄨㄟˋ ㄉㄨㄣˋ ㄨㄛˇ ˙ㄉㄜ ㄉㄨㄣˋ ㄉㄨㄥˋ ㄉㄡˋ ㄈㄨˇ，ㄅㄧㄝˊ ㄏㄨㄣˋ ㄔㄨㄥ ㄏㄨㄟˋ ㄉㄨㄣˋ，ㄉㄨㄣˋ ㄏㄨㄞˋ ˙ㄌㄜ ㄨㄛˇ ˙ㄉㄜ ㄉㄨㄣˋ ㄉㄨㄥˋ ㄉㄡˋ ㄈㄨˇ。

燉：dùn; to stew

凍豆腐：dòngdòu·fǔ; frozen bean curd

混充：hùnchōng; to fake, to pretend

二、Role Playing

Two students act out the following skit: One is a host/hostess who is organizing a 晚會 which he/she is calling 臺灣之夜. The host/hostess is in the process of inviting the guests and thus telephones the second participant, inviting him/her to the 臺灣之夜. The time and place of the party, as well as the planned activities, should be mentioned on the phone.（繞口令 could be included in the program.）

三、討論問題

1. 說說你參加過／看過的最有意思的晚會。
2. 請看看下一頁的節目單，你對哪種表演最有興趣？為什麼？如果你有機會上台，你會表演什麼？

短文1　新年晚會節目單

臺灣之夜$_{1}$

時間：一九九×年二月二日晚上七點三十分

地點$_{2}$：××大學體育館

主辦人$_{3}$：××大學臺灣同學會

演出人$_{4}$：××大學臺灣同學、中文系同學

演出節目：　　羅大友主持$_{5}$

節目	演出人
1. 民族舞蹈：青春舞曲$_{6}$	陳台麗等五人
2. 獨唱$_{7}$：1) 新年到 2) 她的眼睛像月亮	趙建平
3. 鋼琴$_{8}$獨奏$_{9}$：月光曲$_{10}$	錢秀英
4. 短劇$_{11}$：糊塗老闆	中文系二年級高偉立等四人
5. 合唱$_{12}$：1) 明天會更好 2) 請跟我來 3) 天黑黑	謝美真等十人
6. 京劇：拾玉鐲$_{13}$	孫國為等三人
7. 相聲$_{14}$：繞口令$_{15}$	陸康、李平
8. 服裝表演：中國各代$_{16}$服裝	中文系一年級全班同學

謝謝觀賞$_{17}$　並祝

新年快樂、萬事如意！

Vocabulary:

1. 臺灣之夜 (Táiwān jhīh yè) (Táiwān zhī yè): Taiwanese Night
2. 地點 (dìdiǎn): location
3. 主辦人 (jhǔbànhrén) (zhǔbànrén): organizer
4. 演出人 (yǎnchūrén): performer
5. 主持 (jhǔchíh) (zhǔchí): to host a program
6. 青春舞曲 (Cīngchūn Wǔcyǔ) (Qīngchūn Wǔqǔ): "Dance of Youth," name of a folksong
7. 獨唱 (dúchàng): to sing a solo
8. 鋼琴 (gāngcín) (gāngqín): piano
9. 獨奏 (dúzòu): to play an instrumental solo
10. 月光曲 (Yuèguāngcyǔ) (Yuèguāngqǔ): "Moonlight Sonata" by Beethoven
11. 短劇 (duǎnjyù) (duǎnjù): a short play, skit
12. 合唱 (héchàng): to sing in group or chorus
13. 拾玉鐲 (Shíh Yùjhuó) (Shí Yùzhuó): "Picking Up a Jade Bracelet," name of a Peking opera
14. 相聲 (siàng shēng) (xiàng shēng): a type of comic routine involving two people in dialogue
15. 繞口令 (ràokǒulìng): tongue-twister
16. 各代 (gè dài): each dynasty
17. 觀賞 (guānshǎng): to watch and enjoy

短文2 恭喜恭喜

恭喜恭喜

E 2/4

Am Dm

6 7 1 2 | 4 3 3 | 3 6 6 3 | 3 2 2 | 3 4 3 2 |

每條大街小巷[1]，每個人的嘴裡，見面[2]第一

冬天已到盡頭[3]，真是好的消息，溫暖的

皓皓[5]冰雪融解[6]，眼看梅花[7]吐蕊[8]，漫漫[9]長夜

經過多少困難，歷盡[12]多少磨練[13]，多少心兒

Am E # Am Dm Am E Am

2 1 1 | 1 7 6 5 | 6 6 | 2・3 1・3 | 7・3 6・3 |

句話，就是「恭喜」「恭喜」，恭喜恭喜恭喜你呀，

春風，就要吹[4]醒大地，

過處[10]，聽到一聲雞啼[11]，

盼望[14]，盼望春的消息，

Dm Am E Am

2・3 1・3 | 7・3 6・0 ||

恭喜恭喜恭喜你。

Vocabulary:

1. 巷 (siàng) (xiàng): alley, lane
2. 見面 (jiàn//miàn): to meet
3. 盡頭 (jìntóu): the end
4. 吹 (chuēi) (chuī): to blow
5. 皓皓 (hàohào): silver white
6. 融解 (róngjiě): to melt
7. 梅花 (méihuā): plum flowers
8. 吐蕊 (tǔ//ruǐ): to blossom
9. 漫漫 (mànmàn): unrestrained; uninhibited
10. 過處 (guòchù): the places that passed by
11. 雞啼 (jītí): cocks crow
12. 歷盡 (lìjìn): all have experienced
13. 磨練 (móliàn): endurance, discipline
14. 盼望 (pànwàng): to expect; to hope for; to long for; to look forward to; to wish for; to yearn for

第二課　我們的休閒活動

■清晨打太極拳（新聞局提供）

（陳台麗、謝美真家）

美貞（拿起酒杯）：建國，我們敬你[1]，謝謝你替我們帶東西。

建國：沒什麼，小事一件。反正我的箱子也裝不滿。

偉立：我也敬你，要不然我還沒有機會吃火鍋[2]呢！

美貞：建國，你這次回去，一定也吃了火鍋吧？

建國：那還用說?! 我最喜歡去吃到飽的餐廳吃飯，每次都吃得我站不起來，真過癮！現在想起來，還直流口水[3]。

偉立：你到哪裡都忘不了吃！說說你在KTV的經驗吧！

台麗：你也去KTV唱歌啦？

建國：當然去了。KTV是臺灣現在最流行的休閒活動。我第一次去是我爺爺生日那天，吃完飯，大家就到隔壁的KTV去，每個人都搶著表演自己的拿手歌，真好玩。

台麗：你呢？你唱了什麼？

建國：一首美國民謠。因為我唱得太── 好了，他們聽得一個一個都跑出去上廁所，我姐姐就不許我再唱了[4]。

美貞：真的啊？我們的大歌星**居然**沒有人欣賞[4]！

建國：就是嘛！真沒眼光！說真的[5]，我還是比較喜歡網咖。

偉立：怎麼說呢[6]？

建國：KTV太吵，而且有的人唱得不好，又愛唱，你**卻不得不聽**。去網咖，可以兩三個好朋友一起玩電腦遊戲，有趣多了。

美貞：我不喜歡玩電腦遊戲，還是戶外活動比較健康。我在臺灣的時候，常去潛水、衝浪，尤其是潛水的時候，我一個人靜靜地游，沒有人打擾，感覺自己像條魚一樣地自由自在。

偉立：你感覺自己像魚，我倒是希望能像鳥一樣，在天上飛來飛去，所以我最愛玩滑翔翼。

建國：你們不要以為我只會在房子裡面玩，其實我也常去高空彈跳。台麗，你敢嗎？

偉立：你少得意了，你第一次跳的時候，不是抱著我大叫，連看都不敢往下看嗎？

建國：是嗎？我怎麼不記得有這回事？

■在 KTV 唱歌（吳俊銘攝）

■臺北夜市（新聞局提供）

台麗：高空彈跳，我是不敢，我只能玩玩保齡球、騎騎腳踏車，安全一點。除了去唱歌、玩電腦遊戲，你在臺灣還玩了什麼？

建國：有一次我們從網咖出來，已經很晚了，堂哥就帶我去附近的夜市吃東西。哇！好熱鬧！沒想到這麼晚了，還有那麼多人出來逛。街兩邊排滿了各種各樣的地攤、小吃攤。吃的、玩的、穿的、用的，什麼都有。

偉立：他說他在臺灣最得意的事，**除了**打麻將[7]贏了錢以外，**就是**在夜市買了一件皮夾克，才花了幾十塊錢。

美眞：你會打麻將啊？

■臺北市區一角（范慧貞提供）

建國：這次回去才學的。除夕晚上陪我爺爺奶奶打**著玩**。

台麗：打麻將不好玩，一直坐著沒意思。**不如**去跳舞，全身都可以運動。

建國：有一天堂哥帶我跟姐姐去跳舞，那裡人好多，到處擠滿了人，都沒辦法跳，而且聲音很大，吵得人耳朵受不了。

台麗：**這下子**你可見識到臺北人的夜生活了。

建國：哪裡，我覺得還不夠，聽說臺北還有很多夜店[8]，我都沒去過。

偉立：你怎麼沒去呢？

建國：一方面比較貴，一方面也因為去這些地方的人比較複雜，所以我爺爺不許我們去。

台麗：那你爺爺奶奶平常都做些什麼活動？

建國：我爺爺奶奶總是很早起來，去公園散步、打太極拳；下午除了打打麻將，就是看電視了。我早上起不來，只好週末的時候，跟家人去陽明山[9]健行、烤肉、洗溫泉，或是去海邊露營、釣魚。還有一次我們打算去攀岩，可是雨下得好大，只好算了。

美眞：聽起來你玩得非常愉快。你爸媽呢？

建國：他們跟很多老朋友都連絡上了，不是去不同口味的餐廳吃飯，就是約了去喝下午茶、聊天，忙得有時候幾天我都看不到他們。

美眞：你們沒趁這個機會去中南部走走嗎？

建國：只去了墾丁國家公園和中部橫貫公路。

偉立：噢！這兩個地方我都聽李平提過。風景到底怎麼樣？

建國：還是你自己去看吧！要是我什麼都說了，你去的時候就一點新鮮感都沒有了。

美眞：對！百聞**不如**一見。別只顧著說話，多吃點吧！

生詞及例句

1 休閒活動 (siōusián huódòng) (xiūxián huódòng)

N：leisure activities

老高每個週末都安排不同的休閒活動，有時候跳舞，有時候打球。

休閒生活 (siōusián shēnghuó) (xiūxián shēnghuó)

N：recreation life, activities away from work

現代人比以前注意休閒生活，該休息的時候就休息，不喜歡一直工作。

休閒服 (siōusiánfú) (xiūxiánfú)　N：casual wear, sports wear

休閒鞋 (siōusiánsié) (xiūxiánxié)　N：casual shoes, walking shoes

2 敬 (jìng)

V：to respect, revere, honor, esteem; to present with respect, offer politely

王老師，這杯我敬您，祝您生日快樂！

敬酒 (jìng//jiǒu) (jìng//jiǔ)　VO：to propose a toast

你請客，應該一個一個地敬客人酒。

3 火鍋 (huǒguō)

N：“hot pot,” a Chinese dish cooked “fondue-style” in a pot at the table

我們喜歡吃火鍋，可以一邊煮 (zhǔ, to cook) 一邊吃，比較有意思。

4 吃到飽 (chīhdàobǎo) (chīdàobǎo)

AT：to eat until you’re full, “all you can eat”

(1) 這裡雖然是吃到飽的餐廳，你也不能點太多菜。你能吃幾個就點幾個，要不然，吃不完，老闆會不高興的。

(2) 在臺灣很多西餐廳賣自助餐，一個人不到四百塊，就可以讓你吃到飽，想吃多少就吃多少。

5 流ㄌㄧㄡˊ口ㄎㄡˇ水ㄕㄨㄟˇ (lióu//kǒushuěi) (liú//kǒushuǐ) VO：to drool

我每次一想到好吃的臺灣小吃，就要流口水。

口ㄎㄡˇ水ㄕㄨㄟˇ (kǒushuěi) (kǒushuǐ) N：saliva, spit

6 流ㄌㄧㄡˊ行ㄒㄧㄥˊ (lióusíng) (liúxíng)

SV/V：fashionable, in vogue, popular /to be fashionable, to be popular

(1) 藍色是今年最流行的顏色，店裡賣的衣服大部分都是藍的。
(2) 現在流行短頭髮。

7 隔ㄍㄜˊ壁ㄅㄧˋ (gébì) N：next door, next door neighbor

我住五〇三號房，他住我隔壁，五〇四號。

8 居ㄐㄩ 然ㄖㄢˊ (jyūrán) (jūrán) A：unexpectedly, to one's surprise

今天要考試，你居然沒帶筆來！

9 眼ㄧㄢˇ光ㄍㄨㄤ (yǎn'guāng)

N：foresight, farsightedness; taste, insight, discerning ability

王美美真沒眼光，那麼難看的東西，居然說好看！

10 網ㄨㄤˇ咖ㄎㄚ (wǎngkā) N：cyber café（M：家）

11 吵ㄔㄠˇ (chǎo) V/SV：to make a noise, to disturb, to quarrel / to be noisy

(1) 別吵，爸爸在睡覺，太大聲，會把爸爸吵醒。
(2) 隔壁在開舞會，吵得我不能念書。
(3) 林先生，別生氣，有話好好說嘛！跟太太吵有什麼用呢？！

12 卻ㄑㄩㄝˋ (cyuè) (què) A：but, yet, however

林先生什麼都說了，最重要的部分卻忘了說。

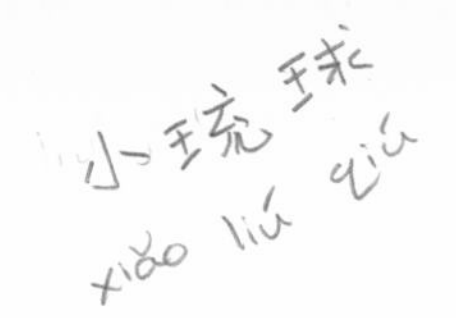
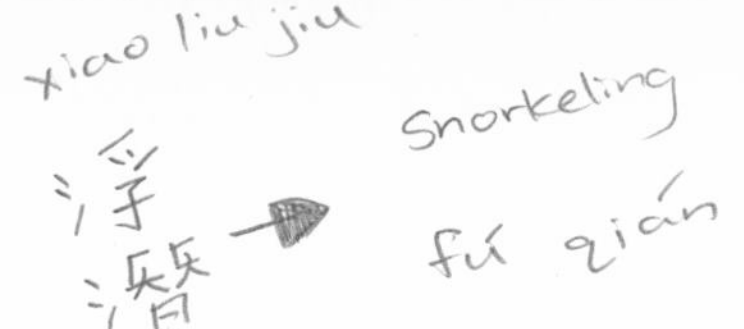
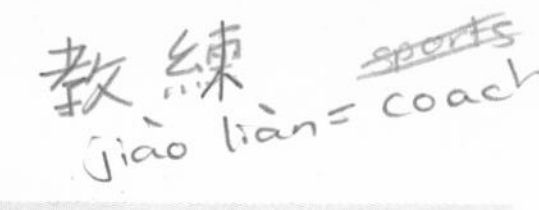

13 不得不 (bùdébù)　A：to have no choice or option but to, must, cannot but

我討厭做飯，可是為了省錢，不得不自己做。

14 遊戲 (yóusì) (yóuxì)　N：games

捉迷藏 (zhuōmícáng, hide-and-seek) 是小孩玩的遊戲，你這麼大了，還有興趣啊？

15 戶外 (hùwài)　AT：outdoor, open-air

我們學校每年辦兩次戶外教學，由老師帶著學生去各地參觀。

16 潛水 (cián//shuěi) (qián//shuǐ)　VO/N：to dive/diving

(1) 很多人喜歡去墾丁潛水，欣賞海底美麗的珊瑚 (shānhú, coral)。
(2) 我剛學潛水的時候，只敢潛到十公尺的地方。

17 衝浪 (chōng//làng)　VO/N：to surf

浪 (làng)　N：wave, billow

(1) 這個海邊的浪特別大，到這兒來衝浪的人都覺得很過癮。
(2) 衝浪這種運動需要很好的平衡感 (pínghéng gǎn, sense of equilibrium)，要不然就站不住。

18 靜靜地 (jìngjìng·de)　A：quietly, calmly

我們出去吧！讓小趙一個人靜靜地休息一下。

安靜 (ānjìng)　SV：to be quiet, calm, peaceful

孩子們都在睡覺，家裏好安靜。

19 打擾 (dǎrǎo)　V：to trouble, bother, disturb

(1) 哥哥明天要考試，你們別去跟他說話，打擾他念書。
(2) 我在你們家住了這麼多天，真是打擾了。

20 自ㄗˋ由ㄧㄡˊ自ㄗˋ在ㄗㄞˋ (zìhyóu zìhzài) (zìyóu zìzài)

A：comfortable and at ease, carefree

一個人去旅行自由自在，愛到哪兒去，就到哪兒去。

自ㄗˋ由ㄧㄡˊ (zìhyóu) (zìyóu) N/SV/A：freedom, liberty/ to be free/ free, freely

(1) 穿什麼衣服是我的自由，你管不著。
(2) 我做什麼我媽都要管，一點都不自由。
(3) 旅行團安排我們最後一天下午自由活動。

自ㄗˋ在ㄗㄞˋ (zìhzài) (zìzài) SV：to be comfortable, at ease

跟好朋友在一起，總是覺得很自在，不必擔心說錯話，做錯事。

21 鳥ㄋㄧㄠˇ (niǎo) N：bird（M：隻）

22 滑ㄏㄨㄚˊ翔ㄒㄧㄤˊ翼ㄧˋ (huásiángyì) (huáxiángyì) N：hang-glider

23 高ㄍㄠ空ㄎㄨㄥ彈ㄊㄢˊ跳ㄊㄧㄠˋ (gāokōng tán tiào) N：bungee jumping

滑翔翼、高空彈跳這兩種休閒活動，怕高的人都不敢玩。

24 得ㄉㄜˊ意ㄧˋ (déyì) SV：to be self-satisfied, to be content

別人都沒有他考得好，所以他得意得不得了。

25 保ㄅㄠˇ齡ㄌㄧㄥˊ球ㄑㄧㄡˊ (bǎolíngcióu) (bǎolíngqiú) N：bowling

我打保齡球的技術很爛，從來沒打過全倒，總是有一、兩個球瓶還站著。

26 騎ㄑㄧˊ腳ㄐㄧㄠˇ踏ㄊㄚˋ車ㄔㄜ (cí//jiǎotàchē) (qí//jiǎotàchē)

N：to ride a bicycle（M：輛／部）

騎ㄑㄧˊ (cí) (qí) V：to ride; to drive (a bicycle, motor cycle, horse, etc.)

騎馬是我最喜歡的休閒活動。

腳ㄐㄧㄠˇ踏ㄊㄚˋ車ㄔㄜ／自ㄗˋ行ㄒㄧㄥˊ車ㄔㄜ (jiǎotàchē) (zìhsíngchē/zìxíngchē)

27 堂ㄊㄤˊ哥ㄍㄜ (tánggē)

N：cousin , son of father's brother (older than speaker or person of reference)

堂ㄊㄤˊ姐ㄐㄧㄝˇ (tángjiě)

N：cousin, daughter of father's brother (older than speaker or person of reference)

堂ㄊㄤˊ弟ㄉㄧˋ (tángdì)

N：cousin , son of father's brother (younger than speaker or person of reference)

堂ㄊㄤˊ妹ㄇㄟˋ (tángmèi)

N：cousin , daughter of father's brother (younger than speaker or person of reference)

28 夜ㄧㄝˋ市ㄕˋ (yèshìh) (yèshì) N：night market

小李就住在夜市旁邊，半夜十二點正是最熱鬧的時候，吵得他睡不著。

夜ㄧㄝˋ生ㄕㄥ活ㄏㄨㄛˊ (yè shēnghuó) N：night life

大城市裡的夜生活比較熱鬧，看電影、跳舞、喝酒的地方很多。

夜ㄧㄝˋ店ㄉㄧㄢˋ (yèdiàn) N：night clubs

常去夜店玩的人，大概都是夜貓族 (night owl)，雖然白天上班、上課，可是到了晚上精神卻更好。

29 逛ㄍㄨㄤˋ (guàng) V：to stroll, to walk around

你第一次來這裡，為什麼不出去逛逛，老在旅館睡覺？

逛ㄍㄨㄤˋ街ㄐㄧㄝ (guàng//jiē) VO：to go window-shopping, to stroll down the street

我太太沒事就喜歡逛街，常常買回一些用不著的東西。

30 各ㄍㄜˋ種ㄓㄨㄥˇ各ㄍㄜˋ樣ㄧㄤˋ (gèjhǒng gèyàng) (gèzhǒng gèyàng)

AT：all kinds, various and sundry, a great variety

在旅行社工作，可以碰到各種各樣的人。

31 打ㄉㄚˇ麻ㄇㄚˊ將ㄐㄧㄤˋ (dǎ//májiàng) VO：to play mahjong

我們只有三個人，還差一個，不能打麻將，玩別的吧！

32 陪ㄆㄟˊ (péi) V：to accompany, to keep somebody company

我想去買件衣服，你沒事的話，陪我一起去，好嗎？

33 耳ㄦˇ朵˙ㄉㄨㄛ (ěr·dūo) N：ear（M：隻 / 對）

(1) 我媽媽耳朵不好，你說話要大聲一點。
(2) 老師跟李愛美說的話，她總是左邊耳朵進去，右邊耳朵出來，一點都記不住。

34 這ㄓㄜˋ下ㄒㄧㄚˋ子˙ㄗ (jhèsià·zih) (zhèxià·zi) A：now, in this case

聽說老闆叫老林走路了，這下子他的生活就有問題了。

35 複ㄈㄨˋ雜ㄗㄚˊ (fùzá) SV：to be complicated, complex

這個問題很複雜，跟好幾個人都有關係，一兩句話，說不清楚。

36 散ㄙㄢˋ步ㄅㄨˋ (sàn//bù) VO：to take a walk, go for a stroll

我媽常吃飽了飯，就在附近隨便走走，散散步。

37 打ㄉㄚˇ太ㄊㄞˋ極ㄐㄧˊ拳ㄑㄩㄢˊ (dǎ//tàijícyuán) (dǎ//tàijíquán)

VO：to practice “tai chi” (Chinese shadow boxing)

打太極拳看起來像慢動作的舞蹈。

拳ㄑㄩㄢˊ (cyuán) (quán) M：(for a hit with a fist)

我只是跟老李開個玩笑，他就氣得打了我一拳。

拳ㄑㄩㄢˊ頭˙ㄊㄡ (cyuán·tóu) (quán·tou) N：fist

你以為你的拳頭大，我就得聽你的嗎？

38 健ㄐㄧㄢˋ行ㄒㄧㄥˊ (jiànsíng) (jiànxíng)　V/N：to hike / hiking

我們學校每個學期都辦一次健行活動，讓大家出去走走，運動運動。

39 溫ㄨㄣ泉ㄑㄩㄢˊ (wūncyuán) (wēnquán)　N：natural hot spring

聽說有皮膚病的人，洗洗溫泉，病就好得快一點。

40 露ㄌㄨˋ營ㄧㄥˊ (lù//yíng)　VO/N：to camp out, encamp/ camping

我對露營沒興趣，因為露營的時候，不管吃的、睡的都要自己弄，沒有家裡舒服。

41 釣ㄉㄧㄠˋ魚ㄩˊ (diào//yú)　VO：to go fishing, go angling

他坐在湖邊釣魚，等了半天，一條魚也沒釣到。

42 攀ㄆㄢ岩ㄧㄢˊ (pān//yán)　VO/N：to climb rocks/rock climbing

喜歡攀岩這種活動的人，認為攀岩的時候，可以學會碰到困難不再害怕。

43 提ㄊㄧˊ (tí)　V：to mention, refer to, bring up ; to carry ; to withdraw, to extract

(1) 我給你介紹一下，這位就是以前我跟你提過的張教授。
(2) 我室友下了課，就提著一個箱子上車走了。
(3) 我的錢用完了，得去銀行提錢了。

提ㄊㄧˊ到ㄉㄠˋ (tí//dào)　RC：to have mentioned

老陳給我的信上提到他畢業後的計畫，聽起來不錯。

提ㄊㄧˊ起ㄑㄧˇ來ㄌㄞˊ (tí//cǐ·lái) (tí//qǐ·lái)

RC：to bring up, to mention, to speak of; to lift up, to raise

(1) 你別跟爸爸提那件事，每次一提起來，他就要生氣。
(2) 這籃水果太重，兩歲的孩子怎麼提得起來？

提ㄊㄧˊ出ㄔㄨ來ㄌㄞˊ (tí//chū·lái)

RC：to raise (a question, etc.), to put forth, put forward; to withdraw

(1) 有問題可以提出來，大家一塊兒討論。
(2) 我表哥為了去旅行，把銀行裡的錢全提出來了。

44 百ㄅㄞˇ聞ㄨㄣˊ不ㄅㄨˋ如ㄖㄨˊ一ㄧˊ見ㄐㄧㄢˋ (bǎi wén bùrú yí jiàn)

IE：literally：Hearing one hundred times is not as effective as seeing once. Similar to：Seeing is believing.

很多人都說蒙地卡羅的表演很好看，我去看了以後，覺得真是百聞不如一見。

不ㄅㄨˋ如ㄖㄨˊ (bùrú) V：not as good as, inferior to

孩子考壞了，罵他沒有用，不如多鼓勵。

45 顧ㄍㄨˋ著ㄓㄜ˙ (gù·jhe) (gù·zhe)

V：to care about, to concentrate upon, to look after

他就顧著打麻將，不管孩子回家以後有沒有飯吃。

專有名詞 Proper Names

1. 陽ㄧㄤˊ明ㄇㄧㄥˊ山ㄕㄢ (Yángmíng Shān)
Yangming Mountain, a mountain resort north of Taipei

注釋

1. **我們敬你** means "With this glass of wine we'd like to offer you a toast of respect." On a more formal occasion, younger people toast the elders first, to show respect. For heavy drinkers a common toast is **乾杯** (gān//bēi), "bottoms up." If someone makes such a toast one may politely decline drinking a full glass by saying, "**對不起，我不會喝酒，不能乾杯。我隨意，好不好？**". "**隨意** (suíyì)" means "according to one's wishes." In addition to these options, one may also offer a specific toast such as "**我乾杯。祝你健康、快樂！**" "I'd like to offer you a toast. May your health flourish and your life be happy."

2. **火鍋** refers to a dish cooked and eaten communally at the table. A heated pot with boiling broth is placed in the center of the table. An assortment of pre-cut ingredients such as vegetables, meat, tou fu, bean vermicelli, and Chinese cabbage（白菜）is placed around the pot. The diners each place whatever they want to eat into the pot. As each item becomes cooked, it is dipped in a sauce made of soy sauce and other ingredients in the each diner's own bowl and eaten. This process of slowly cooking, eating, and talking creates a very pleasant social occasion which can sometimes last for several hours.

3. **流口水** means "to salivate or drool." As one thinks of eating something appetizing, one's mouth begins to water.

4. **我唱得太好了，所以他們就不許我再唱了。** literally means "I sang so well that they didn't allow me to sing anymore." **建國** is joking about his poor singing. **美眞** continues the joke by saying: "**我們的大歌星居然沒有人欣賞！**" "I'm surprised that no one appreciates our big singing star."

5. **說眞的** in this context means "all jokes aside, seriously speaking." It is used to introduce a new, more serious tone to the conversation after a period of more casual dialogue.

6. **怎麼說呢？** here means "How so?", "Why is that?" In another context it could mean "How can I say it?"

7. **打麻將** means to play mahjong. Four people sit at a square table and play games similar to cards using a set 144 tiles with various patterns.

8. **夜店** literally means "night shop." There are different kinds of "night shops," including bars, discotheques, pubs, etc.

9. **陽明山** Yangmingshan, is a mountain recreational area north east of Taipei located in **陽明山國家公園** Yangmingshan National Park. It was formed in September 1985 and become the third national park established in Taiwan. It covers an area of 11,456 hectares (4636.18 acres). It's known for the remains of once active volcanoes. There are 200-1120 meter high mountains, hot springs, volcanic cones, sulphur seeps, ground faults, lakes and waterfalls in the park.

文法練習

一　居然　surprisingly

◎我們的大歌星居然沒有人欣賞。

What a surprise that no one appreciates our really big singing star.

用法說明：表示說話者覺得意外，沒想到這件事會發生。「居然」放在陳述這個意外事情的句子的主語之後。

Explanation: This shows that something is unexpected or unforeseen. 居然 is placed after the subject of the clause describing this surprising matter.

練習　請把「居然」放在句中合適的地方。

1. 我以爲小高只會念書，沒想到他的舞也跳得這麼好。
   I thought that Little Gao only knew how to study. I never thought that he could dance so well.
   → 我以爲小高只會念書，沒想到他的舞居然也跳得這麼好。
   I thought that Little Gao only knew how to study. I'm extremely surprised that he also dances so well.

2. 老張從來不進廚房，想不到他也會包餃子。
   ____

3. 我今天才發現，那個漂亮女孩住在我家隔壁。
   ____

4. 一篇學期報告，小林花了三個月的時間才寫完。
   ____

5. 老陳碰了我好幾下，我都沒有感覺到。
   ____

二　卻　yet, but however

◎……有的人唱不好，又愛唱，你卻不得不聽。

…… some people sing badly, yet love to sing. You have no choice but to listen (contrary to your desires).

用法說明：「卻」必須在主詞後面，表示轉折的語氣，意思是事情跟所期望的相反。如跟「可是」連用，主語應在「可是」後面，「卻」應在述語前面。

Explanation: 卻 is placed after the subject of the sentence to indicate a contradiction, showing that a situation is contrary to expectations or desires. If used together with 可是, the subject ought to be placed after 可是, and 卻 ought to be placed in front of the predicate.

練習　請把「卻」放在句中合適的地方。

1. 我姐姐一直想有個女兒，可是這次又生了個兒子，她很難過。
My older sister keeps wanting to have a daughter, but she had another son this time. She's really disappointed.
→我姐姐一直想有個女兒，可是這次卻又生了個兒子，她很難過。
My older sister keeps wanting to have a daughter, but instead she had another son this time. She's really disappointed.

2. 簽證、護照都辦好了，老李忽然說不跟我去旅行了，眞討厭！

____

3. 我以爲這場球賽我們一定會贏，沒想到對方打了一支再見全壘打，眞氣人！

____

4. 醫生不許李先生喝酒，可是他喜歡喝酒，所以他說：飯可以不吃，酒不能不喝。

____

5. 新年的時候，大家都要出去玩，可是我得在家準備補考。

____

三　不得不　to have no choice but to......

◎……你卻不得不聽。
……You have no choice but to listen (contrary to your desires).

用法說明：表示當事人雖然心裡不願意，可是沒有別的辦法，還是非做不可。有無奈的感覺。

Explanation: This shows that, although the party involved is unwilling, he/she has no other alternative but to perform a particular action. It indicates a strong feeling of reluctance and compromise.

練習　請用「不得不」改寫下面各句。

1. 今天要去見女朋友的爸爸，我只好把鬍子刮乾淨。
Today I'm going to meet my girlfriend's father. I guess I have to give myself a clean **shave.**

→今天要去見女朋友的爸爸，我不得不把鬍子刮乾淨。
Today I'm going to meet my girlfriend's father. I have no choice but to give myself a clean shave.

2. 小趙的錢都輸光了，所以他只好賣那棟房子了。

____

3. 因爲全國人民都希望民主，政府只好放棄共產主義。

____

4. 我找不到投籃的機會，沒辦法，只好把球傳出去。

____

5. 我們隔壁開舞會，吵得我睡不著，我才打電話給警察的。

____

四　少＋V(O)　stop V-ing (O); quit V-ing (O)

◎你少得意了。
Stop being so proud of yourself.

用法說明：「少」本來表示數量小，但是本句型的「少」數量小到等於沒有，是「別」或「不要」的意思，有責備對方的意味。

Explanation: 少 originally means "few", "little". Here, it means "as few as almost nothing," indicating 別 or 不要. It is used to blame your interlocutor.

練習　請用「少＋V(O)」完成下面對話。

1. 張：老林說如果他請你吃飯，你能不能把女朋友借給他一天，陪他去參加學校的舞會？
   Chang: Old Lin is asking you that if he treats you to a meal, would you loan your girlfriend to go with him to a dance party at the school?
   李：他少來（這套）。他有神經病啊！我怎麼可能把女朋友借給別人？
   Lee: Tell him to come off it. He is crazy! How can I lend my girlfriend to anyone?

2. 張：老李，聽說你跟你女朋友已經有孩子了。
   李：你＿＿＿＿＿＿＿。哪兒有這種事？你從哪裡聽來的？

3. 太太：我沒衣服穿，你們老闆晚上請吃飯，我就穿這套休閒服去啦。
   先生：你＿＿＿＿＿＿＿＿，櫃子裡那麼多衣服，你還說沒衣服穿。

4. 弟弟：哥，你跟王美美去看電影，不帶我去，我就告訴媽。
   哥哥：你＿＿＿＿＿＿＿＿。哥哥跟女朋友約會，哪有帶弟弟的道理？

5. 張：哎喲，公司有你就能賺大錢了，哪裡還需要我們這些人呢？
   李：你＿＿＿＿＿＿＿＿。你這話聽起來好酸哪！

6. 妹妹：啊，姐，你已經把碗洗好啦？對不起，我剛剛累得睡著了。
   姐姐：你＿＿＿＿＿＿＿＿。我剛才叫你洗碗的時候，你在看電視啊！反正今天晚飯的碗，我就不管了。

7. 張：比賽的時候，只要我一上場，所有的女生都高興得大叫。
   李：你＿＿＿＿＿＿＿＿。她們其實是在噓你！難道你聽不出來嗎？

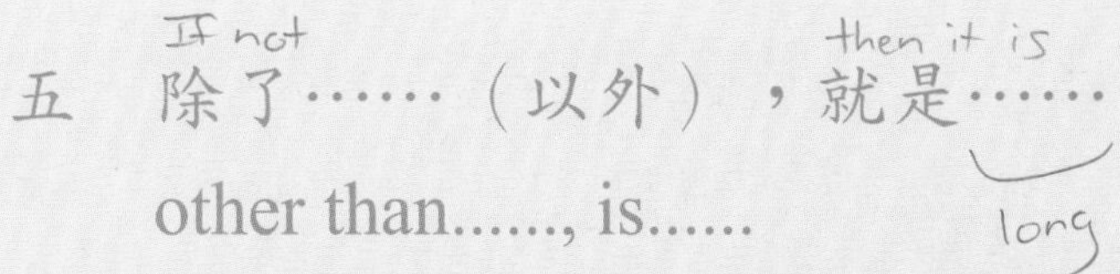

◎他最得意的事，除了打麻將贏了錢以外，就是在夜市買了一件皮夾克，才花了幾十塊錢。

The thing he's most satisfied about, besides winning money playing mahjong, is buying a leather jacket in the night market for a great price.

用法說明：這個句型跟「除了……（以外），還……」略有不同。「除了」還是表示「不計算在內」，「就是」是強調「是」，表示「不是別的，就是這個」的意思。

Explanation: This sentence structure is somewhat different from the 除了……（以外），還…… pattern. Here, 就是 acts as a slightly accentuated verb of being which can be translated as "is" or "is none other than".

練習　請根據所給提示完成下面對話。

1. 張：你喜歡什麼休閒活動？（健行、釣魚）
   Chang: What leisure activities do you like? (hiking, fishing)

李：我喜歡的休閒活動除了健行，就是釣魚，別的我都不愛。

Lee: As far as my favorite leisure activities go, other than hiking, I like fishing. I don't like anything else.

2. 張：上個週末你在家做什麼？（吃、睡）
   李：我什麼都沒做，除了＿＿＿＿＿＿＿＿＿＿＿＿＿＿＿＿＿＿＿＿。

3. 張：你哥哥最拿手的運動是什麼？（籃球、棒球）
   李：他拿手的不多，除了＿＿＿＿＿＿＿＿＿＿＿＿＿＿＿＿＿＿＿＿。

4. 張：你的德文怎麼樣？（"你好"、"謝謝"）
   李：我只會兩句，除了＿＿＿＿＿＿＿＿＿＿＿＿＿＿＿＿＿＿＿＿。

5. 張：男人的服裝沒什麼變化。（襯衫、圓領衫）
   李：就是嘛！除了＿＿＿＿＿＿＿＿＿＿＿＿＿＿＿＿＿＿＿＿。

六　V著玩　V for fun

◎除夕晚上陪我爺爺奶奶打著玩。

On the Lunar New Year's Eve I played (mahjong) with my grandma and grandpa for fun.

用法說明：表示做此事時，沒有很嚴肅的目的，只是爲了好玩、有趣。

Explanation: This shows that one performs a given task merely for fun and amusement; there is no serious goal.

練習　請用「V著玩」完成下面對話。

1. 張：你常去釣魚，你一定很會釣魚嘍？
   Chang: You go fishing quite often. You must be very skilled at fishing.
   李：哪裡，我都是釣著玩的，釣得到釣不到沒關係。
   Lee: Oh, really. I only fish for fun. Whether or not I catch a fish is unimportant.

2. 張：你弟弟這麼喜歡畫畫，說不定將來會是個大畫家呢！
   李：誰知道呢？他說他只是＿＿＿＿＿＿＿＿。

3. 張：你怎麼又吃起來了？又餓了嗎？
   李：我剛吃過，哪裡會餓？！我就是無聊，＿＿＿＿＿＿＿＿。

4. 張：你在看什麼書？怎麼這麼用功？
   李：這些書都是 ______________ 的，不能算用功。

5. 張：你唱幾句京劇給我們聽吧！
   李：不行，我只能自己 ______________，不敢表演。

七　不如　not as good as/in not on par with

◎……不如去跳舞，全身都可以運動。

...... is not as good as dancing, where your whole body can get a workout.

◎百聞不如一見。

Seeing is believing. (literally: "hearing something a hundred times is not as good as seeing it once.")

用法說明：比較兩種事物，這兩種事物在「不如」的前面和後面，可以是名詞、動詞、短句。表示前面的事物沒有後面的好。

Explanation: This pattern is used to compare two things. The two items are placed on either side of 不如 to show that the first is not as good as the second. Nouns, verbs, or clauses can all be used for comparison.

練習　請用「不如」完成下面各句。

1. 我爸爸不喜歡出門，他覺得出去玩不如在家看電視。
   My dad doesn't like to go out. He thinks that going out is not as good as watching television at home.

2. 誰說 ______________？我覺得男孩女孩一樣好。

3. 露營、健行都是很好的活動，可是如果比較哪個有趣，我覺得 ___________。

4. 炸雞太油，要是你怕胖，______________。

5. 開車到那個地方要八小時，你想早一點到，______________。

八　這下子　in this way, in this case, this being the case

◎這下子你可見識到臺北人的夜生活了。

In that case you have had exposure to the night life of people living in Taipei.

用法說明：「這下子」的意思是「這樣一來」，一定是談話中提到某件事，說話者就針對這樣的情況發表看法。

Explanation: 這下子 means "this being the case". 這下子 must refer to some kind of situation that has recently been brought up in conversation. This speaker would like to expound on his/her thoughts on the matter.

練習　請用「這下子」完成下面對話。

1. 張：我的報告都寫完了。
   Chang: I've finished writing all my reports.
   李：這下子你就輕鬆了。
   Lee: In that case, you can relax.

2. 張：隔壁的舞會總算結束了。
   李：這下子 ______________ 。

3. 張：聽說你昨天晚上打破了好幾個盤子，還送錯了幾次菜。
   李：是啊！這下子 ______________ 。

4. 張：哎喲，最後一班公車剛開走。
   李：都是你害我們沒趕上車，這下子 ______________ 。

5. 張：小王的功課不如我，每次都沒有我考得好，這次卻考了最高分。
   李：這下子 ______________ 。

課室活動

一、角色扮演 (Role Playing)：在夜市講價

找兩個學生來表演，一個演地攤老闆，一個演買東西的人。

這個人在夜市的地攤上看到一個很好的，皮做的小錢包。老闆說一個五塊錢，這個人覺得太貴了，就開始講價。後來他買了兩個，七塊錢。請學生表演他們怎麼講價。

可能用到的詞：

打折 (dǎ//jhé) (dǎ//zhé, to discount), 打八折 (dǎ//bājhé) (dǎ//bāzhé, to discount 20%), 賠錢 (péi//cián) (péi//qián, to lose money in a business transaction), 本錢 (capital)

二、遊戲：你猜猜 (cāi, to guess)

老師上課前，把所有的休閒活動寫在小卡片上，一張寫一個。上課的時候發給學生，一人一張或兩張。再請學生一個一個地說自己拿到的卡片上是什麼樣活動，怎麼做的，但是，不管怎麼說，都不可以直接說出那個活動的名字，連一樣的字也不可以提到。讓同學猜猜你說的是什麼活動。

三、討論問題

1. 每個人報告自己國家最流行的休閒活動。為什麼這麼流行？
2. 每個人說說自己最喜歡的休閒活動。
3. 你認為休閒活動有什麼好處跟壞處？

你釣了那麼久，到底
釣到了沒有？
我釣的是那條美
人魚。

美人魚 (mermaid)

短文　逛夜市

在台灣有些人晚上喜歡逛百貨公司，因為地方乾淨，東西的種類多，而且晚上九點半以後才休息。可是因為價錢比較高，又不能講價，有的人就不喜歡逛了。對這些人來說，夜市的地攤跟小商店才更合他們的口味。會講價的人常常能用最低的價錢買到自己喜歡的東西。講價就成了一種樂趣。

在夜市不但可以買東西，還可以看看逛街的人，玩玩擲飛鏢那樣的遊戲，在小吃攤前坐下，嘗嘗各種口味的美食。吃飽了，再去試試衣服、鞋子，聽聽新出來的光碟，跟地攤老闆隨便聊聊……只要你走得動，愛逛多久就逛多久。

當然，一分錢一分貨。在地攤上買東西，如果沒有眼光，就可能買到假的、不好的東西。小吃攤也不一定都乾淨，逛夜市的人就得自己小心了！

Vocabulary:

1. 樂趣 (lècyù) (lèqù): interest, delight
2. 美食 (měishíh) (měishí): delicacy
3. 一分錢一分貨 (yì fēn cián yì fēn huò) (yì fēn qián yì fēn huò): "You get what you pay for."

逛夜市

在台灣有些人喜歡晚上逛百貨公司，因為地方乾淨，東西的種類多，而且晚上九點半以後才休息。可是因為價錢比較高，又不能講價，有的人就不喜歡逛了。對這些人來說，夜市的地攤跟小商店才更合他們的口味。會講價的人常常能用最低的價錢買到自己喜歡的東西。講價就成了一種樂趣[1]。

在夜市不但可以買東西，還可以看看逛街的人，玩玩擲飛鏢那樣的遊戲，在小吃攤前坐下，嚐嚐各種口味的美食[2]。吃飽了，再去試試衣服、鞋子，聽聽新出來的光碟，跟地攤老闆隨便聊聊……，只要你走得動，愛逛多久就逛多久。

當然，一分錢一分貨[3]。在地攤上買東西，如果沒有眼光，就可能買到假的、不好的東西。小吃攤也不一定都乾淨，逛夜市的人就得自己小心了！

第三課 你看不看電視

■新聞節目的主播（新聞局提供 鄭元慶攝）

（謝美真、陳台麗家飯廳）

美真：大家都吃飽了吧？

建國：我從來沒吃得這麼飽過，明天不必吃早飯了。

偉立：火鍋沒有飯館的菜那麼油膩，正合我的口味。

台麗：你們喜歡就好。我們到客廳坐吧！

建國：我來收碗盤，這個我最拿手。

美真：**哪裡有**讓客人動手**的道理**？！你們去坐吧，我把碗盤放進洗碗機就來。

（客廳）

建國：你們房東什麼時候回來？

台麗：她去聽音樂會，最早要十一點才會到家。

偉立（指著電視）：你們家裝了有線電視嗎？我想看世界杯足球大賽，今天是巴西跟義大利決賽，一定很精彩，非看不可。

台麗：當然裝了，我們可以看一百多個頻道呢。

建國：還有半個多鐘頭才開始，我們先聊聊。台麗，你們常看電視嗎？

台麗：我們只看新聞、氣象、一些影集跟電影。

美真（進來）：什麼電影？你們要看電影啊？

建國：不是，台麗說他喜歡看電影台的電影。

美真：我也喜歡，可是我更喜歡看影集。有些外國影集在臺灣播出的時候說的是中文。

偉立：哇！那一定很有趣，我很難想像他們說中文的樣子。

建國：我在臺灣的時候也看到好幾個。看外國人說中文，一方面覺得好玩，另一方面也覺得怪怪的。

偉立：這麼說，臺灣有很多外國的電視影集嘍？

台麗：是啊！。可是並不是每一個都配了國語[1]發音。有些談情說愛的連續劇**就**不適合配音。

美眞：就是啊！我們表達感情的方式跟西方人不一樣，如果翻譯出來會覺得肉麻[2]。

台麗：你們看不看連續劇？

建國：女生才喜歡。像我媽，一坐下就半天不動，還跟著劇情一會兒笑、一會兒哭。有時候在外面辦事，還要趕

談話性電視節目（新聞局提供　王建華攝）

回家看呢！

台麗：能讓我爸爸趕回家看的是談話性節目，尤其是討論政治問題的。如果他有不同的意見，還會拿起電話來call in。

偉立：我們在宿舍常看觀眾報名參加比賽的節目，大家都搶著回答問題，每次到了要宣布答案的時候，都**替**參加比賽的人**捏一把冷汗**，真是又緊張又刺激。

美眞：我們有時候也看。臺灣電視上也有這種節目，有的主持人還**因為**主持這類節目**而**紅了起來。

台麗：這類節目跟綜藝節目的主持人大部分都很風趣，會控制現場氣氛。

偉立：是啊！新聞性節目的主持人就不同了，非要有豐富的專業知識不可。我覺得記者的工作最有挑戰性，反應一定要快，**否則的話**，很難跟別人競爭。

台麗：臺灣現在有很多新聞台，競爭真的非常激烈。在新聞現場總是可以看到很多 SNG 轉播車，新聞記者忙著跟電視台連線。

建國：我也注意到臺灣的電視女主播個個都年輕漂亮，可惜有的經驗不夠，看起來權威性不夠。而且她們說話實在太快，我常聽不懂，**倒不如**看卡通影片，比較輕鬆愉快。

偉立：你還真是長不大啊！臺灣的兒童節目[3]好不好看？

建國：我沒時間看。只有一次在車站等車，看到個給小孩說故事的節目[4]。堂哥說那是公共電視。

美眞：各位，球賽快開始了，是哪一台啊？

偉立：二十七號體育台。不過我們還是回去看吧，**免得**看到很晚，對你們不方便。（對建國）我們走吧！

美眞：欸？你們怎麼**說**走**就**走？再坐一下嘛！

建國：不了，再不走，球賽就真的開始了。謝謝你們的火鍋大餐。

美眞：別客氣。沒做什麼特別的東西[5]招待你們。

台麗：有空常來玩。

偉立：謝謝。別送了，快進去吧！外邊冷。

■SNG 新聞轉播車（新聞局提供 郝振泰攝）

生詞及例句

1 動手 (dòng//shǒu) VO/A：to start work, to put one's hands to use

(1) 你再生氣，也不能動手啊！打人就是不對。
(2) 各位，要吃餃子的話，就自己動手包吧！

2 道理 (dàolǐ) N：principle, logic, reason, rationale

「有借有還，再借不難」，這個道理，難道你不懂嗎？

講道理 (jiǎng//dàolǐ)
VO/SV：to use reason, to explain principles and logic/to be rational, reasonable

(1) 孩子不明白爸爸為什麼這麼做，爸爸就把道理講給孩子聽。
(2) 你還哭！太不講道理了！是你先動手打人的。

有道理 (yǒu dàolǐ) SV：to be reasonable, logical

(1) 王：別喝太多汽水！等一下有好吃的，妳就吃不下了。
李：嗯，有道理，聽你的。

(2) 我幫你這麼大的忙，你還罵我，真沒道理。

合理 (hélǐ) SV：to be in keeping with reason and logic, to be equitable

這個電視五十塊錢，價錢還算合理，可以買。

3 洗碗機 (sǐwǎnjī) (xǐwǎnjī) N：dish washing machine

洗衣機 (sǐyījī) (xǐyījī) N：clothes washing machine

4 音樂會 (yīnyuèhuèi) (yīnyuèhuì) N：music concert（M：場）

今天晚上活動中心有一場音樂會，你要不要去聽？

音樂 (yīnyuè) N：music

音樂家 (yīnyuèjiā) N：musician

貝多芬 (Bèiduōfēn, Beethoven) 莫札特 (Mòzhátè, Mozart) 都是有名的音樂家，你喜歡哪一位的音樂？

樂器 (yuècì) (yuèqì) N：musical instrument

5 有線電視 (yǒusiàn diànshì) (yǒuxiàn diànshì) N：cable TV

我們家以前裝了有線電視，每個月要付幾十塊，後來我們工作太忙，沒時間看，就不裝了。

電線 (diànsiàn) (diànxiàn) N：electric wire; an electric cord（M：根 / 條）

你的電腦後面這麼多電線，哪一根才是螢幕的啊？

6 足球 (zúcióu) (zúqiú) N：football, soccer

昨天的足球比賽，24號踢得最好，一共踢進了三球。

美式足球 (Měishìh zúcióu) (Měishì zúqiú)
N：American football

我們打的是美式足球，打法跟歐洲人不一樣。

7 頻道 (píndào) N：channel

8 氣象 (cìsiàng) (qìxiàng)
N：atmospheric phenomena, weather, meteorology

噓！別說話，我們聽聽氣象報告，看明天會不會下雪。

9 影集 (yǐngjí) N：mini series on television

集 (jí) M：volume or part of a collection or series

這個影集是有關一個年輕醫生的事情，每星期三播出，每一集都提出一個值得討論的問題。

10 電影台 (diànyǐng tái) N：movie channel

新聞台 (sīnwún tái) (xīnwén tái) N：news channel

體育台 (tǐyù tái) N：sports channel

台 (tái) = channel

N/M：(used for channels, machines, electrical appliances, microscope, etc.,)

我們家裝的有線電視有一百多個頻道。如果你想看電影，有十幾個電影台可以選。我最常看的是六十五台。

11 想像 (siǎngsiàng) (xiǎngxiàng) V：to imagine, to visualize

我真不敢想像，如果沒有了太陽，這個世界會變成什麼樣子？！

想像力 (siǎngsiàng) (xiǎngxiànglì)

N：imagination, imaginative thinking

這個孩子很有想像力，常把雲想成各種各樣的東西。

12 發音 (fā//yīn) N/VO：pronunciation/to pronounce

老丁的發音不好，常常把「找」說成「腳」。

13 談情說愛 (tán cíng shuō ài) (tán qíng shuō ài)

IE：to chat intimately, to talk passionately (between lovers)

我爺爺奶奶不喜歡看到年輕人在公園裡談情說愛。

14 連續劇 (liánsyùjyù) (liánxùjù)

N：soap opera, televised drama series（M：部）

雖然連續劇的故事都差不多，很無聊，可是很多人還是每天看。

15 配音 (pèi//yīn) VO：to dub (a film), dubbing, voice over

這個明星在電影裡唱的歌都是別人替他配音的。

16 表ㄅㄧㄠˇ達ㄉㄚˊ (biǎodá) V：to express (thoughts or feelings)

我的中文還不夠好，沒辦法把我心裡的意思都表達出來。

17 方ㄈㄤ式ㄕˋ (fāngshì) (fāngshì) N：way, style, manner

我喜歡用舞蹈的方式來表達心裡的感覺。

中ㄓㄨㄥ式ㄕˋ (Jhōngshìh) (Zhōngshì) AT：Chinese style

美ㄇㄟˇ式ㄕˋ (Měishìh) (Měishì) AT：American style

美式速食熱狗、漢堡 (hànbǎo, hamburger) 都吃膩了，換換口味，吃中式的排骨飯吧！

18 肉ㄖㄡˋ麻ㄇㄚˊ (ròumá)

SV：goose pimples, goose skin (literally), to be disgusting, nauseating, sickening

華人覺得對著一個人說：「我愛你」，非常肉麻。

19 跟ㄍㄣ (gēn) V：to follow; to accompany

王美美不管去哪兒，她的狗都跟在她後面。

20 劇ㄐㄩˋ情ㄑㄧㄥˊ (jyùcíng) (jùqíng) N：story or plot (of a play or opera)

警察追小偷的劇情太平常了，沒什麼意思。

21 談ㄊㄢˊ話ㄏㄨㄚˋ性ㄒㄧㄥˋ節ㄐㄧㄝˊ目ㄇㄨˋ (tánhuàsìng jiémù) (tánhuàxìng jiémù)

N：talk show

臺灣的談話性節目，除了談政治以外，像買賣房子啊，男女關係啊，運氣好壞啊，碰到鬼的經驗啊，……都有人談。

新ㄒㄧㄣ聞ㄨㄣˊ性ㄒㄧㄥˋ (sīnwúnsìng) (xīnwénxìng)

N：news value, the characteristic of being newsworthy

這個消息新聞性不夠，所以電視沒有播出。

紀ㄐㄧˋ念ㄋㄧㄢˋ性ㄒㄧㄥˋ (jì'niànsìng) (jì'niànxìng) N：commemorative qualities

這塊玉是爺爺奶奶送給我的，雖然不值什麼錢，可是有紀念性。

重ㄓㄨㄥˋ要ㄧㄠˋ性ㄒㄧㄥˋ (jhòngyàosìng) (zhòngyàoxìng) N：importance

趙主任不能來，老闆就不開會了。從這件事，你就知道趙主任在公司的重要性了。

知ㄓ識ㄕˋ性ㄒㄧㄥˋ (jhīhshìhsìng) (zhīshìxìng)

N：intellectual or academic value

如果你要看知識性的雜誌，我會推薦國家地理雜誌。

時ㄕˊ間ㄐㄧㄢ性ㄒㄧㄥˋ (shíhjiānsìng) (shíjiānxìng) N：timeliness

不管什麼藥，都有時間性。過期 (to expire) 以後，就不能吃了。

☆ 22 觀ㄍㄨㄢ眾ㄓㄨㄥˋ (guānjhòng) (guānzhòng) N：audience, spectators, viewers

看動物表演的觀眾，大部分是小孩子。

聽ㄊㄧㄥ眾ㄓㄨㄥˋ (tīngjhòng) (tīngzhòng) N：audience, listeners

(1) 小高主持的廣播節目很受歡迎，常常收到聽眾寄來的信。
(2) 我每次碰上不愉快的事，都會去跟我室友說，我覺得她是最好的聽眾。

大ㄉㄚˋ眾ㄓㄨㄥˋ (dàjhòng) (dàzhòng) N：the masses (people, citizens)

我們要讓社會大眾了解政府這幾年到底做了些什麼。

☆ 23 報ㄅㄠˋ名ㄇㄧㄥˊ(bào//míng) VO：to sign up, to enter one's name

要參加戶外教學活動 (field trip) 的同學，趕快去辦公室報名。

24 回ㄏㄨㄟˊ答ㄉㄚˊ (huéidá) (huídá) V：to answer (a question)

25 答ㄉㄚˊ案ㄢˋ (dá'àn)

N：answer, solution

這個問題，你如果不會回答，可以看書後面的答案。

26 捏ㄋㄧㄝ一ㄧˋ把ㄅㄚˇ冷ㄌㄥˇ汗ㄏㄢˋ (niē yì bǎ lěnghàn)

IE：to break out into a cold sweat, to be nervous or frightened

老李喝了這麼多酒，還要自己開車回家，我們都替他捏一把冷汗，怕他在路上出事。

捏ㄋㄧㄝ (niē)

V：to hold between the fingers, to pinch

他捏著鼻子說：「好難聞的味道啊！」

冷ㄌㄥˇ汗ㄏㄢˋ (lěnghàn)

N：cold sweat

我媽發現小偷進來了，不敢大聲叫，緊張得出了一身冷汗。

27 刺ㄘˋ激ㄐㄧ (cìhjī) (cìjī)

N/V/SV：stimulation, shock /to stimulate, to shock /to be stimulating, shocking, hardcore

(1) 他的工作丟了，太太也離開了，他受不了這樣的刺激，就病了。
(2) 你知道他的頭髮越來越少，你還提「禿頭」，太刺激他了。
(3) 坐雲霄飛車又刺激又好玩。

28 主ㄓㄨˇ持ㄔˊ人ㄖㄣˊ (jhǔchíhrén) (zhǔchírén)

N：person in charge, one who presides over a meeting or event, master of ceremonies, host

主ㄓㄨˇ持ㄔˊ (jhǔchíh) (zhǔchí)

V：to be in charge of, to manage, to preside over, to emcee

我們新年晚會的主持人，除了介紹表演的人出場以外，還說了些笑話，讓氣氛很輕鬆。大家都覺得他主持得很好。

主ㄓㄨˇ播ㄅㄛˋ (jhǔbò) (zhǔbò)

N/V：anchorman, anchorwoman, anchorperson/to anchor

五十六台的新聞主播李小姐，頭腦好、發音清楚。報告新聞的時候，從來不出錯，難怪觀眾都愛看她主播的新聞。

主人 (jhǔrén) (zhǔrén)　N：host

你請客，你是主人，怎麼現在才來呢？

29 紅 (hóng)　SV：to be very popular, to be eminent, influential

(1) 王美美在這部連續劇裡演醫生，播出以後，她就紅了，很多人找她演電影。
(2) 李先生在公司裡很紅，每次有什麼事，老闆一定先問他的意見。

30 綜藝節目 (zòngyì jiémù)　N：a variety show on television

31 風趣 (fōngcyù) (fēngqù)　SV：to be humorous, witty

王先生說話很風趣，跟他在一起，大家都笑個不停。

32 現場 (siànchǎng) (xiànchǎng)　N：scene, site (of an accident or crime)

那家銀行被搶了，警察接到電話以後，很快就趕到了現場。

33 豐富 (fōngfù) (fēngfù)　SV：to be abundant, plentiful

今天的晚飯有魚、有肉，還有青菜，真是豐富。

34 記者 (jìjhě) (jìzhě)　N：reporter, journalist

丁小姐是我們報社 (newspaper office) 的文字記者，只負責寫文章，不管照相的事。

舞者 (wǔjhě) (wǔzhě)　N：dancer

作者 (zuòjhě) (zuòzhě)　N：author, writer

讀者 (dújhě) (dúzhě)　N：reader

這篇文章很受讀者歡迎，作者是誰？是有名的作家嗎？

35 挑ㄊㄧㄠˇ戰ㄓㄢˋ性ㄒㄧㄥˋ (tiǎojhànsìng) (tiǎozhànxìng) N：challenging qualities

這樣的工作我做過，所以對我沒什麼挑戰性。

挑ㄊㄧㄠˇ戰ㄓㄢˋ (tiǎojhàn) (tiǎozhàn) V/N：to challenge/challenge

(1) 七號是去年得分最多的籃球隊員，你敢不敢向他挑戰，看誰打得好？
(2) 這些球員很難管，當他們的教練是一種挑戰。

36 反ㄈㄢˇ應ㄧㄥˋ (fǎnyìng) N/V：reaction/to react

(1) 我打了老張好幾下，他居然沒有反應，真的睡著了。
(2) 我們剛認識，你就約我吃飯、看電影，害我不知道怎麼反應才好。

37 否ㄈㄡˇ則ㄗㄜˊ (fǒuzé) A：otherwise, if not, or else

學語言最好常練習，否則很快就忘了。

38 SNG轉ㄓㄨㄢˇ播ㄅㄛˋ車ㄔㄜ (jhuǎnbòchē) (zhuǎnbòchē)

N：satellite news gathering (news van)

電視台用SNG 轉播車播新聞的時候，觀眾就好像在現場一樣。

39 連ㄌㄧㄢˊ線ㄒㄧㄢˋ (liánsiàn) (liánxiàn) VO：to be connected via a computer

雖然你的卡不是這家銀行的，你還是可以在這裡提錢，因為銀行都已經連線了。

40 權ㄑㄩㄢˊ威ㄨㄟ性ㄒㄧㄥˋ (cyuánwēisìng) (quánwēixìng)

N：authoritative qualities, expertise

權ㄑㄩㄢˊ威ㄨㄟ (cyuánwēi) (quánwēi) N：authority

老丁研究海洋動物已經很多年了，是這方面的權威，所以他的報告都相當有權威性。

權ㄑㄩㄢˊ利ㄌㄧˋ (cyuánlì) (quánlì) N：right, privilege

在大部分的國家，受小學教育不但是人民的權利，也是義務。

權ㄑㄩㄢˊ力ㄌㄧˋ (cyuánlì) (quánlì) N：power, authority

在我們國家最有權力的人是總統，他什麼事都可以管。

41 實ㄕˊ在ㄗㄞˋ (shíhzài) (shízài)

SV/A：to be frank, true, real, reliable/indeed, really, honestly, frankly, truly

(1) 他這個人很實在，想什麼就說什麼，一點也不誇張。
(2) 你在這家商店買東西可以放心，他們的價錢都很實在。
(3) 想把中文學好，實在不容易。

實ㄕˊ在ㄗㄞˋ說ㄕㄨㄛ/說ㄕㄨㄛ實ㄕˊ在ㄗㄞˋ的˙ㄉㄜ (shíhzài shuō / shuō shíhzài·de) (shízài shuō/shuō shízài·de) IE：to tell the truth, honestly speaking

張：他們都說你對心理學很有研究。
李：實在說，我也懂得不多。

42 卡ㄎㄚˇ通ㄊㄨㄥ（影ㄧㄥˇ）片ㄆㄧㄢˋ [kǎtōng (yǐng) piàn]

N：animated movie, cartoon（M：部）

這部卡通影片本來是一本很受歡迎的漫畫書。

影ㄧㄥˇ片ㄆㄧㄢˋ (yǐngpiàn) N：film, movie（M：部）

錢老師在上課的時候，放了一部影片，讓學生了解什麼是京劇。

43 兒ㄦˊ童ㄊㄨㄥˊ (értóng) N：children

小孩子坐飛機可以買兒童票。

44 公ㄍㄨㄥ共ㄍㄨㄥˋ電ㄉㄧㄢˋ視ㄕˋ (gōnggòng diànshìh) (gōnggòng diànshì)

N：public television

公共電視台的節目，都不是商業性的。

45 免ㄇㄧㄢˇ得ㄉㄜ˙ (miǎn·de) CONJ：lest, so as to avoid, so as not to, to avoid

你去以前，先跟他連絡一下，免得他不在家，見不到。

免ㄇㄧㄢˇ費ㄈㄟˋ (miǎnfèi) A/AT：free of charge

(1) 在這個加油站加油，他們給你免費洗車。
(2) 有人送給我兩張免費的電影票。你要不要跟我一起去看？

專有名詞 Proper Names

1. 世ㄕˋ界ㄐㄧㄝˋ杯ㄅㄟ足ㄗㄨˊ球ㄑㄧㄡˊ大ㄉㄚˋ賽ㄙㄞˋ (Shìhjièbēi Zúcióu Dà Sài) (Shìjièbēi Zúqiú Dà Sài) "World Cup" Football Game
2. 巴ㄅㄚ西ㄒㄧ (Bāsī) (Bāxī) Brazil
3. 國ㄍㄨㄛˊ語ㄩˇ (guóyǔ) Mandarin dialect

注釋

1. **國語,** the "national language," is known as Mandarin in many western countries. On Mainland China it's called **普通話**, (pǔtōnghuà), the "common dialect." It is often referred to as **華語** (huáyǔ) when it is taught to foreigners or when referring to the language used by people overseas in areas with high Chinese populations. Mandarin dialect is also called **漢語** (hànyǔ) by scholars of literature, linguistics, etc.
2. **我們表達感情的方式** "the way we (Chinese people) express our feelings," is often very discrete. They often conceal their feelings and affections. Thus, one seldom hears a Chinese person say, "I love you," or use such terms as "darling," "honey," or "sweetheart." They prefer to show their care for people by their actions rather than by the things they say. When Chinese people see Westerners kissing or speaking openly of their love for each other in public, they often describe it as "**肉麻**," which literally means "goose pimples" and means "creepy" or "gross." However, young, Westernized Taiwanese people are more inclined to accept such behavior.
3. **兒童節目** are children's programs. The most popular children's programs are animated cartoons. There are also story-telling, science, and English programs. In Taiwan there is no program like "Sesame Street" teaching children to read.

4. **在車站等車，看見個說故事的節目。** means "I watched a story-telling program while waiting at the station for the bus/train." In Taiwan there are often television screens in public places such as bus terminals and train stations, as well as in some restaurants and cafeterias. The television is always left on for the entertainment of the passengers and customers.

5. **沒做什麼特別的東西。** means "I didn't make anything special." This is a polite remark, **客氣話**. Chinese people often use this expression of modesty when they invite friends over, even when they have prepared a lot of food. It is considered poor manners to boast or show off.

文法練習

一　哪裡有……的道理？！　Since when does ...... make sense? (rhetorical question)

◎哪裡有讓客人動手的道理？！
Since when was there rationale for letting a guest do work?

用法說明：「哪裡」是「怎麼會」的意思，也是用反問表示肯定。意思是前文所提到的事是不合理的，不應該存在的。

Explanation: **哪裡** means **怎麼會** (how could it be that), and is used in rhetorical questions. It expresses the idea that what has previously been mentioned is completely illogical and should not even have been considered.

練習　請用「哪裡有……的道理？！」完成下面對話。

1. 張：你坐一下，我去付錢。
   Chang: Sit down for a moment. I'll go pay.
   李：今天我請客，哪裡有你付錢的道理？！
   Lee: The idea is absurd. Today is my treat. Why should you pay?

2. 張：裁判說我犯規，我氣得打了裁判一拳。
   李：你覺得不公平可以好好地說，哪裡有＿＿＿＿＿＿＿＿＿＿？！

3. 病人：這種藥我不吃，你換種藥吧！
   醫生：你是病人，我是醫生，哪裡有＿＿＿＿＿＿＿＿？！

4. 張：我擔心這次會考得不好。
   李：別擔心，你這麼用功，哪裡有＿＿＿＿＿＿＿＿？！

5. 張：請你們把票投給民主黨候選人。
   李：我是社會黨，哪裡有＿＿＿＿＿＿＿＿？！

二　就　is one case in which ......

◎有些談情說愛的連續劇就不適合配音。

There are some mushy soap operas that aren't suited for dubbing.

用法說明：反駁對方的意思，「就」是用來設定範圍的，「就」前面的事物有別於全體。

Explanation: Here, **就** is used to contradict the other speaker's position and implies "is one case in which......" The thing preceding **就** is an exception to the position stated by the previous speaker.

練習　請根據提示，用「就」完成下面對話。

1. 張：現在的學生都開車上學了。（我跟我弟弟）
   Chang: Today's students all drive cars to school. (my younger brother and I)
   李：誰說的？！我跟我弟弟就坐公車上學。
   Lee: Says who? My younger brother and I take the bus to school.

2. 張：今天晚上的電視節目都不好看。（二十一台的影集）
   李：不會啊！＿＿＿＿＿＿＿＿＿＿。

3. 張：現在的女孩都喜歡找個有錢的男朋友。（我）
   李：我不同意你的說法，＿＿＿＿＿＿＿＿＿＿。

4. 張：參加談話性節目的人反應都很快。（你那個朋友）
   李：也不一定，＿＿＿＿＿＿＿＿＿＿。

5. 張：男人都喜歡看足球賽。（張教授）
李：我可不敢這麼說，________________。

三　替 NP 捏一把冷汗　to break out in a cold sweat for NP (really anxious/scared for/about NP)

◎……都替參加比賽的人捏一把冷汗。
…… it made everybody break out in a cold sweat for those in the contest.

用法說明：因爲「替」後面的 NP 狀況緊張危急，所以別人也爲其擔心害怕。

Explanation: This sentence structure shows that the person following 替 is in a tense or critical state, so others share their worries.

練習　請用「替 NP 捏一把冷汗」造句，每個學生一句。

例：他剛學會開車，就帶著女朋友開車上高速公路，眞讓人替他們捏一把冷汗。
Example: As soon as he learned how to drive, he took his girlfriend out for a ride on the highway. The thought of it indeed causes one to be very anxious for him.

四　因為……而……　because of ......, [illegible]

◎有的主持人還因為主持這類節目而紅了起來。
Some show hosts have even become very popular hosting this kind of program.

用法說明：「而」是連詞 (CONJ)，把「因爲」後面的原因，跟「而」後面的事情連接起來。有「所以」、「就」的意思。多用於書面或較正式的場合。

Explanation: In this pattern there is a word or clause placed after 因爲 describing the reason for a particular result and a word or clause placed after 而 describing the result. "而"acts as a conjunction meaning 所以 (therefore) or 就 (thus). It is more often used in writing or more formal conversation.

練習 請用「因為……而……」改寫下面各句。

1. 很久不下雨，花跟樹都會乾死。
   It hasn't rained in a long time. The flowers and trees will all dry out and die.
   →花跟樹都會因爲很久不下雨而乾死。
   Due to the lack of rainfall, the flowers and trees will all dry up and die.

2. 常常因爲一點小事，我女朋友就氣得不跟我說話。

   ____

3. 我們學校有了張校長的領導，更制度化了。

   ____

4. 小林因爲參加職業球隊，所以放棄了念研究所的機會。

   ____

5. 戰爭結束，這個殖民地就宣布獨立了。

   ____

五　否則的話　otherwise

◎記者的……，反應一定要快，否則的話，很難跟別人競爭。
Journalists have to have quick reactions. Otherwise, it's very difficult to compete with others.

用法說明：「否則」意思是「如果不是這樣」，用來連接短句，在後面短句句首。「否則的話」後面要停頓，「的話」也可以省略。

Explanation: **否則** means "if this is not the case, then......" or "otherwise." It is used to connect clauses and is placed at the beginning of the second clause. The speaker should pause briefly after **否則的話**, **的話** can be omitted.

練習 請用「否則的話」完成下面各句。

1. 音樂會開始以前我們就得進去，否則的話，門一關上就進不去了。
   We have to go in before the beginning of the concert. Otherwise, once the doors close, we won't be able to go in.

2. 我們下個月要出國，應該趕快辦簽證，否則的話，______________。

3. 小林已經氣得生病了，你不要再刺激他，否則的話，______________。

4. 去露營，最好先看氣象報告，否則的話，______________。

5. 你要用哥哥的東西，應該先跟他說，否則的話，______________。

六　倒不如　It's not as good as ......

◎她們說話實在太快，我常聽不懂，倒不如看卡通影片，比較輕鬆愉快。

Actually, they speak too quickly, and I often can't understand what they're saying. It's not as entertaining as watching animated films, which are more relaxing and upbeat.

用法說明：「不如」的用法與前一課同。「倒」使語氣較舒緩委婉。如果沒有「倒」，語氣較強。

Explanation: The use of **不如** here is the same as in the preceding chapter, meaning "not as good as". However, **倒** makes the tone a little more relaxed and gentle. Without **倒**, the tone would be stronger.

練習　請用「倒不如」完成下面各句。

1. 連續劇都是些談情說愛的故事，沒什麼變化，倒不如看綜藝節目。
   Soap operas are all sappy love stories. They never change. They're not as entertaining as variety shows.

2. 這件事沒那麼難，到處找人幫忙太花時間，倒不如______________。

3. 孩子考得不好，罵他也沒有用，倒不如______________。

4. 去尼加拉瀑布玩，寒假的時候太冷，倒不如______________。

5. 迪士尼樂園裡的鬼屋不夠刺激，倒不如______________。

七 ……，免得…… in order to avoid/prevent

◎我們還是回去看吧，免得看到很晚，對你們不方便。
We'd better go back to watch it in order to avoid watching till very late here and inconveniencing you.

用法說明：「免得」的後面是說話者認爲麻煩或不好的事，如果做「免得」前面的事，就可避免發生「免得」後面的情況。「免得」多在後一短句的句首，如果前後兩短句的主詞相同，可省略一個。

Explanation: Following 免得 is a situation that the speaker thinks would be troublesome or undesirable. If the action mentioned before 免得 is performed, then the trouble mentioned after 免得 can be avoided. 免得 is always placed at the beginning of the second clause. If the subject is the same in both the first and the second clause, it may be omitted in one of the clauses.

練習 請根據所給事實，用「免得」完成下面句子。

1. 回家太晚，太太會嘮叨。
   If you go home too late, your wife will nag you.
   →你最好早點回家，免得太太嘮叨。
   You'd better go home a little early in order to avoid having your wife nagging you.

2. 可樂喝多了會一直想上廁所。
   →你不要喝太多可樂，免得＿＿＿＿＿＿＿＿＿。

3. 太誇張的話沒有人會相信。
   →你說話不可以太誇張，免得＿＿＿＿＿＿＿＿＿。

4. 跟朋友約會，你來晚了，朋友得等你。
   →你要是不能準時到，應該先打電話告訴朋友，免得＿＿＿＿＿＿＿＿＿。

5. 請太多客人一定會忙不過來。
   →你最好別請太多人，免得＿＿＿＿＿＿＿＿＿。

八　說 V(O) 就 V(O)

without warning, at the drop of a hat

◎你們怎麼說走就走？
How can you leave just like that, at the drop of a hat?

用法說明：強調事情發生得很快，剛說或想到這個 V(O)，就馬上實行這個 V(O)，或這個 V(O) 立刻實現。

Explanation: This structure emphasizes that something happens very quickly--as soon as V (O) is mentioned, it happens.

練習　請用「說 V(O) 就 V(O)」改寫下面各句。

1. 氣象報告剛說有颱風，颱風就來了，快得大家來不及準備。
   The weather report had just said that there was a typhoon, and then the typhoon came. It came so quickly that nobody had time to prepare.
   →颱風說來就來，快得大家來不及準備。
   As soon as they said the typhoon would come, it came. It was so fast that nobody had time to get ready.

2. 你怎麼剛決定搬家，馬上就要搬呢？房子已經找好了嗎？
   ____

3. 張教授考試從來不先通知，總是一決定考就馬上考。
   ____

4. 這件事不必再請教別人了，我們馬上就開始做吧！
   ____

5. 別人一說錯話，張小姐就生氣，所以我們跟她說話一定要小心。
   ____

課室活動

一、角色扮演 (Role playing)

1. 找五個學生來表演。一個演電視公司的記者，一個演教育部長 (Minister of Education)，一個演公立大學教授，一個演大學生，一個演大學生的父親或母親。這個電視公司的記者請前面四個人來參加一個討論會 (discussion panel meeting)，大家一起來討論美國公立學校教育的問題。記者要提出有關教育經費、學費、老師、書、設備 (shèbèi, facilities, equipment)、教育理想 (ideals of education)……各方面的問題，請不同的人說出他演的那個人可能有的意見。

   可能用得到的詞有：

   政策 (jhèngcè) (zhèngcè, policy), 教科書 (textbook), 理工科 (natural science and technology departments), 文法科 (liberal arts and social science departments), 醫科 (department of medicine), 行政 (administration), 觀念 (concept, idea), 培養 (péiyǎng, to cultivate one's mind, etc.), 人才 (a person of talent or ability), 訓練 (xùnliàn, to train, training)

2. 如果學生對公立教育問題沒有興趣，可以演這個。

   找四個學生表演。一個演記者，一個演公司老闆，一個演公司職員 (jhíhyuán) (zhíyuán, employee)，一個演來辦事的客人，一個演路上走路的人。這個記者要問前面三個人：中午的時候，辦公室應該不應該休息？請他說說自己的意見，為什麼這樣想？

可能用到的詞：

增加 (zēngjiā, to increase), 減少 (jiǎnshǎo, to decrease, reduce), 收入 (shōurù, income), 顧客 (customer), 政府機關 (a government agency, a government organization), 工作效率 (gōngzuò siàolyù) (gōngzuò xiàolǜ, work efficiency), 影響 (influence, to influence), 贊成 (zànchéng, approve), 反對 (contra, to oppose)

二、辯論：看電視對青少年 (teenagers) 好不好？

把學生分成正反兩組，一組認為看電視對青少年好，一組認為不好，進行辯論，老師當裁判。

三、討論問題

1. 說說自己最喜歡看的電視節目，還有為什麼最喜歡？
2. 哪一類的電視節目在貴國最受歡迎？為什麼？

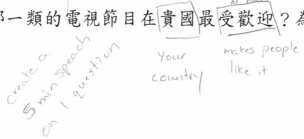

短文　看電視

看電視

右邊是台灣二〇〇七年二月四日的電視節目表。你可以從這個節目表看出台灣電視上有些什麼樣的節目。

看電視是一般人主要的休閒娛樂[2]，彩色電視機在台灣很普遍，每家至少[3]有一台，不少人家還有兩三台。台灣有四家無線電視台，差不多有一百多個有線電視頻道，就是深夜[4]也有節目可看，包括電影、運動比賽轉播什麼的。影碟店也可以租到各國電影或香港[5]、日本電視節目的光碟，非常方便，價錢也便宜。

因為科技[6]的發展，台灣也可以收看[7]香港、日本、歐洲一些國家的電視節目，大家的選擇[8]就更多了。

Vocabulary:

1. 主要的 (jhǔyào·de) (zhǔyào·de): most important, primary
2. 娛樂 (yúlè): entertainment, recreation
3. 至少 (jhìhshǎo) (zhìshǎo): at least
4. 深夜 (shēnyè): very late at night
5. 香港 (Siānggǎng) (Xiānggǎng): Hong Kong
6. 科技 (kējì): science and technology
7. 收看 (shōukàn): to watch (for television programs)
8. 選擇 (syuǎnzé) (xuǎnzé): choice

看電視

右邊是台灣二〇〇七年二月四日的電視節目表。你可以從這個節目表看出台灣電視上有些什麼樣的節目。

看電視是一般人主要的[1]休閒娛樂[2]，彩色電視機在台灣很普遍，每家至少[3]有一台，不少人家還有兩、三台。台灣有四家無線電視台，差不多一百多個有線電視頻道，就是深夜[4]也有節目可看，包括電影、運動比賽轉播什麼的。影碟店也可以租到各國電影或香港[5]、日本電視節目的光碟，非常方便，價錢也便宜。

因為科技[6]的發展，台灣也可以收看[7]香港、日本、歐洲一些國家的電視節目，大家的選擇[8]就更多了。

今．日．電．視

96年02月04日

電影

衛視電影台
(02)2734-3399

0815 跑吧孩子(普)
1040 與龍共舞(普)
1300 武林聖火令(護)
1450 野蠻秘笈(普)
1650 千杯不醉(普)
1905 太極拳(護)
2100 週日黃金檔-妃子笑
2300 慈禧秘密生活(輔)
0050 衝鋒陷陣(護)
0305 黃飛鴻(護)
0550 靈幻先生(護)

東森洋片台
0800-019333

0235 掃黑大行動(護)
0415 收播時間
0415 神魂顛倒(護)
0600 魔女嘉莉(護)
0840 勇士們(護)
1130 獵殺U-571(護)
1355 魔蠍大帝(護)
1555 愛上新郎(普)
1810 駭客任務:
重裝上陣(護
2100 (首)駭客任務完結篇-

緯來電影台
(02)8797-7122

0055 凶貓(輔)
0255 摩登共和國(護)
0445 布拉格有張床(普)
0635 蕭十一郎(護)
0830 蛇咒(護)
1040 進學威龍2(普)
1250 再見7日情(普)
1445 倚天屠龍記之-
魔教教主
1655 新與龍共舞之-
偷偷愛你
1905 三闖少林(護)
2100 週日熱門強檔-鬼媽媽
2300 男與女(輔)

緯來育樂台
(02)8797-7122

0000 進化特區
0215 神鬼禁區第一季#9.10
0445 謀殺疑雲
0645 驚爆點
0930 第七屆職業圍棋電視快
棋賽#18LIVE
1130 歡樂夏夏叫
1200 06-07 SBL#31
(達欣vs東森)
1400 神鬼禁區第一季#9.10
1600 全民起笑#1
1630 電影好好看
1645 我家也有貝多芬
1845 進化特區

無線

台視
0800-011515

0500 天天樂翻天
0600 易經風水面面觀
0630 合天之音
0700 Goog morning卡通
戰鬥彈珠人-炎魂
0730 玩家消遙遊
0800 鄉親逗陣行
0830 台視群星會
0900 真光之聲
0930 生活達人
1000 股市最前線
1030 生活達人
1100 發現新台灣
1130 消費大贏家
1200 發現新台幣
1229 午安您好台視新聞
1300 週日午間劇場-
愛情經紀約
1430 齊天大勝
1630 烘焙王
1700 怪醫黑傑克21
1730 光速蒙面俠
1800 魔法少年賈修III
1830 航海王VI
1857 台視晚間新聞
1930 少年特攻隊
2130 愛情經紀約
2300 經典玫瑰瞳鈴眼
0100 飛上彩虹

中視
0800-012258

0530 歌仔戲(普)
0630 摩托車週記(普)
0730 慈音甘露(普)
0800 淨覺法語(普)
0830 體適能健身教室(普)
0900 錦繡中華(普)
1000 喬家大院(普)
1200 中視午間新聞
1230 MIT台灣誌(普)
1330 轉角＊遇到愛(普)
1500 我的秘密花園II(普)
1630 植木的法則(普)
1700 烏龍派出所(普)
1800 大陸尋奇(普)
1900 中視新聞全球報導
2000 周日八點黨(普)
2200 轉角＊遇到愛(普)
2340 深情密碼精華版(普)
0040 院線搶先看(輔)
0110 中視夜線新聞
0140 周日八點黨(普)
0330 麻辣高校生(普)
0445 世界非常奇妙特別版

華視
0800-069789

0800 早場華視威秀:
威鯨闖天關
1000 包青天(普):秋娘(1)
1100 包青天(普):秋娘(2)
1200 華視午間新聞(普)
1255 華視生活雜誌午間快報
1300 花樣少年少女(重播)
1430 真命天女(重播)(普)

電視 SPORTS 菜單 02月04日

1000 SBL FRIDAY NIGHT:台銀對台啤
1200 籃球禁區
1230 籃球禁區
1300 ACC美國大學籃球賽:杜克對維吉尼亞
1500 (直播)SBL SUNDAY:緯來對台銀
1700 (直播)SBL SUNDAY:東森對台啤
1900 (直播)SBL SUNDAY:達欣對裕隆
2100 SBL SUNDAY:緯來對台銀
2300 SBL SUNDAY:東森對台啤
0100 NFL美式足球:最偉大的時刻
0200 NFL美式足球:最偉大的時刻
0300 NFL美式足球季後賽:美聯冠軍賽:新英格蘭愛國者
對印城小馬
0530 NFL美式足球:最偉大的時刻

衛視體育台(02)27343012

0600 2007勁力賽車特輯
0700 花式撞球經典:2004亞洲9號球巡迴賽高雄站:AU
CHI WAI對張表璋:8強賽
0900 A1大賽車排位賽
1100 (直播)A1大賽車
1330 亞洲足球雜誌
1400 2006 PGA職業高爾夫年終大滿貫賽:第二天
1700 2007澳洲網球公開賽:CHAN/CHUANG對BLACK/HUBER

卡通

東森幼幼台
0800-019333

0900 DORA
0930 海綿寶寶
1000 光之美少女
1030 天神向前衝
1100 神奇寶貝超世代
1130 YO YO 動畫電影院-
光榮燒肉之路
1300 塗丫森林
1330 貝比寶貝
1400 摩卡兔
1430 DORA
雙胞胎公主
1900 天神向前衝
1930 YO YO 動畫電影院-
光榮燒肉之路
2100 不可思議星球-
雙胞胎公主
2130 塗丫森林
2200 貝比寶貝
2230 摩卡兔
2300 假面騎士劍

卡通頻道
(02)2547-3309

0700 新超激力戰鬥車
0730 寶貝樂一通一連播秀
0830 親親麻吉
0900 魔法咪路咪路

新知休閒

國家地理頻道
(02)2734-3399

0800 人間伊甸園-卡卡度
0900 花豹求生錄
1000 終極猛龍
1100 瘋狂實驗室 #17
1130 瘋狂實驗室 #18
1200 生存贏家-
四十億年的戰爭
1300 人間伊甸園-卡卡度
1400 你不知道的事 #09
1430 你不知道的事 #10
1500 冒險挑戰:邁向北極點
1600 國家地理調查檔案:
空中浩劫III-衣索比
亞航空961號班機
1700 奇聞大揭秘-靈媒奇案
1800 瘋狂實驗室 #17,#18
1900 超級亞洲:桂河大橋
2000 每週精選:大熊貓
2100 亞洲真風貌 3-
海上巨無霸
2200 國家地理調查檔案:
古城危機
0000 你不知道的事 #09
0030 你不知道的事 #10

DISCOVERY
(02)6639-9360

■臺灣的電視節目表（剪自中國時報　范慧貞提供）

第四課　這個電影真好看

■第四十二屆金馬獎頒獎典禮－最佳男女主角郭富城、舒淇（聯合報 記者王忠明 攝）

（在錢家）

錢先生（關上電視）：怎麼樣？都看懂了嗎？

偉立：這部電影的對白都不太長。我不敢說每個字都懂，可是故事我想我懂了。這是什麼時候拍的電影？

錢太太：我不知道什麼時候拍的，是去年暑假在臺灣上演的。現在網路太方便，盜版又多，去電影院看電影的人越來越少，**難得**這部電影還很賣座。上個月他（指指錢先生）回臺灣就帶了這張光碟回來。你喜不喜歡？

偉立：喜歡是喜歡，可是結局慘**了一點**。我覺得男主角死得太不值得了。

錢太太：女主角更可憐！她一個人以後要怎麼活**下去**啊？！

錢先生：其實導演不必安排這樣的結局。怎麼可能什麼倒楣事都讓男主角碰上了？！太不真實了！

偉立：我倒是覺得主角、配角的演技都不錯，尤其是男主角。

錢先生：他是這兩年才紅起來的，去年還得了金馬影展的最佳男主角獎[1]。這個獎**給**他**帶來**很多表演的機會，我常在報上看到跟他有關的新聞。不過，這是我第一次看他的電影，演技**果然**沒話說。

錢太太：劇情很感動人，不過看完這樣的悲劇，讓人心裡很難過，忍不住要掉眼淚。

錢先生：你就是愛哭，看連續劇也是這樣。

錢太太：難道你不同情男、女主角的遭遇嗎？

錢先生：看電影嘛！**何必**那麼認真呢？！

偉立：這部電影的音樂很特別，主題曲好像不是國語歌。

錢太太：對！那是一首很老的臺灣民謠。我想導演認為這首民謠很能表達電影裡那些人的感情。

偉立：除了主題曲以外，還有一個我覺得奇怪的地方。為什麼影片下面有英文也有中文字幕呢？

錢先生：大概是他們認為這樣可以幫助觀眾了解劇情吧！

偉立：**難得**有機會看國語電影，我真要好好謝謝你們。噢！時間不早了，我該走了。

錢太太：留下來吃晚飯吧！反正都是家常菜[2]，也不麻煩。

偉立：謝謝，我跟同學約好了，還有別的事，下次再來打擾。

錢先生：好吧！歡迎你常來。

※　※　※　※　※　※

（林建國敲李平房門）

李平：請進，門沒鎖。欸，建國，你怎麼來了？

建國：我來給你錢，謝謝你幫我買隨身碟。給你支票[3]，行吧？真不好意思，拖了這麼久。

李平：沒關係。最近怎麼樣？

建國：馬馬虎虎，**還不就是**上課、打工、考試、念書？！

李平：對了，這個週末有沒有空？

■臺北電影院廣告看板（范慧貞提供）

建國：星期六我大概會去看電影。要不然就在家上網看電腦動畫。

李平：既然沒什麼重要的事，就來我們家聚餐[4]吧！星期六晚上有幾個同學要一人帶一個菜來，邊吃邊聊。你也來吧！

建國：好啊！電影看不看**無所謂**，吃比較重要。可是，我不會做菜，我帶一個派來，行不行？

李平：當然可以。你就是不帶東西來，也沒關係啊！

建國：那天吃完飯，還有什麼節目[5]？你有沒有光碟機？我們可以跟錢太太借影碟來看。

李平：錢太太有什麼好電影？

建國：偉立前兩天在他們家看了一部臺灣電影。他說除了演員很好之外，攝影、音效，各方面也都不錯。

李平：你曉不曉得片名是什麼？

建國：糟糕！我想不起來了。你看我的記性！

李平：是什麼樣的片子？文藝愛情片，還是社會寫實片？

建國：是一個很寫實的愛情故事。

李平：我不喜歡看這種電影，我喜歡看偵探片跟戰爭片。

■臺北電影院票價看板（攝自臺北長春戲院 范慧貞提供）

建國：文藝片我也不常看。還是恐怖片、科幻片比較刺激，
　　　要不然，動作片也不錯。

李平：比較刺激的電影很多都是限制級的，你還是少看吧！

建國：是！大哥[6]！以後我只看輔導級跟普遍級的，行了吧？

 普遍級 普遍級（簡稱「普」級）：一般觀眾皆可觀賞。	 保護級 保護級（簡稱「護」級）：未滿六歲之兒童不得觀賞，六歲以上十二歲未滿之兒童須父母、師長或成年親友陪伴輔導觀賞。
 輔導級 輔導級（簡稱「輔」級）：未滿十二歲之兒童不得觀賞，十二歲以上十八歲未滿之少年需父母或師長注意輔導觀賞。	 限制級 限制級（簡稱「限」級）：未滿十八歲之人不得觀賞

■臺灣的電影分級制（行政院新聞局提供）

生詞及例句

1 對ㄉㄨㄟˋ白ㄅㄞˊ (duèibái) (duìbái) N：dialogue (in a film or play)

這個連續劇裡的人說話相當風趣，對白真的很精彩。

2 拍ㄆㄞ (pāi) V：to shoot a film, to take a picture; to clap, beat, pat

(1) 這部連續劇因為很受歡迎而拍了一百集。
(2) 老王一生氣就拍桌子罵人。
(3) 學生們今天的表演精彩極了，我拍手拍得手都痛了。

3 盜ㄉㄠˋ版ㄅㄢˇ (dàobǎn) N/V：illegal copy, pirate copy, piracy/to pirate copy

我發現我的漫畫書被人盜版了，價錢便宜一半，氣死我了。

原ㄩㄢˊ版ㄅㄢˇ (yuánbǎn) N：original edition (of a book, etc.)

雖然盜版便宜很多，可是我為了支持我喜歡的歌星，寧願多花錢，也要買原版光碟。

版ㄅㄢˇ (bǎn) M：printing block or plate, edition; the page (number) of a newspaper

一般來說，報紙的第一版都是最重要的新聞。

出ㄔㄨ版ㄅㄢˇ (chū//bǎn) VO：to publish, to issue, to print

我們這本書是一九九九年出版的，現在已經出到第十一版了。

4 電ㄉㄧㄢˋ影ㄧㄥˇ院ㄩㄢˋ (diànyǐngyuàn)

N：cinema, movie theater, movie house（M：家）

新建的電影院常分好幾個廳，每個廳演的電影都不同。

5 難ㄋㄢˊ得ㄉㄜˊ (nándé) A：rarely, seldom

張老闆一個月有二十天在外頭忙，難得回家吃一頓飯。

6 賣ㄇㄞˋ座ㄗㄨㄛˋ (màizuò)

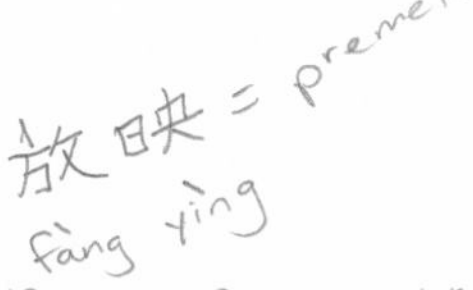

SV/N：to draw large audiences (for a performance)/box office success

(1) 這場音樂會很賣座，我排了幾個鐘頭的隊，都沒買到票。
(2) 這部電影能不能賺錢，要看賣座怎麼樣。

7 結ㄐㄧㄝˊ局ㄐㄩˊ (jiéjyú) (jiéjú)

N：final result, outcome, conclusion

王小姐跟她男朋友感情一直很好，可是上個星期分開了，誰都沒想到會是這樣的結局。

8 男ㄋㄢˊ主ㄓㄨˇ角ㄐㄧㄠˇ(ㄐㄩㄝˊ) (nán jhǔjiǎo/nán jhǔjyué) (nán zhǔjiǎo/nán zhǔjué)

N：leading actor

女ㄋㄩˇ主ㄓㄨˇ角ㄐㄧㄠˇ(ㄐㄩㄝˊ) (nyǔ jhǔjiǎo/nyǔ jhǔjyué) (nǚ zhǔjiǎo/nǚ zhǔjué)

N：leading actress

林小姐寫的小說，男主角一定又英俊又有錢，女主角不是聰明、漂亮，就是溫柔、大方。

主ㄓㄨˇ角ㄐㄧㄠˇ(ㄐㄩㄝˊ) (jhǔjiǎo/jhǔjyué) (zhǔjiǎo/zhǔjué) N：leading role

配ㄆㄟˋ角ㄐㄧㄠˇ(ㄐㄩㄝˊ) (pèijiǎo/pèijyué) (pèijiǎo/pèijué)

N：supporting role, minor role

小李在這部電影裡演男主角的同事，不太重要，是配角，可是演得比主角好。

角ㄐㄧㄠˇ(ㄐㄩㄝˊ)色ㄙㄜˋ (jiǎosè/jyuésè) (jiǎosè/juésè)

N：role, character, part (in a play, movie)

老趙演過各種不同的角色，舞台經驗非常豐富。

9 可ㄎㄜˇ憐ㄌㄧㄢˊ (kělián)

SV/V：to be pitiful, to be deserving of compassion or sympathy / to take pity on, be merciful to

(1) 這個孩子從小父母就死了，真可憐！
(2) 我兩天沒睡覺了，你可憐可憐我，讓我睡一會兒吧！

10 導演 (dǎoyǎn) N/V：director (of a play, film, etc.)/to direct a film, play, etc.

(1) 小陳是第一次演電影，什麼都要導演教他。
(2) 這部電影如果你讓我導演，我就要改結局。

11 真實 (jhēnshíh) (zhēnshí) SV：to be true, real, actual, authentic

這種事情完全是想像的，在真實生活裡是不可能的。

12 演技 (yǎnjì) N：acting skill

小錢的演技很差，不管演什麼角色都不像。

演員 (yǎnyuán) N：actor or actress

一個好演員應該什麼角色都能演。

13 得獎 (dé//jiǎng) VO：to win a prize, to place in a competition

老丁的文章參加這次的比賽，得了個大獎。

14 最佳 (zuìjiā) AT：the best, the superlative, top

李先生導演的電影都很受歡迎，這是他第三次得到最佳導演獎。

15 果然 (guǒrán) A：as expected, sure enough

我室友做事總是很不小心，這次果然出事了。

16 感動 (gǎndòng)

SV/V：to be moving, touching; to be moved, touched / to move, to touch, to stimulate (emotionally)

(1) 我老哥為了幫助我，不顧自己的安全，真讓我感動。
(2) 你寫的故事，不能感動自己，怎麼能感動別人呢？

17 悲劇 (bēijyù) (bēijù) N：tragedy

因為戰爭，老孫跟家人分開了四十多年，才又再見面，這真是時代的悲劇。

喜劇 (sǐjyù) (xǐjù) N：comedy

喜劇應該對白風趣，能讓觀眾從心裡笑出來，並不是把蛋糕丟到對方臉上的鬧劇。

18 掉眼淚 (diào//yǎnlèi) VO：to cry, shed tears

張太太的感情很豐富，看電影、看小說的時候，動不動就掉眼淚。

掉 (diào) V：to fall, to drop; to lose

(1) 先生，你的錢掉在地上了。
(2) 昨天我掉了一百塊錢，怎麼找都找不到。
(3) 我爸爸每天都掉很多頭髮，快變成禿頭了。
(4) 陳太太的孩子從床上掉下來，就一直哭個不停。

眼淚 (yǎnlèi) N：tears（M：滴）

王太太的孩子病了很久，她為孩子的病，流了不少眼淚。

19 同情 (tóngcíng) (tóngqíng)

N/V：sympathy/to sympathize with, show sympathy for

(1) 這個孩子的父母都死了，現在他最需要的是幫助，不是同情。
(2) 小趙沒飯吃，你不必同情他，誰叫他不好好兒地工作！

同情心 (tóngcíngsīn) (tóngqíngxīn) N：compassion, sympathy

王美美難過得哭了，你還笑她。你真沒同情心！

20 遭遇 (zāoyù)

N/V：unhappy experiences / to meet with, to encounter (used for unhappy circumstances)

(1) 老李開車出事以後，就一直躺在床上，十幾年都不能動，他的遭遇真可憐。
(2) 陳小姐第一次出國旅行，就遭遇到很可怕的事，不但錢被搶光了，還被打了一頓。

21 何ㄏㄜˊ必ㄅㄧˋ (hébì)

A：why? (rhetorical question meaning “there is no need to”)

弟弟不來就算了，你何必生氣呢？

22 認ㄖㄣˋ真ㄓㄣ (rènjhēn) (rènzhēn)

SV/A：to be conscientious, earnest, serious/conscientiously, seriously, earnestly

(1) 李教授說這句話的時候，態度很認真，不像是開玩笑。
(2) 只要你認真學習，沒有什麼學不會的。

23 主ㄓㄨˇ題ㄊㄧˊ曲ㄑㄩˇ (jhǔtícyiǔ) (zhǔtíqǔ)

N：theme music（M：首）

那部連續劇的主題曲很好聽，可是歌詞 (lyrics or words of a song) 好像跟劇情沒什麼關係，真奇怪。

24 字ㄗˋ幕ㄇㄨˋ (zìhmù) (zìmù)

N：caption, subtitle (of a film, video, etc.)

男主角說印地安話的時候，我一句都聽不懂，只好看字幕。

25 家ㄐㄧㄚ常ㄔㄤˊ菜ㄘㄞˋ (jiāchángcài)

N：home-cooking

這些菜我常做，都是些家常菜，沒有什麼特別的。

26 鎖ㄙㄨㄛˇ (suǒ)

V/N：to lock / lock（M：把）

(1) 趙小姐怕小偷，所以睡覺的時候，連窗戶都鎖起來。
(2) 小偷來過了，你最好換一把鎖比較安全。

27 隨ㄙㄨㄟˊ身ㄕㄣ碟ㄉㄧㄝˊ (suíshēndié)

N：flash disk

我的資料都存在隨身碟裡，只要有電腦，到哪裡都可以工作。

28 支票 (jhīhpiào) (zhīpiào)

N：check（M：張）

這家商店不收支票，倒是可以用信用卡。

旅行支票 (lyǔsíng jhīhpiào) (lǚxíng zhīpiào)

N：traveler's check（M：張）

旅行的時候，用旅行支票不但方便，也安全。

29 馬馬虎虎 (mǎ mǎ hū hū)

IE：not very good, barely acceptable; careless

張：你點的宮保雞丁，味道怎麼樣？
李：馬馬虎虎，好像沒有上次的好吃。

馬虎 (mǎ·hū)

SV：to be careless, imprecise

他做事情很馬虎，不是這裡錯了，就是那裡少了什麼。我真不放心讓他做事。

30 動畫 (dònghuà)

N：anime; animation

小王很會畫畫，他做了一些動畫放在我的部落格裡，因為很有趣，每天點選 (to click with computer mouse) 的人有好幾百。

31 聚餐 (jyùcān) (jùcān)

VO：to gather together and share a meal together

為了連絡感情，他們約好每半年找個好餐廳聚餐一次。

聚 (jyù) (jù)

V：to assemble, to gather together

好久不見了，找個時間聚聚，大家一起聊聊吧！

32 無所謂 (wúsuǒwèi)

IE/SV：It does not matter, it makes no difference one way or the other (for personal opinions)

(1) 吃不吃飯，我無所謂，反正現在也還不餓。
(2) 老林對什麼事都無所謂，我最討厭他這個樣子。

33 攝ㄕㄜˋ影ㄧㄥˇ (shèyǐng) N/V：cinematography, photography/to photograph

(1) 陳助教對攝影很有研究，照出來的相片都很有特色。
(2) 照相機不可以帶進來，因為博物館裡禁止 (jìnjhǐh) (jìnzhǐ, to forbid; to prohibit from) 攝影。

攝ㄕㄜˋ影ㄧㄥˇ師ㄕ (shèyǐngshī) N：photographer

國家地理雜誌的攝影師都非常專業，他們拍的相片都特別精彩。

34 曉ㄒㄧㄠˇ得˙ㄉㄜ (siǎo·dé) (xiǎo·dé) V：to know

你曉不曉得王英英這幾天為什麼沒來上課？

35 片ㄆㄧㄢˋ名ㄇㄧㄥˊ (piànmíng) N：title of a motion picture

這部美國電影的中文片名跟英文的意思完全不同。

36 糟ㄗㄠ糕ㄍㄠ (zāogāo) IE/SV：A terrible mess!, Too bad!, Oh no!

(1) 糟糕！我又忘了把鑰匙放在哪兒了！
(2) 女主角的演技真糟糕，她哭的時候，觀眾卻想笑。

糟ㄗㄠ (zāo) SV：to be in a wretched state, in a mess

快回去吧！萬一媽媽發現你不在家就糟了。

37 記ㄐㄧˋ性˙ㄒㄧㄥ (jì·sìng) (jì·xìng) N：memory

我的記性真不好，剛剛學的就忘了。

38 文ㄨㄣˊ藝ㄧˋ(愛ㄞˋ情ㄑㄧㄥˊ)片ㄆㄧㄢˋ [wúnyì (àicíng) piàn] [wényì (àiqíng) piàn]

N：an artistic (or love story) movie

我最怕看文藝愛情片了，看他們談情說愛，我總是覺得好肉麻。

愛ㄞˋ情ㄑㄧㄥˊ (àicíng) (àiqíng) N：love, romance

我覺得你像我哥哥，雖然我很喜歡你，可是這並不是愛情啊！

39 社會寫實片 (shèhuèisiě shíh piàn) (shèhuì xiěshí piàn)

N：motion picture realistically depicting society

社會寫實片都是一些打人、殺人的故事，不適合小孩子看。

寫實 (siěshíh) (xiěshí) SV：to be written or painted realistically

這本小說相當寫實，故事裡的人好像就住在你家隔壁。

40 偵探片 (jhēntàn piàn) (zhēntàn piàn) N：detective movie

偵探 (jhēntàn) (zhēntàn) N：detective

這部偵探片是名偵探福爾摩斯 (Fúěrmósī, Sherlock Holmes) 的故事。

41 恐怖片 (kǒngbù piàn) N：horror film

恐怖 (kǒngbù) SV：to be terrifying

迪士尼世界的「鬼屋」，沒有我想像的那麼恐怖。

42 科幻片 (kēhuàn piàn) N：science-fiction film

我看了外星人 (ET; alien) 這部電影以後，才開始對科幻片有興趣的。

奇幻片 (qíhuàn piàn) N：fantasy film

像哈利波特 (Hālìpōtè, Harry Potter) 這樣的奇幻片，特別受兒童歡迎。

43 動作片 (dòngzuò piàn) N：action film

臺灣、香港 (Xiānggǎng, Hong Kong) 拍的動作片，男主角的功夫 (Kung Fu) 都很棒，一個人打好幾個都沒問題。

44 限制級 (siànjhìhjí) (xiànzhìjí)

AT：restricted (movie), rating for movies restricted to adults

這是一部限制級的電影，你還沒滿十八歲，不能看。

限ㄒㄧㄢˋ制ㄓˋ (siànjhìh) (xiànzhì)　V/N：to restrict, limit / restriction, limitation

(1) 孩子想學什麼，就讓他學什麼，父母不應該限制他們的發展。
(2) 那個表演誰都可以看，沒有什麼限制。

級ㄐㄧˊ (jí)　M：(for grading, rank, degree of merit, grade in school)

李大華在補習班學法文，已經念到第六級了。

分ㄈㄣ級ㄐㄧˊ (fēn//jí)　VO：to classify, to rate, to grade

臺灣現在也實行電影分級制度了，一共分四級。

45 輔ㄈㄨˇ導ㄉㄠˇ級ㄐㄧˊ (fǔdǎojí)

AT：rating for restricted movies which allows children over 12 to attend if accompanied by an adult, but bars entrance for children 12 and under

那部電影是輔導級的，你才十三歲，應該跟父母一起去看。

輔ㄈㄨˇ導ㄉㄠˇ (fǔdǎo)　V/N：to guide, counsel, lead, facilitate/guidance, counseling

(1) 很多事情，父母只要在旁邊輔導就行了，不必替孩子做。
(2) 這個孩子心理有問題，需要老師的輔導。

專有名詞 Proper Names

1. 金ㄐㄧㄣ馬ㄇㄚˇ（獎ㄐㄧㄤˇ）影ㄧㄥˇ展ㄓㄢˇ [Jīnmǎ (jiǎng) Yǐngjhǎn] [Jīnmǎ (jiǎng) Yǐngzhǎn]
   Golden Horse Award Film Festival

注釋

1. **最佳男主角獎** means "Award for the Best Male Leading Actor." There is an annual Chinese film festival in Taiwan in October which awards **金馬獎**, the Golden Horse Awards.
2. **留下來吃晚飯吧，反正都是些家常菜。** means: "Please stay and have dinner with us; it's just our regular home cooking anyway. It's no trouble at all." The second half of this sentence is another example of **客氣話**. Chinese often say this when asking their guest to

stay, whether or not they have prepared special dishes. The host does not want the guests to feel that they are an inconvenience.

3. **支票** are personal checks. People in Taiwan seldom use checks unless they are dealing with a large sum of money. They prefer to make transactions in cash.
4. **聚餐** means "to get together for a meal." The American custom of holding "potluck" dinners where every guest is expected to bring one dish is not practiced in Chinese society. When Chinese invite friends to their homes for a meal, they do not ask guests to bring food. The host either prepares the food him/herself or invites the guests to a restaurant.
5. **吃完飯有什麼節目？** means "What plans do we have after dinner?" **節目** here refers to activities or forms of entertainment.
6. **是，大哥！** means "Yes, Sir." See Note 1 in Lesson 1.

文法練習

一　難得　hard to come by, rare

◎……，難得這部電影還很賣座。
It's rare that this movie (still) drew large audiences.

◎難得有機會看國語電影，……
It's rare to have a chance to see a movie in Mandarin ......

用法說明：「難得」可以是 SV，也可以是副詞。意思是「這種情況不容易看到、聽到或是做到」。

Explanation: **難得** can be an SV or an adverb. It means that the situation described is rare and difficult to find or achieve.

練習　請用「難得」改寫下面各句。

1. 我連週末都得工作，很少有時間安排休閒活動。
I even have to work on weekends. I hardly ever have time to plan leisure activities.
→我連週末都得工作，難得有時間安排休閒活動。
I even have to work on the weekends. It's rare that I have time to plan leisure activities.

2. 這裡的冬天不是颼風，就是下雪，很不容易看到太陽。

____

3. 小王平常總是不修邊幅，今天卻打扮得這麼漂亮。

____

4. 錢大同年紀很小，卻知道替父母省錢，這樣的孩子很少看到。

____

5. 小張又要上課，又要打工，還常常考第一名，眞不容易。

____

二　SV 了一點　a little too SV

◎……，可是結局慘了一點。

…… but the ending is a little too sad.

用法說明：本句型表示不合說話者的期待。說話者對此 SV 有一既定的標準，而實際情況卻超出或不及。「了」表示達到某一程度。

Explanation: This pattern indicates that the situation does not meet the expectation of the speaker. Since the speaker has a certain standard for this SV, and the situation goes beyond or fails to meet this standard. 了 indicates reaching a certain degree.

練習　請用「SV了一點」完成下面對話。

1. 張：這件夾克很帥，你怎麼不買？
   Chang: This jacket is snazzy. Why don't you buy it?
   李：我要穿大號的，這件是中號，小了一點。
   Li: I need one of large size. This is medium. It's a little too small.

2. 張：導演，剛才那位小姐演得不錯，你爲什麼不錄取她？
   李：她是演得不錯，可是 ______________。

3. 張：這棟公寓環境眞不錯，你要不要租？
   李：環境雖然好，可是 ______________。

4. 太太：你嚐嚐這個菜的味道怎麼樣？
   先生：味道很香，不過 ______________。

5. 張：聽說你現在的工作不錯。
   李：是啊，就是 ______________ 。

三　V下去　to continue to V

◎她一個人以後要怎麼活下去啊？!
After this she is all alone, how can she survive?!

用法說明：「下去」在這裡是RE，表示動作仍然繼續進行。

Explanation: here, 下去 is a resultative verb ending (RE). It shows that an action or situation continues.

練習　請用「V下去」完成下面各句。

1. 我跟老王才講了幾句，上課時間就到了，所以就沒再講下去了。
   I had only spoken a few words with Old Wang and then it was time to go to class, so we didn't continue to talk.
2. 那部電影眞無聊，我看了一半就 看不下去 了。
3. 朋友都說這個工作太麻煩，叫我別做了，但是我覺得很有挑戰性，所以決定 做下去 。
4. 這個地方又髒又熱，誰都不敢住，你怎麼 住得下去 ？
5. 大家的意見都不一樣，討論了半天，每個人都越說越生氣，實在 tǎo lùn 不下去 。

四　X給NP帶來……　X brings about ...... to NP

◎這個獎給他帶來很多表演的機會。
This award has brought him a lot of acting opportunities.

用法說明：「帶來」的後面是抽象的東西。「給」後面的名詞短語可能是人、地、組織或單位。也可以說「X帶給NP…」。

Explanation: The thing after 帶來 is often abstract. The noun phrase after 給 can be a person, a place, an organization or a unit. It is also correct to say "X 帶給 NP...."

練習　請用「X給NP帶來…」完成下面各句。

1. 洗衣機、洗碗機這類產品，給太太們帶來非常多的方便。
   Products like washing machines and dish washers bring a lot of convenience to the house wives.
2. 颱風快來了，因爲好久沒下雨了，所以大家都希望這個颱風能 ＿＿＿＿＿＿ 。
3. 照顧孩子很辛苦，可是孩子可愛的樣子也 ＿＿＿＿＿＿＿＿ 。
4. 老闆決定今年要是做不到三百萬的生意，我們五分之一的人都得走路，＿＿＿＿＿＿＿＿＿＿＿ 。
5. 醫生說小高的病可以醫，這句話 ＿＿＿＿＿＿＿＿ 。

五　果然　as expected, sure enough

◎演技果然沒話說。
The acting, as expected, was beyond words.

用法說明：「果然」表示事實跟本來預期的相同。意思跟「居然」相反。
Explanation: 果然 indicates that facts or results are as originally expected. 果然 is the opposite of 居然.

練習　請用「果然」完成下面各句。

1. 我哥哥的記性不好，我問他生日禮物買了沒有，他果然忘了買。
   My brother has a bad memory. I asked him whether or not he'd bought the birthday present, and sure enough, he had forgotten to buy it.
2. 我希望孩子住校以後會變得比較獨立，半年以後我發現他果然＿＿＿＿＿＿ 。
3. 觀眾對那部片子的反應很好，都說會得獎，現在果然＿＿＿＿＿＿＿ 。
4. 常常聽人談到雲霄飛車，上禮拜坐了以後，覺得果然＿＿＿＿＿＿＿ 。
5. 小王告訴我這兩個球隊實力相當，比賽一定很精彩，今天的比賽果然＿＿＿＿＿＿＿＿＿ 。

六　何必　why? (rhetorical question), there is no need to

◎……，何必那麼認真呢？!
Why take it so seriously?!

用法說明：意思是「為什麼一定要」，是反問語氣，說話者真正的意思是「不必」。
Explanation: **何必** means "why must one ......?" and is a rhetorical question. The speaker's actual meaning is **不必** (it is not necessary to).

練習　請根據所給情況，用「何必」表示意見。

1. 你請朋友跟你一起開車去旅行，可是他要參加旅行團。
You ask a friend to go on a vacation with you by car, but he wants to go with a tour group.
→自己開車去，又方便又省錢，何必參加旅行團？！
Driving yourself is convenient and saves money. Why go with a tour group?

2. 大家都聽得懂國語，可是電影上還有中文字幕。
____

3. 你覺得擺地攤賺錢自由自在，可是朋友都說你應該去公司上班。
____

4. 英文在世界各地都可以通，但是媽媽還要你學別的語言。
____

5. 你跟小張是好朋友，你幫了他一點忙，他不但送你禮物，還要請你吃飯，你覺得他太客氣。
____

七　還不就是……？!
is it not just......? What else is there?

◎還不就是上課、打工、考試、念書？！
Isn't it still just going to class, working, taking tests, and studying?!

用法說明：表示還是跟以前一樣，沒有什麼新的變化。「還」有反問的意思。說話者的意思是「就是……」

Explanation: This pattern shows that everything is the same as before, with no new changes. **還** makes it a rhetorical question. The speaker means that everything is still just the same as ever with no new changes. Because of this, sometimes it gives the implication that a previous question need not have been asked.

練習　請用「還不就是……？！」回答下面問題。

1. 你媽媽不上班，每天在家做什麼？
   Your mother doesn't work. What does she do at home every day?
   → 還不就是做飯、洗衣服、看電視。
   Cooking, washing clothes, watching television. What else is there for her to do?!

2. 這麼多聖誕卡，你要寄給誰啊？
   ____

3. 一般來說，你們學校考試都考些什麼？
   ____

4. 你給父母寫信，平常都寫些什麼？
   ____

5. 連續劇的劇情常常是哪一類的故事？
   ____

八　無所謂　it does not matter, it is inconsequential, I am indifferent

◎電影看不看無所謂，吃比較重要。
It doesn't matter whether or not I see the movie. Eating is more important.

用法說明：「無所謂」的意思是「都可以，沒什麼關係，不在乎」，放在說話者覺得沒什麼關係的事情後面。有時可以單獨使用。

Explanation: **無所謂** means "it does not matter to me." "I do not care," "I am indifferent." It is placed after the matter that the speaker feels indifferent about. It can also be used alone.

練習 請用「無所謂」完成下面對話。

1. 張：我給你買的襯衫大了一點，怎麼辦？
Chang: What if the shirt that I bought you is little large?
李：大一點無所謂，小了就麻煩了。
Lee: It doesn't matter if it's a little large, but it'll be a problem if it's too small.

2. 張：你喜歡看影片，還是恐怖片？
李：＿＿＿＿＿＿＿＿無所謂，故事好就行了。

3. 張：我們今天不要去黃石公園了，好不好？
李：＿＿＿＿＿＿＿＿無所謂，反正我也不很想去。

4. 張：這幾個房間都差不多，你要住哪一間？
李：既然都差不多，＿＿＿＿＿＿＿＿都無所謂。

5. 張：你這件事沒做完，明天恐怕不能放假了。
李：＿＿＿＿＿＿＿＿我無所謂，只要能把事情做好就行了。

課室活動

一、討論問題

老師指定 (jhǐhdìng) (zhǐdìng, to assign) 一部最近非常受歡迎或有爭議性 (jhēngyìsìng) (zhēngyìxìng, controversy)、很多人都看過的電影，要全班同學一起來討論。大家可以談談這部電影的導演、燈光、攝影、音樂、劇情、演員的演技…什麼的。

可能用到的詞：

劇本 (a scenario, script), 編劇 (biānjyù) (biānjù, to write a play, a playwright), 特殊效果 (tèshūsiàoguǒ) (tèshūxiàoguǒ, special effects), 布景 (backdrop or set of a movie or stage show), 道具 (stage prop), 時代背景 (the time setting of story), 講究 (to value, to be particular about or elaborate on something), 精緻 (jīngjhìh) (jīngzhì, fine, exquisite), 畫面 (the picture of a movie), 鏡頭 (a scene captured within the scope of a camera), 暴力 (bàolì, violence), 性 (sex)

二、隨便談談

請每個學生說說自己最難忘的電影是哪一部，並且說出難忘這部電影的原因 (reason)。

可能用到的詞：

印象 (yìnsiàng) (yìnxiàng, impression), 深 (shēn, deep)

短文　胡安平導演的話

各位同學：大家好！

很高興有機會來貴校給你們介紹我的電影。我先大概地說一下我為什麼要拍這部電影。

前些年台灣幾位有理想的年輕導演，拍了一些自然寫實、關心社會問題的電影，非常受歡迎，給台灣電影界帶來很大的刺激，可惜支持他們的力量不夠大。最近台灣流行的電影還是鬼片[1]、武打片[2]，要不然就是動作片。跟真實生活有關的電影太少了，所以我決定拍一部完全不同的電影。

因為現代社會也比從前複雜，再加上交通方便，碰到外國人的機會也多，所以我希望在我的電影裡，除了能讓觀眾看到現代人的各種感情，包括夫妻的[3]、父子的，還有朋友的以外，也能看到中西文化的不同。

現在請大家先看這部電影，然後我們再一起討論。

謝謝！

Vocabulary:

1. 鬼片 (guǐpiàn): movie about ghosts
2. 武打片 (wǔdǎpiàn): martial arts movie
3. 夫妻 (fūqī): husband and wife

胡安平導演的話

各位同學：大家好！

很高興有機會來貴校給你們介紹我的電影。我先大概地說一下我為什麼要拍這部電影。

前些年台灣幾位有理想的年輕導演，拍了一些自然寫實、關心社會問題的電影，非常受歡迎，給台灣電影界帶來很大的刺激，可惜支持他們的力量不夠大。最近台灣流行的電影還是鬼片[1]、武打片[2]，要不然就是動作片。跟真實生活有關的電影太少了，所以我決定拍一部完全不同的電影。

因為現代社會也比從前複雜，再加上交通方便，碰到外國人的機會也多，所以我希望在我的電影裡，除了能讓觀眾看到現代人的各種感情，包括夫妻的[3]、父子的，還有朋友的以外，也能看到中西文化的不同。

現在請大家先看這部電影，然後我們再一起討論。謝謝！

第五課　我愛看表演

■雲門舞集：薪傳（劉振祥攝）

（高偉立跟謝美真在講電話）

偉立：這星期五藝術中心有一個古典芭蕾舞表演，是紐約來的舞團。你們想不想去看？

美眞：星期五不行，我另外有約了。不知道台麗要不要去。她在洗澡[1]，你等一下，別掛**喔**！（大聲）台麗！高偉立問你，星期五要不要去藝術中心看芭蕾舞？

台麗（從洗澡間出來）：可以啊。我來跟他說。（接過電話）高偉立啊！你想去看芭蕾舞？這個舞團怎麼樣啊？

偉立：他們剛從歐洲表演回來，根據報上的評論，他們的水準相當高。錯過這次機會，就得自己去紐約看了。

台麗：好吧！星期五幾點鐘？一張票多少錢？

偉立：八點。學生票大概是十二塊錢，我還沒上網查。

台麗：好，那你先買票。上次我跟美真想看舞台劇，因為上網訂票的人太多，半天都進不了那個網站，等我們上線的時候，票正好賣完，你說**多**氣人**哪**！

偉立：那麼我這就上網訂票，免得又買不到就看不**成**了。不過這不是熱門音樂演唱會，票應該不難買。我們幾點，在哪裡見？要不要我去接妳？

台麗：不必了，我自己坐車去吧！我下了課，得回來換件正式的衣服[2]，穿牛仔褲去，別人會笑話我不懂規矩。

偉立：好，八點開演，我們七點半在藝術中心門口見。

台麗：好啊，要是沒買到票，打電話告訴我，別讓我白跑一趟。

偉立：好，就這麼辦。跟美真說，她不去看，一定會後悔的。

台麗（笑）：就是嘛！我這就跟她說，再見。

※　※　※　※　※　※

（謝美真、陳台麗家門口）

台麗：謝謝你送我回來。燈都亮著，美真一定回來了，要不要進來坐一下？

偉立：好啊，不會太晚吧？

台麗：沒關係，反正明天沒有課。（開門）咦，陸康，好久不見了。還記不記得高偉立？

國家劇院（吳俊銘攝）

陸康：記得，記得。那天我們合作得很愉快！

偉立（跟陸康握手）：你好，我們又見面了。

美眞：我們的事也剛討論完，他正打算走呢！大家坐啊！別站著說話。怎麼樣？今天的表演好不好？

偉立：好極了。沒想到這麼轟動，都坐滿了。

台麗：今天的芭蕾舞比我從前看過的都精彩，不過我更喜歡現代舞。

美眞：我在臺灣的時候，常去看雲門舞集[3]的舞蹈發表會，他們總是從中華文化裡找題材，可是卻能用現代舞的方

京劇臉譜（師大國語中心提供）

式來表現，所以場場都很轟動，（對台麗）你也看過吧？

台麗：嗯。我記得有一次是大陸人移民臺灣的故事，很多人都感動得掉眼淚，我的印象很深。

陸康：是啊！雲門的舞，很多題材跟表現方式都參考了中國的傳統戲劇。

偉立：他們來美國表演過嗎？真希望有機會能看看，多了解一點兒中華文化。

北市傳統藝術季記者會（聯合報 記者 李府翰 攝）

台麗：美國跟歐洲有很多地方都**曾經**請他們去表演過。**由於**雲門的刺激和社會的發展，各種藝術工作者也開始嘗試改變原有的表演方式。

陸康：對！就**拿**京劇**來說**，有的人編新劇本，有的人採用西方的表演方式，所以願意接受京劇的年輕人越來越多了[4]。

美眞：「當代傳奇劇場」的表演那麼成功，就是一個很好的例子。他們在英國表演的時候，不但觀眾的反應相當熱烈，各傳播媒體也給他們很高的評價。

台麗：他們在國家劇院表演時，非常轟動。大家都沒想到莎士比亞的劇本也可以用京劇的方式來表演[5]。

美眞：不管怎麼說，我覺得現代舞像抽象畫，京劇像歌劇，都一樣難懂，我寧願聽流行歌曲，偶像歌手的簽唱會，我從來不會錯過。

慾望城國劇照（當代傳奇劇場提供）

生詞及例句

1 講電話 (jiǎng//diànhuà) VO：to talk on the telephone

張教授正在講電話，你等他講完了再問他吧。

掛（電話）[guà (diànhuà)] V：to hang up (telephone)

我哥不同意我的意見，我話還沒講完，他就氣得把電話掛了。

2 藝術中心 (yìshù jhōngsīn) (yìshù zhōngxīn) N：arts center

藝術 (yìshù) N：art

畫畫、音樂、攝影、文學、電影…什麼的，你最喜歡哪一種藝術？

藝術工作者 (yìshù gōngzuòjhě) (yìshù gōngzuòzhě)
N：artist, worker in the arts

小陳雖然不會畫畫，也不懂音樂，可是他開了一家廣告公司，也算是藝術工作者。

藝術家 (yìshùjiā) N：artist

大部分的藝術家都不管別人怎麼看自己，所以比較不修邊幅。

藝術界 (yìshùjiè) N：the art world

每年的金馬影展都很熱鬧，很多藝術界的人會從世界各地到臺灣來參加這個活動。

3 古典 (gǔdiǎn) AT：classical

張：你喜歡古典音樂嗎？
李：喜歡，尤其是海頓 (Haydn) 寫的。

古ㄍㄨˇ代ㄉㄞˋ (gǔdài) N：ancient times, antiquity

古代的女人很少有念書的機會。

字ㄗˋ典ㄉㄧㄢˇ (zìdiǎn) N：dictionary（M：本）

這個字在我的字典裡居然查不到。

4 芭ㄅㄚ蕾ㄌㄟˇ舞ㄨˇ (bālěiwǔ) N：ballet

王英英每次跳芭蕾舞的時候，都覺得自己像個美麗的公主。

5 洗ㄒㄧˇ澡ㄗㄠˇ (sǐ//zǎo) (xǐ//zǎo) VO：to take a bath or shower

當兵的時候，都得站著洗澡，哪裡能像在家裡坐著洗？！

洗ㄒㄧˇ澡ㄗㄠˇ間ㄐㄧㄢ (sǐzǎojiān) (xǐzǎojiān) N：bathroom

你兒子洗個澡，把洗澡間弄得到處都是水！

6 根ㄍㄣ據ㄐㄩˋ (gēnjyù) (gēnjù) V/N：on the basis of, according to/basis, grounds

(1) 根據氣象報告，今天不會下雨。
(2) 你說小王偷你的錢，有什麼根據嗎？

7 評ㄆㄧㄥˊ論ㄌㄨㄣˋ (pínglùn)

N/V：commentary, assessment, appraisal/to give a comment, to comment on

(1) 一般人對那個作家的評論都不太好，因為他寫的小說都很不真實。
(2) 每個人對這件事情的看法都不一樣，很難評論誰對誰錯。

8 水ㄕㄨㄟˇ準ㄓㄨㄣˇ (shuěijhǔn) (shuǐzhǔn) N：standard, level

(1) 這場籃球比賽有職業水準，每個球員都打得非常好。
(2) 這兒的人有錢，住大房子，買很貴的東西，生活水準比較高。

9 錯過 (cuòguò) V：to let a chance slip by, to miss out on

我上了個廁所出來，公車剛好開走，錯過了這班車，就要晚一個小時才能到家了。

10 舞台劇 (wǔtáijyù) (wǔtáijù) N：stage play

小林的聲音不夠大，發音不夠清楚，不適合演舞台劇。

11 上線 (shàng//siàn) (shàng//xiàn) VO：to get online

進這個網站找資料的人很多，所以不容易上線。

12 氣人 (cìrén) (qìrén) SV：to be aggravating, annoying, irritating

我睡得正舒服的時候，被室友吵醒了，真氣人。

13. 熱門音樂演唱會 (rèmén yīnyuè yǎnchànghuèi) (rèmén yīnyuè yǎnchànghuì)

N：concert of popular vocal music（M：場）

我爸爸說熱門音樂演唱會都太吵，其實他是不懂欣賞現在流行的歌。

熱門音樂 (rèmén yīnyuè) N：popular music

演唱會 (yǎnchànghuèi) (yǎnchànghuì) N：concert of vocal music

那個歌星的歌又快又特別，去聽他的演唱會的，大部分是年輕人。

簽唱會 (ciānchànghuèi) (qiānchànghuì)

N：a singer's concert with autograph session

很多歌星發表新歌的時候，會辦簽唱會，除了唱新歌，也給歌迷簽名。

14 正式 (jhèngshìh) (zhèngshì) SV/A：to be formal, official/officially

(1) 張主任的生日舞會很正式，你不能穿得太隨便。
(2) 老闆已經正式宣布跟那家公司的合作計畫了。

15 牛ㄋㄧㄡˊ仔ㄗㄞˇ(ㄗˇ)褲ㄎㄨˋ (nióúzǎikù/niúzǎikù) (nióúzǐhkù/niúzǐkù)

N：jeans（M：條）

牛ㄋㄧㄡˊ仔ㄗㄞˇ(ㄗˇ) (nióuzǎi/niúzǎi) (nióuzǐh/niúzǐ) N：cowboy

16 笑ㄒㄧㄠˋ話ㄏㄨㄚˋ (siào·huà) (xiào·huà) V/N：to laugh at, to ridicule/joke

(1) 你用湯匙喝咖啡，會被別人笑話的。
(2) 老闆說的笑話一點也不好笑，可是大家都不得不笑。

17 規ㄍㄨㄟ矩ㄐㄩˇ (guēi·jyǔ) (guī·jǔ)

N/SV：rule, regulation, etiquette, established practice/to be well behaved

(1) 歐洲人吃飯的時候，都用左手拿叉，這是他們的規矩。
(2) 我是個規矩人，從來沒偷過、搶過別人的東西，你怎麼不相信我？

有ㄧㄡˇ規ㄍㄨㄟ矩ㄐㄩˇ (yǒu guēi·jyǔ) (yǒu guī·jǔ)

SV：to be well-behaved, well-disciplined, well-mannered

王先生的三個小孩都很有規矩，喝湯的時候都不會出聲音。

規ㄍㄨㄟ定ㄉㄧㄥˋ (guēidìng) (guīdìng) V/N：to stipulate/stipulation, rule, regulation

(1) 我父母規定我每天十一點以前，一定得回家。
(2) 「不可以在圖書館吃東西」是學校的規定。

18 白ㄅㄞˊ (bái) A：in vain, to no effect, V has no effect, waste of V

說了半天，他還是不懂，真是白說了。→ speaking has no effect

19 趟ㄊㄤˋ (tàng) M：time (said of trips to a place)

我的東西忘了帶回來，明天下午得去辦公室一趟。

20 後ㄏㄡˋ悔ㄏㄨㄟˇ (hòuhuěi) (hòuhuǐ) SV/V：to be remorseful / to regret, repent

(1) 小李年輕的時候沒有好好兒地念書，現在很後悔。
(2) 那個演講聽說很精彩，我真後悔沒去聽。

21 握手 (wò//shǒu)

VO：to shake hands

你們都不要生氣了，大家握個手，還是好朋友。

22 見面 (jiàn//miàn)

VO：to meet or see someone

我想跟王老闆見個面，不知道他有沒有時間。

23 轟動 (hōngdòng)

SV：to arouse attention, cause excitement, cause a sensation, make a stir

李導演得了奧斯卡 (Àosīkǎ, Oscar) 最佳導演獎的消息傳出來以後，非常轟動，全世界都在談這件事。

24 題材 (tícái)

N：subject, material constituting the main theme of an article, composition, etc.

「愛情」是作家最常用的題材。

25 表現 (biǎosiàn) (biǎoxiàn)

V/N：to express, manifest, show, display/expression, manifestation

(1) 這件事，我哥沒興趣，所以表現得不太熱心。
(2) 七號今天的表現不好，每次投籃都投不進。

26 印象 (yìnsiàng) (yìnxiàng)

N：impression

找工作面談的時候，要穿得正式一點，因為給人的第一印象很重要。

27 深 (shēn)

SV：to be deep

那條河很深，小孩子去游泳太危險。

28 參考 (cānkǎo)

V/N：to refer to, to use something for comparison, to consult/reference

(1) 如果你覺得你做得不夠好，可以參考一下別人的做法。
(2) 你的報告能不能借我看看，給我做個參考？

參考書 (cānkǎoshū) N：reference book

學期開始的時候，王教授給我們一張參考書的書單，他說只要我們把這些書看完，上他的課就不難了。

29 傳統 (chuántǒng) N/SV：tradition, conventions/to be traditional

(1) 新年的時候給父母拜年 (to pay a New Year call)，是華人的傳統。
(2) 晚會的時候，我們穿著各國傳統的服裝跳舞。

30 戲劇 (sìjyù) (xìjù) N：drama, theatre

老丁是學戲劇的，所以對電影、舞臺劇都很有研究。

戲 (sì) (xì) N：play, theatrical performance（M：場／齣 chū）

女主角病了，我看這場戲大概演不下去了。

歌劇 (gējyù) (gējù) N：opera

歌劇演員，不但要會演，更要會唱。

歌劇院 (gējyùyuàn) (gējùyuàn) N：opera house

31 曾經 (céngjīng) A：once, formerly, previously, in the past

趙先生曾經得過最佳男主角獎，可是現在老了，只能演配角了。

32 由於 (yóuyú) CONJ：due to, because of, as a result of, owing to

由於小王的態度很不客氣，我們決定不幫他的忙。

33 嘗試 (chángshìh) (chángshì) V/N：to attempt, to try/an attempt, try

(1) 我對沒做過的事都有興趣嘗試，想看看到底是怎麼回事。
(2) 老錢找我去高山上滑雪，可是我年紀大了，不敢做這種嘗試。

34 編ㄅㄧㄢ (biān) V：to compose; to edit, compile

(1) 這個舞團的舞都是王小姐編的。
(2) 老王不想讓太太知道自己去哪兒了，就編了個故事說給太太聽。

35 劇ㄐㄩˋ本ㄅㄣˇ (jyùběn) (jùběn) N：script

這個電影劇本是根據真人真事寫成的。

36 採ㄘㄞˇ用ㄩㄥˋ (cǎiyòng) V：to employ, use, adopt

我們編雜誌的時候，採用了兩篇張教授的文章。

37 接ㄐㄧㄝ受ㄕㄡˋ (jiēshòu) V：to accept, to receive

(1) 你怎麼送給我這麼值錢的禮物？我不敢接受。
(2) 我們討論了很久，對方最後接受了我的意見。
(3) 林先生從小就接受西方教育，所以很多看法都跟一般華人不同。

38 例ㄌㄧˋ子ㄗ˙ (lì·zih) (lì·zi) N：example, case, instance

這個詞的意思，我們都不明白，請老師舉一個例子。

39 熱ㄖㄜˋ烈ㄌㄧㄝˋ (rèliè)

A/SV：enthusiastically, ardently/to be enthusiastic, exuberant, fervent

聽完王教授的演講，大家都說出自己的想法，討論得很熱烈。

40 傳ㄔㄨㄢˊ播ㄅㄛˋ媒ㄇㄟˊ體ㄊㄧˇ (chuánbò méitǐ) N：news media, broadcast media

世界各國的傳播媒體都很注意全球 (global) 經濟的發展，每天報上、電視上都在談這個問題。

傳ㄔㄨㄢˊ播ㄅㄛˋ (chuánbò) V：to disseminate (news, information, etc.) ; to spread

因為網路方便，不管哪國的消息，很快就能傳播到全世界。

41 評ㄆㄧㄥˊ價ㄐㄧㄚˋ (píngjià) N：evaluation, appraisal

這個綜藝節目做得很認真，不管唱歌、跳舞都很精彩，播出以後，得到相當高的評價。

42 國ㄍㄨㄛˊ家ㄐㄧㄚ劇ㄐㄩˋ院ㄩㄢˋ (guójiā jyùyuàn) (guójiā jùyuàn)

N：National Theater

大家都認為能在國家劇院表演的藝術團體，一定得有世界級的水準。

43 抽ㄔㄡ象ㄒㄧㄤˋ畫ㄏㄨㄚˋ (chōusiànghuà) (chōuxiànghuà) N：abstract painting

這張畢卡索 (Bìkăsuǒ; Picasso) 的抽象畫，我看了半天，都看不懂，後來才發現看反了。

抽ㄔㄡ象ㄒㄧㄤˋ (chōusiàng) (chōuxiàng) SV：to be abstract

你說的道理太抽象了，我們沒辦法了解，請你多舉幾個例子。

44 流ㄌㄧㄡˊ行ㄒㄧㄥˊ歌ㄍㄜ曲ㄑㄩˇ (lióusíng gēcyǔ) (liúxíng gēqǔ) N：popular song

三十年前的流行歌曲，現在聽起來都太慢了。

45 偶ㄡˇ像ㄒㄧㄤˋ (ǒusiàng) (ǒuxiàng) N：idol

你是我的偶像，我從小就喜歡看你寫的書，也希望自己有一天可以跟你一樣，寫那麼多好書。

語助詞 Modal Particle

1. 喔ㄛ (ō) P：(used for imperative sentences to remind the listener to pay particular attention to a matter)

這麼漂亮的牛仔褲，你真的要送給我嗎？可別後悔喔！

專有名詞 Proper Names

1. 紐約 (Niǒuyuē) (Niǔyuē)　New York
2. 雲門舞集（雲門）(Yúnmén Wǔjí) (Yúnmén Wǔjí)(Yúnmén) "the Cloud Gate Theater" ("Cloud Gate"), a Taipei modern dance troupe
3. 當代傳奇劇場 (Dāngdài Chuáncí Jyùchǎng) (Dāngdài Chuánqí Jùchǎng)　"The Contemporary Legend Theater," a Taiwanese stage and opera company
4. 莎士比亞 (Shāshìhbǐyǎ) (Shāshìbǐyǎ)　William Shakespeare

注釋

1. **洗澡** means "to take a bath or shower." Many Americans prefer to bathe in the morning, whereas Taiwanese generally bathe in the evening before going to bed. **洗澡間** is the room where a bath is taken. Washrooms in public places are called **洗手間**. This same term may be used when asking for the location of the bathroom in someone's home. If ones intention is to take a bath, however, **洗澡間** should be used.
2. **換件正式的衣服（去看表演）**, "change into more formal attire." People in western countries often wear formal or semi-formal clothes when they go to a concert or theatrical performance. The dress code is not as strict in Taiwan. The formal attire for Chinese women is a **旗袍** (qípáo), a tight-fitting dress which evolved from Ch'ing Dynasty styles. The formal attire for men in Taiwan is now a tuxedo or western suit.
3. **雲門** is short for **雲門舞集**, the Cloud Gate Theater. **林懷民** (Lin Huaimin) established this dance company in 1973. Mr. Lin studied modern ballet in the United States and returned to Taiwan to work as a choreographer, developing modern dance using Chinese themes. The dance mentioned in the text is "Legacy," performed for the first time in 1978. It is a 90-minute dance saga about the migration of mainlanders to Taiwan.
4. **越來越多的年輕人願意接受京劇了。** "More and more young people have begun to show an interest in Peking Opera." Since Peking Opera is an art with a long tradition, most of the stories are quite old. The operas move along at a slow pace and the lines are often difficult to understand. Most young people show little interest in such entertainment. In an effort to attract a younger audience, some young Peking Opera actors and directors have introduced reforms to the traditional style. Their efforts have been quite successful.
5. **改變京劇的表演方式.** Among the theatre companies trying to improve Peking Opera,

probably the two most distinguished ones are **雅音小集** (Yǎyīn Siǎojí) (Yǎyīn Xiǎojí) and **當代傳奇劇場** (Dāngdài Chuáncí Jyùchǎng) (Dāngdài Chuánqí Jùchǎng), the "Contemporary Legend Theater." **雅音小集** has performed some newly composed works. **當代傳奇劇場** has made even greater breaks from tradition. One of their best known works is **慾望城國** (Yùwàng Chéngguó), the "Kingdom of Desire", adapted from Shakespeare's "MacBeth." In December 1990 it was performed in London, where it received favorable reviews.

文法練習

一　多SV啊！　SV indeed!

◎你說多氣人哪！
Talk about making someone really angry!

用法說明：表示 SV 的程度很高，包含誇張語氣跟強烈的感情，有感歎跟反問的意思，句尾常有「啊」「呀」「哪」「哇」。「多」的聲調可讀一聲或二聲。

Explanation: This shows that the level or degree of the SV is very high or extreme, and expresses a tone of exaggeration and intense feeling. It is used in exclamatory and rhetorical sentences, and is often followed by **啊**, **呀**, **哪** or **哇**. **多** can either be read in first or second tone.

練習　請根據所給情況用「多 SV 啊！」表示感歎跟反問。

1. 你女朋友想做飯給你吃，你覺得自己做飯太麻煩。
Your girlfriend wants to cook for you, but you think it is too troublesome for her to cook by herself.
→自己做飯多麻煩啊，還是出去吃吧！
How troublesome it is to cook by ourselves! Let's just eat outside.

2. 一個人住一棟公寓，想做什麼就做什麼，很自由。
____

3. 你看見妹妹坐在馬路上哭，你覺得很難看。
____

4. 我搬進宿舍一年了，可是從來沒跟室友說過話。

____

5. 早餐店的老闆收了錢沒洗手，就去拿麵包給客人吃。

____

二　V 成了 to completion

◎免得又買不到（票）就看不成了。

……in order to avoid not being able to get tickets and see the show again.

用法說明：這個「成」是 RE，表示「成功」、「完成」、「實現」的意思。（這跟「看成」、「聽成」、「寫成」……不同。）Actual Type 跟 Potential Type 都可以用。

Explanation: This **成** is a RE, showing "success," "completion." or "actualization of a goal". This is not the same usage as in **看成**, **聽成**, **寫成**, etc. It can be used as either Actual Type or Potential Type.

練習　請填上合適的結果複合詞。

1. 這個週末我本來想寫報告，可是來了好幾個朋友，一個字也 ____________ 。
   This weekend I originally wanted to write a report, but many friends came over, so I didn't even write one word.

2. 這個實驗計畫很好，可惜經費不多，你看 ______________ 嗎？

3. 昨天我們約好去釣魚，因爲雨下得太大，______________ 。

4. 導演決定換人，這下子老李 ______________ 男主角了。

5. 小張很會說話，跟人談生意總是一談就 ______________ 。

三　白V了

◎別讓我白跑一趟。

Don't make me run over there for nothing.

用法說明：「白」在此是副詞，表示該動作做了跟沒做一樣，沒有得到預期中的效果或結果。（可是「白吃」、「白喝」、「白住」有時候意思是吃了、喝了、住了不付錢。）

Explanation: Here, 白 is used as an adverb, showing that an action is useless because performing it does not achieve the desired results. However, when 白 is used in 白吃, 白喝, or 白住, it may means that one eats, drinks, or lives somewhere free of cost.

練習　請用「白V」完成下面各句。

1. 爸爸說不可以賭錢，哥哥還是偷偷地 (secretly) 去賭，爸爸的話都白說了。
2. 我開了一晚上的夜車，老師今天居然說不考了，我 ______________ 。
3. 張小姐打了一上午的電腦，還沒存進去就停電了，______________ 。
4. 我花那麼多時間化好了妝，導演卻說今天不錄影了，______________ 。
5. 我剛剛才把這些書擺好，你又弄亂了，______________ 。

四　曾經……once, formerly (in the past)

◎美國跟歐洲有很多地方都曾經請他們去表演過。

Many places in the U.S. and Europe have invited them to perform in the past.

用法說明：表示從前有過某種行爲或情況。句型如下：曾經 ＋ V/SV ＋ 過／了。「曾經」所表示的動作或情況不是最近發生的，而且現在已經結束。

Explanation: This indicates that some situation or action occurred in the past. The sentence pattern is as follows: 曾經 ＋ V/SV ＋ 過／了. Use of 曾經 indicates that an action or situation occurred long ago and is now over.

練習　請把「曾經」放在句中合適的地方。

1. 李先生用地震的題材編過劇本，可惜不太成功。
Mr. Lee has written a script on the subject of earthquakes. It's a shame it wasn't very successful.
→李先生曾經用地震的題材編過劇本，可惜不太成功。
Mr. Lee once wrote a script on earthquakes. It's a shame it wasn't very successful.

2. 我想出國留學，爲了這個計畫，我花了很多時間。

3. 你看老錢現在這麼瘦，其實他也胖過。

4. 我們校隊贏了州立大學，那場球賽在電視上轉播過，你忘了嗎？

5. 我剛搬出來一個人住的時候，後悔過，後來才慢慢習慣了。

五　由於　due to, because of, owing to

◎由於雲門的刺激和社會的發展，各種藝術工作者也開始嘗試改變原有的表演方式。
Due to the stimulus provided by Cloud Gate and the development of the society, many different types of artistic performers also started to experiment with changing exising performance techniques.

用法說明：「由於」是連詞，意思是「因爲」。但「因爲」較口語。「因爲」可放在第二個句子的句首，「由於」則不可，除非前面有「是」。如果第一個句子用「由於」，第二個句子的句首可以用「所以」、「因此」、「因而」。但用「因爲」時，第二個句子的句首只能用「所以」。

Explanation: 由於 is a conjunction which means 因爲, however, 因爲 is somewhat more colloquial. 因爲 can be placed at the beginning of the second clause, but 由於 cannot, unless it is preceded by 是. If the first clause uses 由於, then the second clause can be introduced by 所以, 因此, or 因而. However, when using 因爲, the second clause can only be introduced by 所以.

練習

(一) 請把「由於」、「所以」(「因此」、「因而」) 放在句中合適的地方。

1. 健康有問題，張先生不能競選總統。
He has problems with his health. Mr. Chang cannot run for President.
→ 由於健康有問題，因此張先生不能競選總統。
Because he has problems with his health, Mr. Chang cannot run for President.

2. 沒有天然資源，我們只好發展農業。
______

3. 政府沒辦法控制軍隊的勢力，內戰就開始了。
______

4. 小王的錢被偷了，這個消息沒有新聞性，電視台不願意採用。
______

5. 傳播媒體對我們劇團評價很高，國家劇院請我們去表演。
______

(二)請改正下面句子。(有四種改法)

1. 教練把他換下來，由於他不能跟大家配合。
______

六 拿NP來說 taking......as an example

◎就拿京劇來說，有的人編新劇本，……
Take Chinese Opera for example, there are some people writing new librettos……

用法說明：用於說話者舉例表示意見時，意思是「比方說 NP」、「用 NP 做例子」。
Explanation: This pattern is used when the speaker needs an example to help express his opinion. It means 比方說 NP (NP for example), or 用 NP 做例子 (using NP as an example).

練習　請用「拿 NP 來說」完成下面各句。

1. 學校的餐廳哪裡比得上這家餐廳?! 就拿氣氛來說，這裡羅曼蒂克多了。
   How can the school's cafeteria compare with this restaurant? Just take the atmosphere for example—this restaurant is much more romantic.
2. 美國人有很多習慣跟臺灣人不一樣，拿＿＿＿＿來說，＿＿＿＿＿＿＿＿。
3. 這部電影在各方面都表現得很好，拿＿＿＿＿來說，＿＿＿＿＿＿＿＿。
4. 有的人不能適應太乾冷的天氣，拿＿＿＿＿來說，＿＿＿＿＿＿＿＿。
5. 參加旅行團好處很多，拿＿＿＿＿來說，＿＿＿＿＿＿＿＿。

七　用N來V　Use N to V

◎真沒想到莎士比亞的劇本也可以用京劇的方式來表演。
It never occurred to me that Shakespeare's plays could be performed using Peking Opera.

用法說明：這個 N 是「來」後面動作 (V) 所憑藉的工具、方式或手段。「來」表示要做某事（「來」後面的動作），沒有「來」意思不變。

Explanation: The noun in this pattern is the tool, method, or means that the verb following **來** utilizes. **來**, in this usage, can be translated as "to" and may be omitted.

練習　請用「用 N 來 V」把下面各題所給語詞組成句子。

1. 聖誕卡　聖誕樹　裝飾　也很好看　我
   → 我用聖誕卡來裝飾聖誕樹，也很好看。
   I used Christmas cards to decorate the Christmas tree. It also looked quite nice.
2. 老林　平劇的唱法　流行歌曲　唱　眞有意思
   ＿＿＿＿＿＿＿＿＿＿＿＿＿＿＿＿＿＿＿＿
3. 成績　一個人的好壞　你　決定　不可以
   ＿＿＿＿＿＿＿＿＿＿＿＿＿＿＿＿＿＿＿＿

4. 房租　付　打工賺來的錢　有些學生

____

5. 影碟　課文的意思　了解　幫助學生　張教授

____

八　語助詞的用法　the use of modal particles

（一）喔

◎你等一下，別掛喔！
Please wait a moment. Don't hang up, okay?!

用法說明：語調高長，表示提醒對方注意。女孩子跟小孩子或是大人用小孩子語氣說話時常用。

Explanation: 喔 in this use should be spoken in a high and intended tone. It is used in imperative sentences to tell the other party to pay attention to a particular matter. It is often used by girls, young children, and adults purposely speaking in a child-like manner.

練習　請根據所給情況，用「喔」表示提醒對方注意。

1. 因爲要看世界杯足球大賽的人很多，你想告訴朋友早一點去買票。
Because many people want to go see the World Cup Football Game, you want to tell your friend to go buy tickets early.
→要看世界杯足球大賽的人太多，你可得早一點去買票喔！
There are too many people who want to go see the World Cup Football Game. You had better go buy tickets early!

2. 明天房東要來收房租，你告訴室友記得帶錢回來。

____

3. 你告訴弟弟出門的時候一定要把門窗鎖好。

____

4. 聽說朋友要聚餐，你請他不要忘了通知你。

____

5. 你告訴姐姐的孩子做完功課才能看電視。

____

（二）哪

◎你說多氣人哪！
Boy, was that infuriating!

用法說明：「哪」是「ㄋ」跟「啊」的合音。

Explanation: Here, **哪** is a combination between **啊** and the "n" sound at the end of the preceding word.

練習　請念下面各句，並注意「啊」的變音。

1. 從那麼高的地方跳下來，多好玩啊！

____

2. 冷氣開著，你怎麼還滿頭大汗啊？

____

3. 禮拜天還在看書，你好認眞啊！

____

4. 你把球拿在手裡做什麼？快傳啊！

____

5. 6 號投籃投得好準啊！

____

課室活動

一、編故事 (Constructing a story)

老師在上課以前，把第十七、十八、十九課的生字寫在卡片上，一張一個生字。上課時，把學生分成兩組 (two teams, groups)，再把生字卡片發給學生，每組的卡片一樣多。請學生用他們手上的生字編一個故事，看哪一組比較快。

二、隨便談談

請每個學生說說自己喜歡看哪一種表演藝術，為什麼？看過的表演裡面，最好看的是哪一個？叫什麼名字？在哪裡看的？誰表演的？為什麼好看？

可能用到的詞：

脫口秀 (talk show), 默劇 (mòjyù) (mòjù, pantomime), 木偶戲 (mù'ǒusì) (mù'ǒuxì, puppet show), 歌舞劇 (musical), 話劇 (play), 特技表演 (acrobatics), 技巧 (jìciǎo) (jìqiǎo, skill, ingenuity), 操縱木偶 (cāozòng mù'ǒu, to operate a puppet), 生動 (vivid, lively), 反映 (fǎnyìng, reflection), 人生 (human life, life), 布景 (backdrop or set in a movie or stage show), 道具 (dàojyù) (dàojù, stage prop), 表情 (expression)

短文　臺灣同學會會刊上的短文

來自台灣的××劇團三月八日到十四日在紐約中華文化中心演出[1]，觀眾在每場表演結束後，都起立[2]鼓掌[3]好幾分鐘，反應非常熱烈。

這個劇團在台灣京劇界評價很高，好幾位團員都曾經得過獎，他們這次演出的有「紅娘」[4]、「拾玉鐲」[5]、「美猴王」[6]等，不論主角、配角都表演得極精彩。

京劇是一種傳統的古典藝術，舞臺、佈景[7]跟道具[8]都是象徵性[9]的，不同桌椅的排法，可以代表山、橋、樓梯、城門[10]等等，另外還用各種的臉譜[11]代表不同的人物[12]性格[13]。演員的唱、念、動作特別講究[14]優美[15]，服裝、打扮也有一定的規定，所以演員一上臺，觀眾就可知道他演的是什麼角色。

××劇團這次接受邀請[16]來美國表演，就是要把京劇介紹給西方觀眾，讓他們瞭解這種中華傳統藝術的特色。我們都希望有機會再欣賞到這麼精彩的表演。

Vocabulary:

1. 演出 (yǎnchū): to perform, act out
2. 起立 (cǐlì) (qǐlì): to stand up
3. 鼓掌 (gǔ//jhǎng) (gǔ//zhǎng): to clap
4. 紅娘 (Hóngniáng): "Hong Niang," name of a Peking opera
5. 拾玉鐲 (shíh//yùjhuó) (Shí//yùzhuó): "Picking Up a Jade Bracelet," name of a Peking opera
6. 美猴王 (Měihóuwáng): "The Dashing Monkey King," name of a Peking opera
7. 布景 (bùjǐng): scenery, backdrop
8. 道具 (dàojyù) (dàojù): props
9. 象徵性 (siàngjhēngsìng) (xiàngzhēngxìng): symbolic qualities
10. 城門 (chéngmén): city gate
11. 臉譜 (liǎnpǔ): traditional facial designs for characters in Peking Opera
12. 人物 (rénwù): character
13. 性格 (sìnggé) (xìnggé): character, personality
14. 講究 (jiǎngjiòu) (jiǎngjiù): to be particular about
15. 優美 (yōuměi): beautiful, graceful
16. 邀請 (yāocǐng) (yāoqǐng): invitation

第六課　小心壞習慣

■戒菸宣導海報（董式基金會提供）

■反毒海報（衛生署提供）

（宿舍裡）

偉立：欸，幫個忙，把你的臭襪子拿走，好不好？

建國（躺在床上）：對不起，我起不來。麻煩你先倒杯水給我。我喉嚨好乾，頭也痛得受不了。

偉立：好吧，誰叫我跟你住一個房間呢！？（倒水給建國）你昨天晚上到底喝了多少酒？怎麼醉成這樣？

建國：我不知道。我只記得他們有一大桶啤酒，我就一杯**接著**一杯，不停地喝，喝著喝著頭就開始暈了。我想回來，可是一出門就吐了，差一點吐在欣欣[1]的裙子上。後來也不知道是怎麼走回來的。

偉立：誰開的派對[2]？

建國：我也不清楚是誰開的，反正欣欣要去，我就跟著去了。現在頭這麼痛，真後悔喝了那麼多酒。

偉立：你活該[3]。下次不敢了吧？

建國：不敢了。欸，昨天晚上有人抽大麻菸，他們也叫我抽抽**看**，我好想試試，不過最後還是沒敢抽。

偉立：嗯，大麻，還是少碰比較好，長時間吸食，對身體的傷害很大。還有古柯鹼更不能碰，這種東西很危險，萬一上了癮就麻煩了。

建國：我媽、我老師也都這麼說，既然大家都知道，為什麼還有這麼多人吸毒呢？

偉立：我想有的人可能是**受**了壞朋友的**影響**，開始的時候，也許只是好奇，後來發現可以逃避現實，減輕壓力，慢慢地就上了癮，而且越吸越多，在這種情形下，想戒就難了。

建國：減輕壓力難道沒有別的辦法嗎？

偉立：要是能找個人說說心裡的話，感覺就會好一點。

建國：這麼說，我應該感謝常有人願意聽我抱怨嘍？

偉立：你總算明白了。起來刷牙、洗臉吧！洗個澡會舒服一點兒。

反毒海報（行政院衛生署管制藥品管理局 提供）

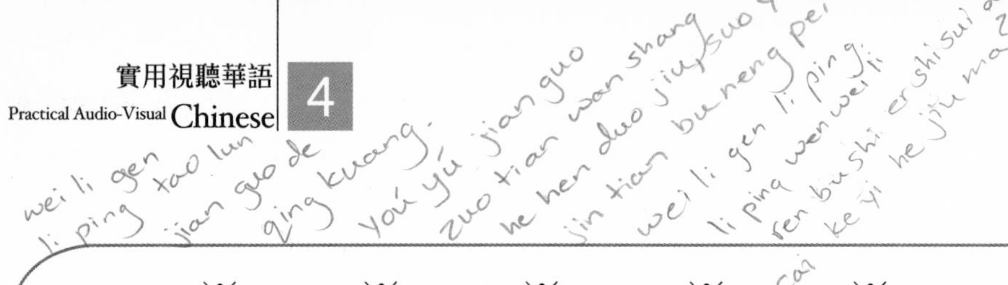

※ ※ ※ ※ ※ ※

（在餐廳）

偉立：（端著盤子）嗨！李平，好久沒見了。

李平：是啊！這裡坐吧！最近好嗎？

偉立（坐下）：我還不錯，建國可不好。

李平：他怎麼了？怎麼沒來吃午飯？

偉立：昨天晚上喝了太多酒，到現在還在頭痛呢！

李平：他喝酒了？**按照**你們法律的**規定**，不是二十一歲以上才可以喝酒嗎[4]？

偉立：規定是規定，可是總有人不遵守啊！而且很多人以為啤酒不是酒，喝一點沒關係。

李平：可是他為什麼喝那麼多呢？是不是有什麼問題？

偉立：那倒不是。他大概因為剛交了女朋友，一高興，就喝多了。他只是喝醉了，聽說別人還抽大麻呢！

李平：真的？！沒想到建國會參加這樣的派對。這裡的大學生吸毒的情形嚴重嗎？

偉立：我想這得看地區，有些高中的情形比大學嚴重。台灣呢？

李平：這些年，吸毒的青少年越來越多了[5]。聽說在夜店裡就可以買到搖頭丸，還有一種毒品叫安非他命，吸食以後精神很好，可以不睡覺。

偉立：我以為吸毒的人是為了逃避現實，暫時快樂一下。怎麼會有人**為了**不想睡覺**而**吸毒呢？

李平：要是能不睡覺，不是可以多做些事，多賺些錢嗎[6]？其實最可怕的還是黑社會的人，不但販毒，還用毒品控制青少年，逼他們去犯罪。

偉立：**唉**！大家都應該重視這個世界性的大問題。政府必須趕快想辦法把那些販毒的人抓起來，免得他們害更多的人。

李平：是啊！這個問題，家庭、學校、社會也有責任，應該一起來解決。

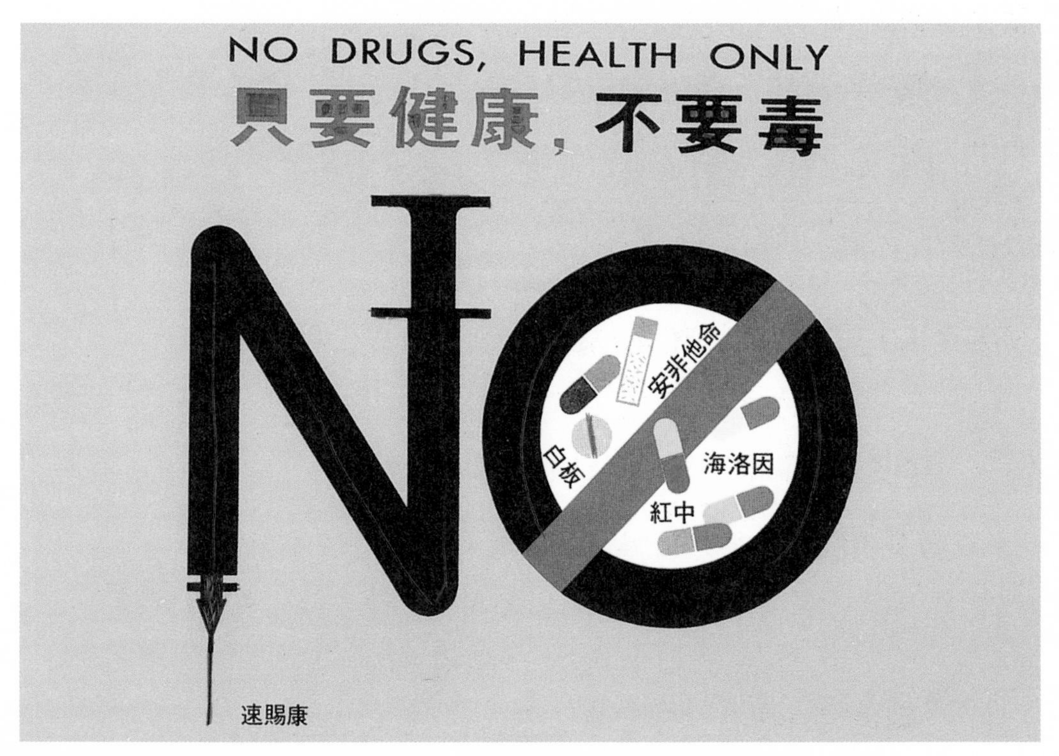

■ 反毒海報（行政院衛生署提供）

生詞及例句

1 臭ㄔㄡˋ (chòu) SV：to have a smelly, stinking, foul odor

(1) 冰箱壞了，裡頭的肉都臭了。
(2) 弟弟打完球回來就坐在客廳看卡通影片，也不去洗澡，滿身的汗味，好臭啊！

2 襪ㄨㄚˋ子˙ㄗ (wà·zih) (wà·zi) N：socks, stockings（M：隻 / 雙）

褲ㄎㄨˋ襪ㄨㄚˋ (kùwà) N：panty hose（M：雙）

3 倒ㄉㄠˋ (dào) V：to pour, to dump out

(1) 客人來了，你陪客人說話，我去倒茶。
(2) 這些菜兩三天了，都沒人要吃，倒了吧。

4 喉ㄏㄡˊ嚨˙ㄌㄨㄥ (hóu·lóng) N：throat

小王的故事讓我感動得想哭，喉嚨裡好像有個東西，說不出話來。

5 痛ㄊㄨㄥˋ (tòng) N/SV：pain, ache / to be painful

(1) 奇怪，醫生捏我的時候，怎麼一點痛的感覺都沒有？
(2) 這雙鞋太緊了，害我腳好痛。

6 醉ㄗㄨㄟˋ (zuèi) (zuì) SV：to be drunk, inebriated

小錢喝了兩瓶酒以後，又唱又笑，我看大概是醉了。

7 桶ㄊㄨㄥˇ (tǒng) M：(for pail, bucket, barrel, keg)

請你提桶水來，把這個椅子洗一洗。

8 啤ㄆㄧˊ酒ㄐㄧㄡˇ (píjiǒu) (píjiǔ) N：beer（M：杯 / 瓶 / 罐 / 桶）

老陳喝四瓶啤酒都沒事，可是我只喝一罐就醉了。

9 暈ㄩㄣ (yūn) SV：to be dizzy, faint

這些孩子吵得我頭都暈了，腦子完全沒辦法想事情。

暈ㄩㄣ車ㄔㄜ (yūnchē) V：to get carsick

我小時候會暈車，長大以後，可能因為常坐車，就不暈了。

暈ㄩㄣ船ㄔㄨㄢˊ (yūnchuán) V：to get seasick

海上風大的時候，暈船的人比較多。

暈ㄩㄣ機ㄐㄧ (yūnjī) V：to get airsick

你會暈機，上飛機以前先吃包藥吧。

10 吐ㄊㄨˋ (tù) V：to vomit, throw up, regurgitate

(1) 小王暈車，下車後，來不及走到洗手間就吐了。
(2) 我覺得老闆的聲音像鴨子叫，小丁卻說很迷人，我聽了真想吐。

吐ㄊㄨˇ (tǔ) V：to spit

口香糖不能吃下去，一定要吐出來。

11 裙ㄑㄩㄣˊ子˙ㄗ (cyún·zih) (qún·zi) N：skirt（M：條）

妳的腿這麼漂亮，應該穿短裙，穿長裙別人看不到，多可惜！

迷ㄇㄧˊ你ㄋㄧˇ裙ㄑㄩㄣˊ (mínǐcyún) (mínǐqún) N：miniskirt（M：條）

12 派ㄆㄞˋ對ㄉㄨㄟˋ (pàiduèi) (pàiduì) N：“party”, social gathering

這個禮拜五晚上，我要開個派對，請同學來我家玩，你有空來嗎？

13 活ㄏㄨㄛˊ該ㄍㄞ (huógāi)

IE：to serve someone right, to bring something upon oneself

那個裁判不公平，才被觀眾罵的，他活該！

14 抽ㄔㄡ大ㄉㄚˋ麻ㄇㄚˊ菸ㄧㄢ (chōu//dàmáyān) VO：to smoke marijuana cigarettes

抽ㄔㄡ (chōu) V：to smoke, inhale

小李給我一根大麻菸，我抽了一口，就不敢抽了。

大ㄉㄚˋ麻ㄇㄚˊ菸ㄧㄢ (dàmáyān) N：marijuana cigarettes

抽ㄔㄡ菸ㄧㄢ／吸ㄒㄧ菸ㄧㄢ (chōu//yān/sī//yān) (chōu//yān/xī//yān)
VO：to smoke a cigarette

我認為吃飽以後抽根菸，是最快樂的事。

菸ㄧㄢ／煙ㄧㄢ／烟ㄧㄢ(yān)（香ㄒㄧㄤ菸ㄧㄢ）(siāngyān) (xiāngyān)
N：cigarette（M：根／支／包／盒／條）

一條菸裡面有十包，每包裡面有二十根。

15 最ㄗㄨㄟˋ後ㄏㄡˋ (zuèihòu) (zuìhòu) A/DEM：finally, in the end/the very last

(1) 上半場八號表現一直不好，最後教練只好把他換下來了。
(2) 很多學生寫報告都是到了最後一天才開夜車趕完。

16 吸ㄒㄧ食ㄕˊ (sīshíh) (xīshí) V：to take in, to consume (for narcotics)

吸ㄒㄧ (sī) (xī) V：to inhale, breathe in

太極拳老師說：「大家先吸一口氣，然後再慢慢地吐出來。」

吸ㄒㄧ管ㄍㄨㄢˇ (sīguǎn) (xīguǎn) N：a straw（M：根）

王美美生病了，躺在床上起不來，得用吸管喝水。

17 毒ㄉㄨˊ品ㄆㄧㄣˇ (dúpǐn) N：narcotics, narcotic drugs

哪一種毒品，吸食的人最多？

毒ㄉㄨˊ (dú) N/SV/V：poison / to be poisonous; harsh, cruel / to poison

(1) 這種花有毒，碰了以後，皮膚會爛，你要小心。
(2) 這種蜘蛛 (jhījhū) (zhīzhū, spider) 很毒，被咬 (yǎo, to bite) 到的人，十個有九個都活不成。
(3) 老丁說像小陳這種人會成功，他就不姓丁。我覺得這話太毒了。
(4) 我們家的狗吃了小偷丟進來的毒藥，就被毒死了。

吸ㄒㄧ 毒ㄉㄨˊ (sī//dú) (xī//dú) VO：to take narcotics

吸毒的媽媽生出來的小孩，身體比一般孩子弱。

中ㄓㄨㄥˋ毒ㄉㄨˊ(jhòng//dú) (zhòng//dú) VO：to get poisoned, to get infected by virus

我室友吃了晚飯回來沒多久，就又吐又拉 (to suffer from diarrhea)，醫生說是食物中毒。

病ㄅㄧㄥˋ毒ㄉㄨˊ(bìngdú) N：virus

我剛剛開email信箱 (mailbox)，發現好多亂七八糟的信，電腦就忽然不動了，一定是中毒了。不知道是哪一種病毒，真麻煩！

18 傷ㄕㄤ 害ㄏㄞˋ (shānghài) N/V：injury, harm/to injure, to harm, to hurt

(1) 常常打罵孩子，對孩子的心理有很大的傷害。
(2) 做太激烈的運動，會傷害身體，一定要小心。

傷ㄕㄤ (shāng) V/N：to wound, to injure, to hurt/a wound, an injury

(1) 你拿刀子的時候要小心，別傷了手。
(2) 小張常常洗東西，所以手上的傷很久才好。

19 危ㄨㄟˊ險ㄒㄧㄢˇ (wéisiǎn) (wéixiǎn) N/SV：danger/to be dangerous, perilous

(1) 王小姐怕危險，晚上不敢一個人坐計程車。
(2) 快下來！站得那麼高，太危險了！

20 上ㄕㄤˋ癮ㄧㄣˇ (shàng//yǐn) VO：to become addicted; to become obsessed

老林打麻將本來只是好玩，後來上癮了，一天不打就難過。

菸ㄧㄢ癮ㄧㄣˇ (yānyǐn) N： craving for tobacco or tobacco dependency

老張的菸癮很大，一天要抽兩包菸。

酒ㄐㄧㄡˇ癮ㄧㄣˇ (jiǒuyǐn) (jiǔyǐn) N：desire for wine

看到這麼多好吃的菜，我的酒癮又來了。

賭ㄉㄨˇ癮ㄧㄣˇ (dǔyǐn) N：gambling addiction

你想過賭癮可以，但是不可以賭太多錢。

毒ㄉㄨˇ癮ㄧㄣˇ (dǔyǐn) N：drug addiction; drug dependence

小王的毒癮又犯了，臉白得像紙一樣，現在你要他做什麼，他都願意，只要你給他毒品。

21 影ㄧㄥˇ響ㄒㄧㄤˇ (yǐngsiǎng) (yǐngxiǎng) V/N：to influence, to affect/influence

老師上課的態度很容易影響學生學習的興趣。

受ㄕㄡˋ…X…（的˙ㄉㄜ）影ㄧㄥˇ響ㄒㄧㄤˇ
[shòu... X...(·de) yǐngsiǎng] [shòu... X...(·de) yǐngxiǎng]
PT：to be influenced by X ; to be affected by X

今年雨下得比較多，西瓜受了氣候的影響，都不太甜。

對ㄉㄨㄟˋ…X…（的˙ㄉㄜ）影ㄧㄥˇ響ㄒㄧㄤˇ
[duèi...X...(·de) yǐngsiǎng] [duì...X...(·de) yǐngxiǎng]
PT：the influence upon X; the effect upon X

環境對人的影響真大，我弟弟搬到這兒來以後，變了很多。

22 好ㄏㄠˋ奇ㄑㄧˊ (hàocí) (hàoqí) SV：to be curious

小孩子都很好奇，看到什麼都要問。

好奇心 (hàocísīn) (hàoqíxīn) N：curiosity

老趙對什麼都沒興趣，是不是因為沒有好奇心？

23 逃避 (táobì) V：to evade, shun, shirk, escape

老李一碰到困難就想逃避，不是去喝酒，就是去睡覺。

逃 (táo) V：to escape

打仗的時候，大家都逃到鄉下去了。

逃走 (táozǒu) RC：to run off, flee, escape

警察從前門進來，小偷就從後門逃走了。

24 現實 (siànshíh) (xiànshí)

N/ SV：reality/to be realistic, practical; opportunistic

(1) 大家都希望找一個錢多、事少、離家近的工作，可是理想跟現實總是差得很遠。
(2) 我覺得小陳很現實，對他有好處的事情，他一定參加；得不到好處的話，怎麼請都不來。

25 減輕 (jiǎncīng) (jiǎnqīng) V：to ease, alleviate, mitigate, lighten

吃過藥以後，我的病減輕了不少，這個藥真有用。

減 (jiǎn) V：to subtract

七減三是四。

減少 (jǎnshǎo) V：to reduce, cut down, lessen, decrease

今年暑期班只有八十個學生，比去年的一百二十個減少了三分之一。

26 戒 (jiè) V：to give up, stop, drop (a bad habit)

小王戒過好幾次菸，總是幾個月以後，又抽起來了。

27 感ㄍㄢˇ謝ㄒㄧㄝˋ (gǎnsiè) (gǎnxiè) V：to thank, express gratitude

thankful

你們這麼熱心幫忙，我真的很感謝。

28 抱ㄅㄠˋ怨ㄩㄢˋ (bàoyuàn)

V/N：to complain, grumble, express dissatisfaction/complaint

(1) 學生總是抱怨功課太多，考試太難。
(2) 老闆給的錢少，給我們的工作卻很多，可是我們的抱怨老闆聽不到，說了也是白說。

29 刷ㄕㄨㄚ牙ㄧㄚˊ (shuā//yá) VO：to brush ones teeth

刷ㄕㄨㄚ (shuā) V：to brush

我吃了東西以後一定刷牙，所以一天要刷好幾次。

牙ㄧㄚˊ（齒ㄔˇ）[yá(chǐh)] [yá(chǐ)] N：tooth（M：顆 kē）
牙ㄧㄚˊ刷ㄕㄨㄚ (yáshuā) N：tooth brush（M：把）

我爺爺的牙都掉光了，一顆都沒有了。不過，他還是每天把假牙拿下來，用牙刷刷乾淨。

刷ㄕㄨㄚ子˙ㄗ (shuā·zih) (shuā·zi) N：brush（M：把）

這把刷子是刷衣服的，你別拿去刷鞋。

30 按ㄢˋ照ㄓㄠˋ (ànjhào) (ànzhào)

V：according to, in accordance with, on the basis of, in light of

(1) 按照小陳的說法，世界上沒有一個地方是安全的。
(2) 這是你第一次演戲，不會演沒關係，只要按照導演的意思做就行了。

31 法ㄈㄚˇ律ㄌㄩˋ (fǎlyù) (fǎlǜ) N：law

律ㄌㄩˋ師ㄕ (lyùshīh) (lǜshī) N：lawyer

我不懂法律，剛買的房子有問題，只好請教律師。

32 以ㄧˇ上ㄕㄤˋ (yǐshàng)

PT：more than, over; the above mentioned

(1) 按規定，考試成績八十五分以上，才可以申請獎學金，你只考了八十分，不行。
(2) 老師下課以前問：「以上我說的，你們都明白了嗎？」

33 遵ㄗㄨㄣ守ㄕㄡˇ (zūnshǒu)

V：to abide by, comply with, adhere to

火車裡不可以抽菸，那幾個人為什麼不遵守規定，還在抽呢？

34 青ㄑㄧㄥ少ㄕㄠˋ年ㄋㄧㄢˊ (cīngshàonián) (qīngshàonián)

N：teenager, juvenile, youth

十幾歲的青少年本來都很活潑、快樂，可是在臺灣，常常因為考試而壓力太大。

35 暫ㄓㄢˋ時ㄕˊ (jhànshíh) (zhànshí)

A：temporarily, for the time being

我剛來，暫時住在旅館，等找到合適的房子就搬家。

36 可ㄎㄜˇ怕ㄆㄚˋ (kěpà)

SV：to be dreadful, frightening, fearsome, terrible

害ㄏㄞˋ怕ㄆㄚˋ(hàipà) V：to fear, to be afraid of

我怕高，我覺得坐飛機是很可怕的事，飛機飛得越高，我越害怕。

37 黑ㄏㄟ社ㄕㄜˋ會ㄏㄨㄟˋ (hēishèhuèi) (hēishèhuì)

N：the underworld, the world of crime and Mafia

社會寫實片常常演的都是黑社會幫派 (gangs) 的故事。

38 重ㄓㄨㄥˋ視ㄕˋ (jhòngshìh) (zhòngshì)

V / N：to value; to place importance on; to pay much attention to/emphasis, attention

(1) 小林很重視休閒生活，有空的時候一定安排活動。
(2) 華人父母對孩子功課的重視，給孩子很大的壓力。

39 必ㄅㄧˋ須ㄒㄩ (bìsyū) (bìxū) A：must; have to

按照臺灣法律的規定，必須滿二十歲，才有選舉權。

40 販ㄈㄢˋ毒ㄉㄨˊ (fàn//dú) VO：to traffic in narcotics, deal in narcotics

我一直奇怪小趙為什麼會吸毒，原來他哥哥是販毒的。

販ㄈㄢˋ賣ㄇㄞˋ (fànmài) V：to deal in, to sell, to peddle

網路商店販賣的商品種類很多，價錢卻不一定合理。

自ㄗˋ動ㄉㄨㄥˋ販ㄈㄢˋ賣ㄇㄞˋ機ㄐㄧ (zìhdòng fànmàijī) (zìdòng fànmàijī)

N：vending machine

要是你渴了，就到那個自動販賣機去買罐飲料吧。

41 逼ㄅㄧ (bī) V：to force, compel

你別問小王昨天晚上跟誰出去了，他不願意說，你怎麼逼他都沒有用。

42 犯ㄈㄢˋ罪ㄗㄨㄟˋ (fàn//zuèi) (fàn//zuì)

VO：to commit a crime or an offense, to sin

信回教 (Islam) 的人認為吃豬肉就是犯罪。

犯ㄈㄢˋ法ㄈㄚˇ (fàn//fǎ) VO：to violate or break the law

(1) 販賣人口是犯法的。
(2) 警察先生，我犯了什麼法？你為什麼不讓我回家？

犯ㄈㄢˋ錯ㄘㄨㄛˋ (fàn//cuò) VO：to err, to make a mistake

這個字的發音，我已經給你改過好幾次了，你怎麼還是犯一樣的錯？

43 抓 (jhuā) (zhuā) V：to grab, to grasp; to arrest, seize, catch

(1) 警察都出去抓那個搶錢的人了。
(2) 我小的時候常跟，哥哥在河裡抓小魚。
(3) 爸爸抓了一把糖給孩子，叫他們出去玩。
(4) 我弟弟的鼻子是被狗抓破的。
(5) 我們一起看鬼片的時候，我妹妹怕得一直抓著我的手。

44 家庭 (jiātíng) N：family, household

爸爸媽媽都愛我，我很幸運有一個這麼溫暖的家庭。

45 解決 (jiějyué) (jiějué) V：to resolve, settle

我申請到獎學金，有錢去留學了，好高興錢的問題解決了。

歎詞 Interjections

1. 唉 (·ai) I：(a sigh showing disappointment, discontent, sadness, regret)

唉！什麼時候我的錢才夠買車啊！

專有名詞 Proper Names

1. 欣欣 (sīnsīn) (xīnxīn) a girl's first name
2. 古柯鹼 (gǔkējiǎn) cocaine
3. 搖頭丸 (yáotóu wán)
MDMA: ecstasy (a psychoactive drug possessing stimulant and hallucinogenic properties)
4. 安非他命 (ānfēitāmìng) amphetamines

注釋

1. **欣欣** is a first name, made by repeating one syllable. See Note 7 in Lesson 11, Vol. 3. This type of name is typically given to boys and girls in early childhood as a nickname used by family and friends. Girls, however, are sometimes given such a name as their official name which they retain throughout life.
2. **派對** is the transliteration of "party." There is actually no precise counterpart in Chinese for the general term "party" because the Chinese have not traditionally held such informal gatherings.
3. **你活該！** means "You deserve it," "It serves you right." This is used when one feels little compassion for someone's suffering because it results from something he/she has done him/herself.
4. **不是二十一歲以上才可以喝酒嗎？** In the U. S., the minimum drinking age varies from state to state. The Taiwan Juvenile Welfare Act（少年福利法, Shàonián Fúlìfǎ), passed in January 1989, stipulates that persons under 18 years of age are not allowed to consume alcohol.
5. **這些年吸毒的（臺灣）青少年越來越多了。…** means "In these years, the number of youths using drugs has increased." During the seventies and early eighties, quite a few juveniles in Taiwan sniffed glue as a means of getting "high." The late eighties witnessed the introduction of amphetamine drugs. Now, the number of heroin（海洛因, hǎiluòyīn）users is also increasing. Morphine（嗎啡, mǎfēi）, "coke" and "crack（快克）" are still more difficult to get in Taiwan. 搖頭丸 has been popular since late nineties. Reasons for drug abuse include a desire to escape daily pressures, to increase one's level of energy, to help one stay awake for studying or to help one stay awake while playing video games.
6. **不睡覺不是可以多做些事，多賺些錢嗎？** Some gamblers, truck drivers, and other late night workers may take amphetamines in order to stay awake.

文法練習

一　一 M 接著一　M　one M after another

◎我就一杯接著一杯，不停地喝，……
I just drank one cup after another without stopping……

用法說明：「接著」是「繼續」的意思，「一 M 接著一 M」表示「一 M 以後馬上繼續另外一 M 」。如果有動詞，應該放在後面。本冊第一課的「一 M 一 M 地」並不強調「繼續不斷。第三冊第十二課的「一連」則必需說出數量的總和。

Explanation: **接著** means the same as **繼續** (to continue). "一M接著一M" indicates that after one M another M immediately follows. If a verb is used, it should be placed after this phrase. This pattern differs from "一 M 一 M" (see Ch. 1) in that "一 M 一 M" does not emphasize the unceasing repetition of the action. "一 M 一 M" also differs from 一連 (see. Ch. 12, Vol. 3) in that 一連 equires that a specific total measure be stated.

練習 Exercises

(一) 請用「一 M 接著一 M」完成下面各句。

1. 他眞愛出鋒頭，我們請他唱歌，他就一首接著一首地唱了半天，還不願意下台。
   He really loves to be in the limelight. We asked him to sing, so he spent half the night singing one song after another without stopping, and he still wasn't willing to get off of the stage.
2. 這條路上的車眞多，____________________，要過去可眞不容易。
3. 我爸爸是醫生，每天上午要看二、三十個病人，______________，連喝杯水的時間都沒有。
4. 小王吃蛋糕，總是______________________，吃個不停，難怪這麼胖。
5. 張先生常抱怨他太太愛買衣服，雖然不需要，卻______________地買。

(二) 請改正下面的句子。

1. 大家排隊！不要擠，不要搶，一連地來。
   ____
2. 小高說這個啤酒好喝，一罐一罐地喝個不停。
   ____
3. 最近天氣眞不好，一天接著一天下了五天的雨。
   ____

二　VV看　try V to see if

◎他們也叫我抽抽看，……
They told me to try smoking it,……

用法說明：「看」在重疊的動詞後面，表示「嘗試」。此 V 多爲單音節。V 後面有 O 也可以。

Explanation: 看 when placed after a duplicated verb, means to give something a try. The duplicated verb is usually a single syllable verb. This verb can also be followed by an object.

練習　請用「VV看」完成下面各句。

1. 王小姐不答應跟我約會，你幫我想想辦法看。（請用「想辦法」）
   Miss Wang won't agree to go on a date with me. Help me try to think of a solution.
2. 這卷錄音帶借我＿＿＿＿＿＿＿＿＿＿，好聽的話，我也去買一卷。
3. 你的光碟機壞了嗎？我來＿＿＿＿＿＿＿＿＿＿，也許還能用。
4. 下禮拜我們聚餐，不知道小王能不能來，你＿＿＿＿＿＿＿＿＿＿。（請用「連絡」）
5. 我們這種牙刷保證好用，你＿＿＿＿＿＿＿＿＿＿就知道了。

三　受（到）N/PN/NP 的影響　to receive influence from N/PN/NP

◎我想有的人可能是受了壞朋友的影響，……
I think some people may have been influenced by bad friends,……

用法說明：表示 N/PN/NP 對「受（到）」前面的主語起了作用。這個句型有被動的意味。

Explanation: This pattern shows that the N/PN/NP influences the subject that precedes 受（到）. This pattern gives the tone of a passive voice.

練習　請把下面各句子改成「受（到）N/PN/NP的影響」的句子。

1. 小李父親對戲劇很有研究，所以他在大學也學戲劇。
   Little Li's father has done much research in the area of drama, so he also studied drama in college.
   →小李在大學學戲劇，是受了他父親的影響。
   Little Li studied drama in college because he was influenced by his father.
   →小李受了他父親的影響，才在大學學戲劇的。
   Little Li was influenced by his father, so he studied theater in college.

2. 天氣好，出來投票的人多，天氣不好，出來投票的人就少了。
   ____

3. 菜價這麼高，是因爲颱風的關係。
   ____

4. 環境很容易影響一個人。住在城市裡的人，跟住在鄉下的人生活習慣不一樣。
   ____

5. 小王的改變完全是因爲看了這本書。
   ____

四　在……（之）下

under/in the circumstances; under/in .... conditions

◎在這種情形下，想戒就難了。
Under the circumstances, its hard to quit.

用法說明：「在」後面的名詞短語是「（之）下」後面句子的條件。
Explanation: The noun phrase after 在 is the necessary condition for the clause after 下.

練習　請把下面各句改寫成「在……（之）下」的句子。

1. 因爲考試的壓力大，李愛美怕考不好，每天下了課就去補習。
   Since the pressure of examination is huge, Li Ai-Mei is afraid of doing badly in exams, so she takes lessons after school.

→李愛美怕考不好，在考試的壓力下，每天下了課就去補習。
Li Ai-Mei is afraid of testing badly, so under the pressure of exams she takes lessons after school.

2. 孫中山先生領導大家革命，推翻了清朝政府。

____

3. 由於老師的鼓勵，王大同才報名參加了英語演講比賽。

____

4. 老趙的病雖然還沒有完全好，可是因爲有醫生的照顧，他可以像平常人一樣地生活了。

____

5. 由於打仗打輸了，對方軍隊就控制了我們大部分的地方。

____

五　按照NP的規定……
according to NP's rules/regulations

◎按照你們法律的規定，不是二十一歲以上才可以喝酒嗎？
According to your laws, don't you have to be at least 21 before you are allowed to consume alcohol?

用法說明：「規定」後面是 NP 所定的必須遵從的規定或要求。
Explanation: Following **規定** is a description of a rule or requirement established by NP.

練習　請用「按照 NP 的規定……」回答下面問題。

1. 我能不能把這杯咖啡帶進去？
Can I take this cup of coffee inside?
→按照圖書館的規定，不能帶飲料進去。
According to the rules of the library, beverages cannot be taken inside.

2. 在辦公室可不可以抽菸？

____

3. 滿六歲的孩子非上學不可嗎？

____

4. 補交作業會不會扣分？

____

5. 你媽說你應該幾點鐘回家？

____

六

(I) N/NU-M 以上　N/NU-M and up/over

◎按照你們法律的規定，不是二十一歲以上才可以喝酒嗎？
According to your laws, don't you have to be at least 21 before you are allowed to consume alcohol?

用法說明：「以上」表示「超過」或「高於」某一點。其範圍包括此「某一點」，除非另有說明。名詞不能是單音節。

Explanation: 以上 indicates a state of "surpassing" or "being greater" than a given point. Unless there is further explanation to the contrary, the scope or range of "N/NU-M 以上" includes the stated point. The N cannot be a single syllable noun.

練習　請用「N/NU-M以上」完成下面各句。

1. 今年的舞蹈比賽高中以上的學生才能參加。
Only students in high school and older can participate in this year's dance contest.

2. 按政府規定 ____________ 以上才可以看限制級的片子。

3. 我們這次心理學考試 ____________ 以上才算及格。

4. 那個地區都是 ____________ 以上的高原，不適合發展農業。

5. 這場熱門音樂演唱會，賣出的票大概有 ____________ 以上。

(Ⅱ) 以上　the aforementioned, the above

用法說明：「以上」單用「代表「說話者剛才所說的一切」，用法類似名詞。

Explanation: When 以上 is used alone, it refers to everything that the speaker has just said and is treated like a noun.

練習　請把「以上」放在句中合適的地方。

1. 抽菸又花錢又會上癮，不但會傷害自己的身體，而且對別人的健康也有影響。這些就是我對抽菸的看法。
   Smoking is a waste of money and it's addictive. Not only does it harm your own health, but it also has an effect on other people's health.
   ____________________ is how I feel about smoking.

(Ⅲ) 以下、以內、以外、以東、以西、以南、以北

用法說明：這些方位詞用法與「以上」一樣，前面可用 N 或 NU-M。

Explanation: The usage of these localizers is the same as 以上. They may be preceded by a N or NU-M.

練習　請填上合適的方位詞。

1. 今天氣溫已經低到零度以下，所以下雪了。
   The temperature today has already dropped below zero, so it's snowing.
2. 我開計程車，只做臺北市 ______________ 的生意，別的城市的生意都不做。
3. 那個價錢對我來說太貴了，五十塊 ____________________ 我才買得起。
4. 這個湖 _____________ 的地方，中國人叫湖南省，_____________ 叫湖北省。
5. 老師叫我們在半小時 __________________ 做完這個實驗，要不然就扣分。
6. 我只把大門裡面弄乾淨了，大門 ____________________ 的，我就不管了。

7. 洛磯山 (Luòjī Shān, Rocky Mountains) ________________ 的平原比較大，______ ____________________ 的平原小多了。

七 為了……而…… to do something for the purpose of

◎怎麼會有人為了不想睡覺而吸毒呢？
How could there be people who take drugs in order to keep from sleeping?

用法說明：「爲了」後面是目的或目的物，「而」是連詞，有「所以」、「就」的意思。多用於書面或較正式的場合。請參看第三冊第十課第三個及本冊第三課第四個句型。

Explanation: Preceding 爲了 is a purpose or target. 而 serves as a conjunction and means "therefore" or "thus". This is a relatively formal pattern, and is usually used in writing or other more formal settings. Please refer to Chapter 3, No. 4 (in this book) and Chapter 10, No.3 in Vol.3 for similar patterns.

練習 請用「為了……而……」改寫下面各句。

1. 我戒菸是爲了女朋友，並不是爲了身體健康。
I quit smoking for my giflfriend, not for health reasons.
→我並不是爲了健康而戒菸，是爲了女朋友才戒的。
I didn't quit smoking for health reasons. It was only because of my girlfriend that I quit.

2. 我們改變表演方式，是爲了讓年輕觀眾也能欣賞京劇。
____

3. 誰都不可以因爲想減輕壓力而吸毒。
____

4. 有不少女人放棄自己的工作，是因爲家庭的關係。
____

5. 那個國家的人民想要過民主自由的生活，就推翻了原來的政府。
____

八 歎詞「唉」的用法 The use of interjection 唉

◎唉！大家都應該重視這個世界性的大問題。

Ah! Everyone should pay attention to this worldwide problem.

用法說明：「唉」表示歎息、惋惜、哀傷、無奈或鬆一口氣，語調低降、舒緩。

Explanation: **唉** indicates a sigh of regret, sadness, feeling of no choice or relief. The tone should descend and gradually soften.

練習 請根據所給情況，用「唉」表示歎息、惋惜、哀傷、無奈或鬆一口氣。

1. 你聽說門口那個孩子，才兩歲父母都死了。
   You hear that the child over by the doorway was orphaned when merely two years old.
   →唉！眞可憐！才兩歲就沒有了父母。
   Ah! How sad! Only two years old, and he has no parents.
2. 你排隊買票，輪到你，票正好賣完了，你覺得很倒楣。
   ____
3. 你忙了一天，現在總算可以休息了。
   ____
4. 你覺得很可惜，因爲錯過了一個很好的機會
   ____
5. 朋友覺得你不必這麼辛苦地工作，可是你認爲不工作，就沒有飯吃。
   ____

課室活動

一、角色扮演

找三個學生來表演。一個演高中學生，一個演學生的父親或母親，一個演社會工作者 (social worker)。這個父親或母親發現孩

子吸毒，不知道怎麼辦，先去跟社會工作者談了一談，然後回家跟自己的孩子談，想要幫助他戒毒。請表演這兩段 (duàn, measure for paragraphs, sections, a period of time etc.) 對話 (dialogue, conversation)。

可能用到的詞：

期望 (expectation), 拒絕 (jyùjyué) (jùjué, to refuse, turn down, reject), 溝通 (gōutōng, to communicate, communication), 忽略 (hūlyuè) (hūluè, to neglect, overlook), 菸毒勒戒所 (yāndú lèjièsuǒ, drug rehabilitation center), 這輩子 (jhèbèi·zih) (zhèbèi·zi, this life, ones lifetime), 忍耐 (rěnnài, to restrain oneself, to endure, to be patient)

二、辯論 (biànlùn, to debate)

把學生分成兩隊，給他們一些時間準備。辯論的題目是：二十一歲才能喝酒的規定合理嗎？

可能用到的詞：

必要 (necessity), 行為 (síngwéi) (xíngwéi, behavior, conduct), 管理 (to manage, control, handle), 檢查 (jiǎnchá, to check, examine), 身分證明 (certificate of I.D.), 闖禍 (chuǎng//huò, to get into trouble, cause trouble)

三、討論問題

1. 你認為自己有沒有壞習慣，什麼時候開始的？有沒有辦法改掉？
2. 請說說貴國青少年吸毒的情形。

短文　老張的壞習慣

老張這個人心不壞，可是他的習慣真叫人受不了。他在公司十年了，做什麼事都很隨便，只要差不多就行了，所以到現在還是個小職員。

他租不起好房子，只好在郊區分租了一間破舊的小公寓。他不愛乾淨，從來不整理[2]房間，用過的碗盤也好幾天都不洗，臭襪子、髒衣服亂丟，報紙亂放。室友怎麼抱怨，他都不理[3]。每個室友都住不了幾天就氣得搬走了。

「公德心[4]」是什麼，他從來沒想過。公寓的樓梯上堆[5]滿了他的髒鞋子，舊雜誌、破紙箱。有時候他會在路上亂丟垃圾[6]，隨地[7]吐痰[8]。等公車不排隊，上了車跟老人搶位子，也不會不好意思，真是討厭。

老張每次向[9]別人敬菸[10]、敬酒時，如果對方不能接受，就怪人家[11]不給面子[12]，總是把氣氛弄得很不愉快。

像老張這種人實在太糟糕了，你可千萬[13]別學他！

Vocabulary:

1. 破舊的 (pòjiòu·de) (pòjiù·de): old and dilapidated
2. 整理 (jhěnglǐ) (zhěnglǐ): to tidy up
3. 理 (lǐ): to pay attention
4. 公德心 (gōngdésīn) (gōngdéxīn): social conscience
5. 堆 (duēi) (duī): to pile up
6. 垃圾 (lèsè): trash, garbage
7. 隨地 (suéidì) (suídì): any where, everywhere (used for negative situations)
8. 吐痰 (tǔ//tán): to spit
9. 向 (siàng) (xiàng): towards; the direction; to face; to turn towards; all along; hitherto
10. 敬菸 (jìng//yān): to respectfully offer a cigarette to someone
11. 人家 (rénjiā): others, people
12. 面子 (miàn·zih) (miàn·zi): honor, "face"
13. 千萬 (ciānwàn) (qiānwàn): be sure to..., by all means

老張的壞習慣

老張這個人心不壞，可是他的習慣真叫人受不了。他在公司十年了，做什麼事都很隨便，只要差不多就行了，所以到現在還是個小職員。

他租不起好房子，只好在郊區分租了一間破舊的[1]小公寓。他不愛乾淨，從來不整理[2]房間，用過的碗盤也好幾天都不洗，臭襪子、髒衣服亂丟，報紙亂放。室友怎麼抱怨，他都不理[3]。每個室友都住不了幾天就氣得搬走了。

「公德心[4]」是什麼，他從來沒想過。公寓的樓梯上堆[5]滿了他的髒鞋子、舊雜誌、破紙箱。有時候他會在路上亂丟垃圾[6]，隨地[7]吐痰[8]。等公車不排隊，上了車跟老人搶位子，也不會不好意思，真是討厭。

老張每次向[9]別人敬菸[10]、敬酒時，如果對方不能接受，就怪人家[11]不給面子[12]，總是把氣氛弄得很不愉快。

像老張這種人實在太糟糕了，你可千萬[13]別學他！

第七課　感情的事

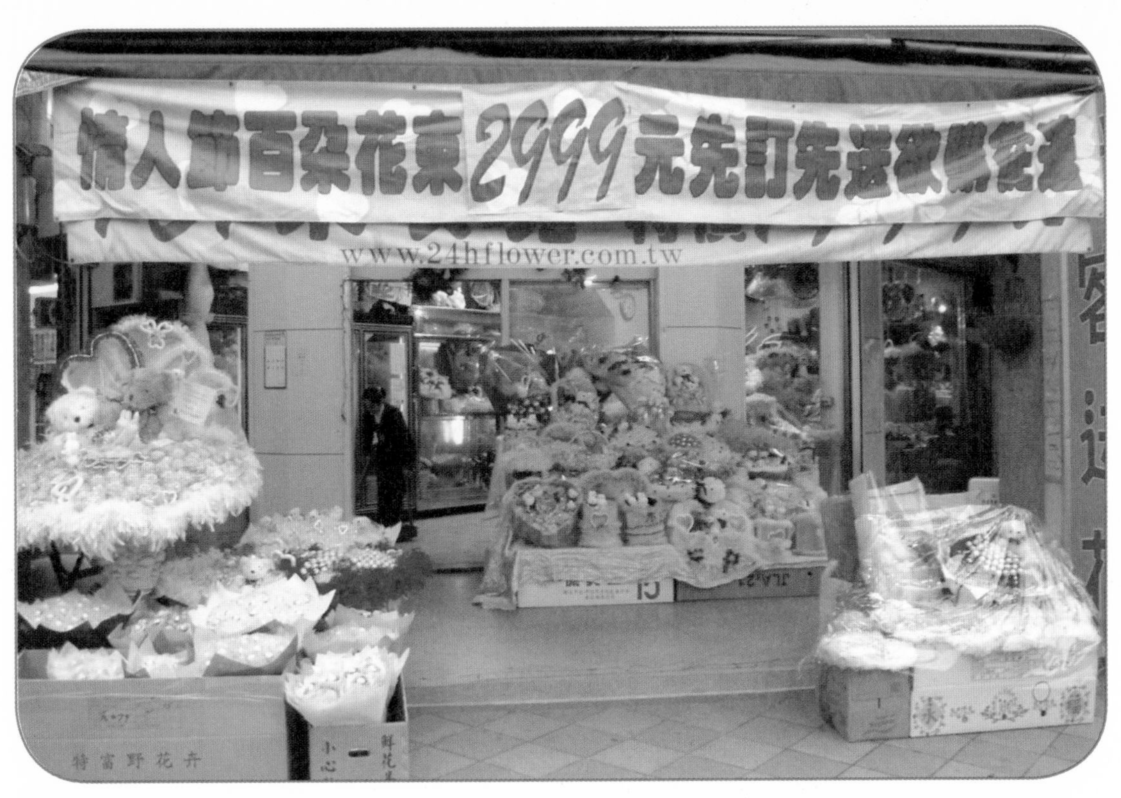

■情人節禮物（攝自臺北華新花苑　范慧貞提供）

（謝美真、陳台麗的房間）

美眞：好了，別哭了，也許事情沒有你想的那麼嚴重。

台麗：我妹妹親眼看見的，他跟一個女的手拉著手在公園散步，還會錯嗎？

美眞：你妹妹看清楚了嗎？說不定是長得像你男朋友的人。

台麗：我們在一起兩年了，他常來我們家，我妹妹不會看錯的。

美眞：既然兩年了，你就應該很了解他，怎麼對他沒信心呢？

台麗：我**就是**太了解他了，**才**這麼沒信心，果然我走了才半年多，他就交了新的女朋友了。（哭）真可惡！

美眞：我覺得你還是應該先問清楚比較好。

台麗：**有什麼好**問**的**？！我對他那麼好，他卻騙我，不如分手算了。

美眞：你還是給他一個解釋的機會吧，也許是誤會呢！

台麗：這不是第一次了，一年前也發生過同樣的事，他求了我半天，我就心軟了，原諒了他。這次他說什麼，我都不相信了。

美眞：真的？！原來他這麼花[1]！老是腳踏兩條船！那你為什麼還這麼愛他？

台麗：我們個性跟興趣都差不多，他很懂女孩子心理，口才也好。而且他又長得那麼帥。

美眞：難怪你這麼傷心。**可是話說回來**，如果你老是擔心他會變心，不是也很痛苦嗎？太不值得了！**再說**你這麼聰明漂亮，個性又溫柔，還怕沒有人愛嗎？我就知道好幾個人對你有意思[2]。

台麗：我**再也不**要談戀愛**了**，太痛苦了！

（敲門聲）

美眞：有人來了，我去開門，也許是高偉立。（開門）

美眞：哎喲，高偉立，這麼大的雨，你怎麼不打把傘？

偉立：我出門的時候，雨很小，**誰知道**會越下越大呢？

美眞：快進來！我拿條毛巾給你擦擦。（拿毛巾來）

偉立（接過毛巾擦頭）：台麗呢？她答應幫我看作文的[3]。

美眞：她在房間裡。作文，我來幫你看吧！她今天心情不好。

偉立：怎麼啦？

美眞：感情方面的問題。

偉立：那我不打擾她了，我的作文就麻煩你了。

※　※　※　※　※　※

（圖書館門口）

偉立：台麗這兩天心情好點了沒有？

美眞：我一直勸她想開一點，現在好多了。

建國：還好有你安慰她、支持她。

美眞：朋友嘛[4]！應該的。你們放心，失戀雖然痛苦，可是她不會因為想不開而自殺的。

偉立：上星期報上有個新聞，你們看到沒有？有個女的沒結婚就懷了孕，男朋友卻變心了，她一生氣，就把男朋友殺了，後來自己也自殺了。

建國：她真想不開。可以去墮胎[5]啊？何必非殺人不可呢？

美眞：可是墮胎也是殺人啊！不管胎兒多小，都是一個生命。不過，如果不墮胎，孩子生下來沒人養，也是問題。**再說**，**即使**能墮胎，對母親**也**是很大的傷害。我雖然不是很保守的人，可是還是不太能接受未婚懷孕的事。

偉立：墮胎這個問題很複雜，**與其**墮胎，**不如**避孕。

美眞：不跟你們聊了，我要去看書了，再見。（進圖書館）

建國：再見。偉立，要是你的女朋友懷孕了，你怎麼辦？

偉立：我可是受過性教育的，才不會糊裡糊塗地跟人上床[6]。我也不要我的女朋友做未婚媽媽。

建國：未婚媽媽的問題還好解決，要是得了傳染病，就麻煩了。

偉立：所以才有那麼多「請用保險套」的宣傳啊[7]！

■請用保險套（第三屆學生聲援防治愛滋病系列 泰北高中林貞夆繪）
（海報上的文字，亦可為「愛滋不報到，使用保險套」之意）

生詞及例句

1 親ㄑㄧㄣ眼ㄧㄢˇ (cīnyǎn) (qīnyǎn) A：with one's own eyes

你沒有親眼看見，怎麼能說老林偷了你的錢？

親ㄑㄧㄣ口ㄎㄡˇ (cīnkǒu) (qīnkǒu)

A：(of words, etc.) right from one's own mouth, to personally say something

小趙要出國留學，是他親口告訴我們的，一定不會錯。

親ㄑㄧㄣ耳ㄦˇ (cīn'ěr) (qīn'ěr) A：(to hear) with one's own ears

當然是真的，我親耳聽到小王說他喜歡你。

親ㄑㄧㄣ手ㄕㄡˇ (cīnshǒu) (qīnshǒu) A：with one's own hands , in person, personally

這件夾克是我媽親手做的，穿起來特別溫暖。

親ㄑㄧㄣ自ㄗˋ (cīnzìh) (qīnzì) A：personally, in person

這個東西，你不要叫別人來拿，你親自來，我才給你。

2 信ㄒㄧㄣˋ心ㄒㄧㄣ (sìnsīn) (xìnxīn) N：confidence, faith

做生意，我有很多經驗。這次跟你們公司合作，我有信心一定能成功。

3 可ㄎㄜˇ惡ㄨˋ (kěwù) SV/IE：to be hateful, detestable, abominable, horrible

老陳不來，也不打個電話告訴我們，害我們一直等，真可惡。

4 騙ㄆㄧㄢˋ (piàn) V：to deceive, lie, cheat, swindle

小林昨天沒寫功課，卻騙老師他忘了帶來。

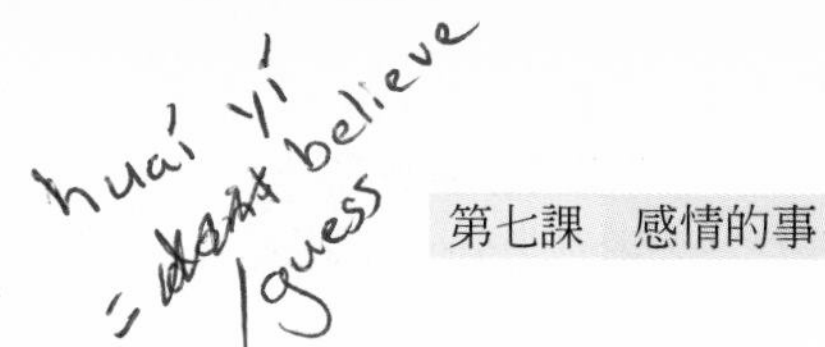

騙子 (piàn·zih) (piàn·zi)　N：swindler, liar

我在火車站碰到一個人，他說他沒錢買車票，我就給了他二十塊錢。沒想到又看到他跟別人要錢，才發現他是個騙子，我被騙了。

5 分手 (fēnshǒu)　V：to part company, say good-bye, break up, separate

小張又抽菸、又喝酒、又打牌，怎麼都改不了，女朋友受不了，就跟他分手了。

6 解釋 (jiě·shìh) (jiě·shì)　V/N：to explain, expound, interpret/explanation

(1) 這幾個字的意思，我們不太明白，請老師給我們解釋一下，好不好？
(2) 我並不想跟你分手，你弄錯我的意思了，為什麼不聽我解釋呢？
(3) 你的解釋，我沒聽清楚，能不能再說一遍？

7 誤會 (wù·huèi) (wù·huì)

V/N：to misunderstand, misconstrue /misunderstanding

(1) 你不要誤會，我只是關心小王，並不愛他。
(2) 這是一個誤會，我弟弟不是要偷你的箱子，只是拿錯了。

8 發生 (fāshēng)　V：to happen, occur, take place

地震是下午一點十分發生的。

9 求 (cióu) (qiú)　V：to beg, entreat, request

我已經三天沒吃飯了，求求你給我一點錢。

要求 (yāocióu) (yāoqiú)

N/V：request; demand/to ask for, request; to demand

(1) 我們上次開會提出來的要求是新年多放一天假，可是老闆沒答應。
(2) 老闆要求我們一定要準時上班，做不到就扣錢。

10 心軟 (sīnruǎn) (xīnruǎn)

V：to be soft-hearted, tender-hearted, compassionate

你弟弟已經賭輸了幾十萬了。你不能心軟，不管他說什麼，你都不能答應借錢給他。

軟 (ruǎn) SV：to be soft, gentle

老人的牙多半不好，只能吃軟的東西。

軟體 (ruǎntǐ) N：(computer) software

我還沒有裝中文軟體，所以我的電腦不能打中文。

11 原諒 (yuánliàng) V：to excuse, to forgive, to pardon

這次是我錯了，請你原諒我吧！不要再生氣了。

12 花 (huā) SV：to be fond of women, to be a womanizer

我老哥很花，常常換女朋友。

花花公子 (huāhuā gōngzǐh) (huāhuā gōngzǐ)

N：playboy, womanizer

13 老是 (lǎo·shìh) (lǎo·shì) A：always, invariably

這個字的發音，你怎麼老是說錯？我已經改過你好多次了。

14 腳踏兩條船 (jiǎo tà liǎng tiáo chuán)

IE：two-timer (carry on a romantic relationship with two people at the same time)

小王是個花花公子，常常腳踏兩條船，有時候還同時交三、四個女朋友呢！

15 口才 (kǒucái) N：eloquence

老張的口才真好，能把黑的說成白的，死的說成活的。

16 傷ㄕㄤ心ㄒㄧㄣ (shāng//sīn) (shāng//xīn)

SV/A/VO：to feel sad, grieved, broken hearted/sadly/to hurt one's feelings, to break one's heart

(1) 小妹妹的狗死了，她哭得好傷心。
(2) 媽媽罵你兩句，你就不回家了，你真傷了你媽的心！

17 話ㄏㄨㄚˋ說ㄕㄨㄛ回ㄏㄨㄟˊ來ㄌㄞˊ (huà shuō huéi·lái) (huà shuō huí·lái)

IE：however, on the other hand

這次是你男朋友錯了，可是話說回來，誰能不犯錯呢？

18 變ㄅㄧㄢˋ心ㄒㄧㄣ (biàn//sīn) (biàn//xīn)

VO：to alter one's devotion, to lose one's love for a romantic partner

我女朋友好幾次都不接我的電話，我想她一定是變心，愛上別人了。

19 痛ㄊㄨㄥˋ苦ㄎㄨˇ (tòngkǔ)

N/SV：pain, suffering, agony/to be painful

(1) 我知道父親的病好不了了，可是不敢說出來，我心裡的痛苦，你能了解嗎？
(2) 這個工作壓力太大，為了生活，卻又不得不做，真是痛苦。

20 再ㄗㄞˋ說ㄕㄨㄛ (zàishuō)

A：furthermore, what's more, besides; to comment on something later

(1) 你罵孩子有什麼用？再說這件事也不是他一個人的錯。
(2) 現在我還不餓，不想吃，等餓了再說。

21 談ㄊㄢˊ戀ㄌㄧㄢˋ愛ㄞˋ (tán//liàn'ài)

VO：to engage in a romantic relationship, to engage in courtship

我聽我爸說他跟我媽談戀愛的時候，沒什麼錢，只能跟我媽在公園散散步，或是去書店逛逛，沒能力請我媽吃大餐、看電影。

戀ㄌㄧㄢˋ愛ㄞˋ (liàn'ài)

V/N：to love, to be in love/romantic love, romantic relationship

(1) 我妹妹認識小王以後，變得比以前溫柔、漂亮了，我想她大概是戀愛了。
(2) 我從來不知道戀愛是什麼，所以我不了解我妹妹的感覺。

22 打ㄉㄚˇ傘ㄙㄢˇ (dǎ//sǎn) VO：to hold (up) an umbrella

臺灣女孩怕曬黑，晴天出門一定打傘。

傘ㄙㄢˇ (sǎn) N：umbrella（M：把）

雨ㄩˇ傘ㄙㄢˇ (yǔsǎn) N：(rain) umbrella

陽ㄧㄤˊ傘ㄙㄢˇ (yángsǎn) N：parasol

23 毛ㄇㄠˊ巾ㄐㄧㄣ (máojīn) N：towel（M：條）

毛ㄇㄠˊ (máo) N：hair, fur, bristles

(1) 你的狗，毛好黑好亮，真漂亮。
(2) 刷衣服的刷子，毛應該軟一點，才不會傷衣服。

毛ㄇㄠˊ衣ㄧ (máoyī) N：sweater（M：件）

24 擦ㄘㄚ (cā) V：to rub, to wipe, to clean; to apply (liquid or ointment) to

(1) 下課以後，臺灣學生常常幫老師擦黑板。
(2) 這是我的洗臉毛巾，你怎麼拿來擦桌子？！
(3) 你要不要擦點口紅 (lipstick)？可以讓你看起來比較有精神。

25 作ㄗㄨㄛˋ文ㄨㄣˊ (zuòwún) (zuòwén) N：composition, essay (for a class)（M：篇）

老丁從前念書的時候，作文成績就很好，現在當了記者，文章寫得更棒了。

26 心ㄒㄧㄣ情ㄑㄧㄥˊ (sīn·cíng) (xīn·qíng) N：mood, frame of mind

我這次考得很糟糕，所以心情很不好，真想哭。

27 勸ㄑㄩㄢˋ (cyuàn) (quàn)　V：to advise, to urge

小李一直咳嗽，我們都勸他別再抽菸了。

28 想ㄒㄧㄤˇ開ㄎㄞ (siǎng//kāi) (xiǎng//kāi)

RC：to look at things more optimistically, not to take things too hard, not to take a matter too seriously

(1) 王先生變心以後，王太太一直很難過。最近才想開了，發現一個人也可以過得很好。
(2) 我媽不讓我妹交男朋友，我妹氣得三天三夜不吃不喝也不睡，真是想不開！她其實可以跟媽媽談談的。

29 安ㄢ慰ㄨㄟˋ (ānwèi)　V/N：to comfort, console/consolation, comfort

(1) 小英一個人在屋子裡哭呢！你去安慰安慰她吧。
(2) 妹妹剛跟男朋友分手，很傷心，現在正需要我們的安慰，你去跟她談談吧。

30 失ㄕ戀ㄌㄧㄢˋ (shīhliàn) (shīliàn)　V：to lose the love of another

我哥剛失戀的時候，不但對自己沒有信心，也不敢再交女朋友了。

失ㄕ望ㄨㄤˋ (shīhwàng) (shīwàng)　SV：to be disappointed, to lose hope

陳太太生日那天，做了一桌的菜，沒想到先生有事，不能回來吃飯，她失望極了。

31 自ㄗˋ殺ㄕㄚ (zìhshā) (zìshā)　V：to commit suicide, to attempt suicide

大部分的學校都有心理輔導室，幫助想自殺的學生，讓他們知道活著是有希望的。

殺ㄕㄚ (shā)　V：to kill

(1) 有些民族在拜神的時候會殺動物。
(2) 這種新發現的病，病毒很厲害，什麼藥都殺不死。

32 結婚 (jié//hūn) VO：to marry, to get married

(1) 王美美父母不喜歡小張，所以不同意她跟小張結婚。
(2) 姐姐跟媽媽說：「別擔心我嫁 [jià, (of a female) to marry] 不出去，我男朋友一定會娶 (qǔ, to take as wife) 我的。我們只是想過兩年再結婚。」

訂婚 (dìng//hūn) VO：to become engaged or betrothed

錢小姐跟小陳訂婚半年以後，發現個性不合，就分手了。

求婚 (cióu//hūn) (qiú//hūn)

N/VO：marriage proposal/to propose marriage

(1) 你們認識才兩個禮拜，你就答應他的求婚，會不會太快了？
(2) 小王已經跟我求婚了，可是我還得聽聽我父母的意見，才能決定要不要答應他。

33 懷孕 (huái//yùn) VO：to be pregnant

張太太懷孕了，醫生勸她為了小孩的健康，不可以再抽菸、喝酒了。

避孕 (bì//yùn)

VO/N：to prevent conception, to practice birth control/ contraception, birth control

高太太現在還不想懷孕，所以每天吃避孕藥。

34 墮胎 (duò//tāi) VO：to have an abortion, to abort one's baby

醫生告訴李小姐：「妳再墮一次胎，以後就不可能再懷孕了。」

胎兒 (tāiér) N：unborn baby, fetus

很多人都以為孩子生出來才開始接受教育，其實胎兒在媽媽肚子 (dùzi, the belly) 裡已經開始學習了。

35 生命 (shēngmìng) N：life; being

抽菸、喝酒、吸毒都對身體有很大的傷害，好像在用生命賭博一樣。

36 養ㄧㄤˇ (yǎng)

V：to raise; to keep; to grow; to provide for; adoptive or foster; to cultivate or acquire

(1) 有的老人怕孤單，就養一隻貓來陪自己。
(2) 小王孩子多，賺的錢不夠養家，所以晚上還出去打工。

收ㄕㄡ養ㄧㄤˇ (shōuyǎng) V：to take in and bring up; to adopt; to foster (pets)

林太太的妹妹孩子很多，林太太卻不能生，就收養了妹妹的小女兒，希望將來老了有人照顧。

領ㄌㄧㄥˇ養ㄧㄤˇ (lǐngyǎng) V：to adopt (a child); to foster

李愛美皮膚、頭髮的顏色，都跟爸媽不同，所以她從小就知道自己是領養的，可是養父母都對她很好，像親生的一樣。

37 即ㄐㄧˊ使ㄕˇ (jíshǐh) (jíshǐ) A：even if, even though

哥哥已經決定了，不必勸了，即使媽不同意，他也會去做的。

38 保ㄅㄠˇ守ㄕㄡˇ (bǎoshǒu) SV：to be conservative

老李個性相當保守，從來不敢嘗試新的東西

39 與ㄩˇ其ㄑㄧˊ…，不ㄅㄨˋ如ㄖㄨˊ… (yǔcí…, bùrú…) (yǔqí..., bùrú...)

PT：It's better to（不如）..., rather than（與其）....

天氣這麼好，與其在家裡睡覺，不如出去走走。

40 性ㄒㄧㄥˋ教ㄐㄧㄠˋ育ㄩˋ (sìng jiàoyù) (xìng jiàoyù) N：sex education

小孩子對性都很好奇，所以性教育是非常重要的。

同ㄊㄨㄥˊ性ㄒㄧㄥˋ戀ㄌㄧㄢˋ (tóngsìngliàn) (tóngxìngliàn)

N：homosexuality, homosexual, gay, lesbian

小張是同性戀，對女孩子沒興趣。

41 糊裡糊塗 (hú·lǐ hú·tú)

SV/A：to be confused, mixed up, muddled/to do something without thinking, to do something in a muddled manner

(1) 老陳喝酒以後總是糊裡糊塗的，連話都說不清楚。
(2) 小林大學沒念什麼書，糊裡糊塗地就畢業了。

42 未婚媽媽 (wèihūn māmā) N：unmarried mother

未婚 (wèihūn) AT：to be unmarried, single

小李已經結婚了，為什麼護照上還是「未婚」？

43 傳染病 (chuánrǎn bìng) N：infectious or contagious disease

愛滋病 (Àizībìng, AIDS) 這種傳染病，有沒有辦法可以醫？

傳染 (chuánrǎn) V：to infect, to pass on

我感冒、咳嗽好幾天了，我怕傳染給同學，上課的時候都戴著口罩 (kǒujhào) (kǒuzhào, a gauze mask)。

染 (rǎn) V：to dye; to pollute; to acquire (a bad habit, etc.)

(1) 你本來的金頭髮很漂亮，為什麼要染成黑的？
(2) 小林在社會上工作以後，就染上了一些壞習慣，像抽菸、喝酒什麼的。

44 保險套 (bǎosiǎntào) (bǎoxiǎntào) N：condom, prophylactic

保險 (bǎo//siǎn) (bǎo//xiǎn) VO/N/SV：to insure/insurance/to be safe

(1) 你新買的房子怎麼還沒保火險？萬一出了事怎麼辦？
(2) 趙小姐在保險公司上班，常常出去拉保險。
(3) 錢放在家裡不保險，還是存在銀行比較好。

套 (tào) M：[for a set (of books, stamps, dishes, equipment, etc.)]

這套百科全書 (encyclopedia) 一共有二十本。

筆套 (bǐtào)　N：the cap of a pen or writing brush

手套 (shǒutào)　N：gloves, mittens（M：雙）

天這麼冷，不戴手套出門，手就冷得受不了。

45 宣傳 (syuānchuán) (xuānchuán)

V/N：to disseminate, to publicize, to spread propaganda/propaganda

(1) 老張新開了一家飯館，請我們幾個好朋友多幫他宣傳。
(2) 你聽到的都是政府的宣傳，不一定是真的。

注釋

1. **這麼"花"** This is a slang term which means that a man has many girl friends. This expression is derived from the Chinese use of 花 as a metaphor for women. A "playboy" is 花花公子, 公子 being the son of a nobleman in ancient times. Today 公子 is used as a polite reference to the listener's son.
2. **對你有意思** means "has an interest in you" and refers to romantic affections from someone of the opposite sex.
3. **幫我看作文** means, "help me make corrections in my composition." In the text, William needs a native Chinese writer to help him with his composition.
4. **朋友嘛！** means, "We are friends. That's what friends are for!". It is used when you help a friend and you do not want him/her to make a big issue of it.
5. **墮胎** means abortion. Abortion in Taiwan became legal in 1985 after passage of the Eugenics Act（優生保健法，Yōushēng Bǎojiàn Fǎ）. This law allows abortions to be performed only under certain conditions. In Taiwan, there are also 未婚媽媽之家 (homes for unmarried mothers) which provide care for unmarried mothers as an alternative to abortion.
6. **上床** means "go to bed" and, like in English, can have two meanings. It can either refer to going to sleep or having sexual relations.
7. **請用保險套的宣傳** Formerly, publicity campaigns encouraging the use of condoms were very limited in Taiwan. The use of condoms was usually only discussed in terms of family planning. Now, because of the threat of AIDS, such publicity can be seen on TV, in magazines and in public information messages.

文法練習

一　就是 A，才…　It's precisely because... that ...

◎我就是太了解他了，才這麼沒信心。
It is precisely because I know him so well that I have no faith in him.

用法說明：「就是」強調肯定某種情況，有反駁的語氣。「才」後面的情況是因爲 A 而造成的，有因果條件的關係。

Explanation: **就是** emphasizes the certainty of a situation. It has a disputational tone. The situation after 才 is a result of what follows **就是**. They are in causal relationship.

練習　請用「就是 A，才……」完成下面對話

1. 哥哥：你怎麼又跟我要錢？你出門老是不記得帶錢！
   Elder brother: How come you're asking money from me again? You never remember to take money when you leave the house.
   弟弟：我就是又忘了，才跟你拿啊！
   Little brother: It's precisely because I forgot again that I am asking you for money.

2. 張：你抽那麼多菸，對身體不好，趕快戒了吧！
   李：＿＿＿＿＿＿＿＿＿＿＿＿＿＿＿＿＿＿＿＿＿＿＿＿＿＿＿＿。

3. 張：沒想到這部電影的男主角得獎了，他的演技眞的那麼棒嗎？
   李：＿＿＿＿＿＿＿＿＿＿＿＿＿＿＿＿＿＿＿＿＿＿＿＿＿＿＿＿。

4. 張：我每天工作壓力好大，哪裡有時間做休閒活動？！
   李：＿＿＿＿＿＿＿＿＿＿＿＿＿＿＿＿＿＿＿＿＿＿＿＿＿＿＿＿。

5. 老師：這題答案並不難，你爲什麼不回答？
   學生：＿＿＿＿＿＿＿＿＿＿＿＿＿＿＿＿＿＿＿＿＿＿＿＿＿＿＿。

二　有什麼好V (O) /SV的？！
What is there to V (O) /SV about

◎有什麼好問的？！

What is there worth asking about?

用法說明：「有什麼好 V(O)/SV 的？！」表示不以爲然。本句型中的「好」表示「需要」、「值得」。後面的 SV 多爲表示情感或情緒的形容詞。這是反問句，用問句的形式表示相反的意思。比直接說「不必 V(O)/SV」語氣複雜，可能包含無奈、不耐煩、不以爲然等的感覺。要是怕不禮貌，應避免使用。

Explanation: This pattern shows that the speaker does not feel that things are as the other party perceives. The 好 in the middle of this pattern means 需要 (necessary) or 值得 (worthwhile). The stative verb that follows 好 is usually one that shows emotion or feelings. This pattern is a rhetorical question, and the question form is used to indicate unwilling acceptance of circumstances, impatience, disagreement, etc. Thus the tone expressed by this pattern is more complicated than its simple declarative form, and should be avoided if one is concerned about possibly being impolite.

練習　請用「有什麼好 V(O)/SV 的？！」完成下面對話。

1. 張：我每次看悲劇電影都會掉眼淚。
   Chang: I cry every time I see a tragic movie.
   李：這有什麼好掉眼淚的？！電影就是電影嘛！
   Lee: What is there worth crying about? Movies are just movies!

2. 張：明天的小考你準備好了嗎？
   李：______________________________。

3. 張：王小姐的皮膚又白又細，我眞羨慕。
   李：______________________________。

4. 張：怎麼樣？雲霄飛車很好玩兒吧？
   李：______________________________。

5. 張：明天就期中考了，難道你一點也不緊張嗎？
   李：______________________________。

6. 媽媽：你叫女兒一個人看家，她會怕啊！
　爸爸：＿＿＿＿＿＿＿＿＿＿＿＿＿＿＿＿＿＿＿＿＿＿＿＿。

三　（可是）話說回來／（可是）話又說回來了

however, on the other hand

◎難怪你這麼傷心。可是話說回來，如果你老是擔心……
No wonder you're so broken-hearted. However, on the other hand, if you keep on worrying about ……

用法說明：「話說回來」表示說話者從事情的根本來看問題，說話者雖然同意「話說回來」前面的看法，但是認爲後面的看法更有道理。

Explanation: **話說回來** shows that the speaker is looking at the root of a question or problem. Although the speaker agrees with the opinion or viewpoint stated before **話說回來**, he/she feels that the viewpoint stated after **話說回來** is more valid.

練習　請根據所給情況用「話說回來」表示別的看法。

1. 這場球賽，因爲八號球員的表現特別好，你們球隊才贏了，可是同學說八號太愛出鋒頭，你覺得這句話不完全對，你說什麼？
In this ballgame, your team won because player #8 played especially well. However, a classmate says that player #8 likes to be in the limelight too much. You think this statement is not completely correct. What do you say?
→ 八號是愛出鋒頭，可是話說回來，沒有他，我們也贏不了。
Player #8 does love the limelight, but without him we couldn't have won.

2. 你弟弟抱怨室友常把收音機開得太大聲，還說這是他的自由，你的看法怎麼樣？
＿＿＿＿＿＿＿＿＿＿＿＿＿＿＿＿＿＿＿＿＿＿＿＿＿＿＿＿

3. 現在很多人不願意生孩子，他們說這樣可以解決世界人口問題，你不同意，你怎麼說？
＿＿＿＿＿＿＿＿＿＿＿＿＿＿＿＿＿＿＿＿＿＿＿＿＿＿＿＿

4. 你妹妹很生氣，因爲她只晚到了十分鐘，老闆就扣她錢，你覺得老闆扣錢雖然小氣，可是也有道理，你會說什麼？
＿＿＿＿＿＿＿＿＿＿＿＿＿＿＿＿＿＿＿＿＿＿＿＿＿＿＿＿

5. 電視台播出的節目常跟犯罪有關，對青少年有很不好的影響。可是你跟朋友討論青少年犯罪問題時，他說都是因爲家庭跟學校沒把孩子教育好。你會怎麼說？

____

四　再說　furthermore

◎如果你老是擔心他變心，不是也很痛苦嗎？再說你這麼聰明漂亮，個性又溫柔，還怕沒人愛嗎？

If you keep on worrying about him changing his feelings for you, isn't it also very painful? What's more, you are intelligent and pretty, and you've got a gentle personality. Are you afraid that there's no one to love you?

用法說明：「再說」有「而且」的意思，前後的短句都是最後結論的原因，「而且」連接的兩個短句程度相等，但「再說」後面的短句是說話者提醒對方應該注意的事。

Explanation: 再說 is similar to 而且 (furthermore), with the clauses preceding and following 再說 being reasons for the speaker's conclusion. However, the two clauses connected by 而且 are of equal degree or importance, whereas the first clause of the 再說 pattern receives slightly more emphasis.

練習　請用「再說」完成下面各句。

1. 這棟公寓交通不方便，再說房租也不便宜，我看還是另外找吧！
Transportation to this apartment is inconvenient. Furthermore, the rent isn't cheap. I think I ought to keep looking elsewhere.

2. 小王個性相當保守，再說＿＿＿＿＿＿＿，並不適合競選市議員。

3. 這個大學社會學方面比較有名，再說＿＿＿＿＿＿＿，我當然選這個嘍！

4. 小張跟女朋友分手的事我沒聽說，再說＿＿＿＿＿＿＿，所以我不想談。

5. 這只是個誤會，再說＿＿＿＿＿＿＿，你就原諒他吧！

五　再也不 V(O)/VP 了　never V again

◎我再也不談戀愛了，……
I'm never going to get involved in another romantic relationship, ……

用法說明：表示這個動作或事情不會再發生，也是當事者的決定，語氣很強，有「永遠不」的意思。多是受到傷害，得到教訓後所下的決定。「了」表示改變，不能省略。

Explanation: This pattern indicates that a particular action or situation will not occur again. The party involved is very determined, and the mood is quite strong, meaning 永遠不 (never). This kind of determination is usually the result of being hurt or learning some kind of painful lesson. 了 shows a change and cannot be omitted in this pattern.

練習　請用「再也不 V(O)/VP 了」完成下面各句。

1. 我怎麼勸小李，他都不聽，還怪我嘮叨，我再也不管他的事了。
   No matter how much I urge Little Li, he doesn't listen. He even says I'm a nag. I will never again concern myself with his affairs.
2. 每次跟老王合作都很不愉快，大家都說再也不 ______________ 。
3. 我再也不 ______________ ，昨晚喝醉了，頭痛、想吐，眞是難過。
4. 小王被人騙過好幾次，我想他再也不 ______________ 。
5. 那個女明星宣布這是她最後一部電影，以後再也不 ______________ 。

六　誰知道

who knew, who could know, how was I to know

◎誰知道會越下越大呢？
Who knew it was going to keep raining harder and harder?

用法說明：這是反問句，說話者的意思是「沒想到會有這樣的事」。「誰知道」後面是說話者不曾預期的事。

Explanation: This is a rhetorical question. The speaker means that he/she had not thought that things could turn out this way. This pattern implies that the situation following **誰知道** is something that the speaker wishes had not expected.

練習　請用「誰知道」完成下面對話。

1. 媽媽：你怎麼把妹妹弄哭了？
   Mom: Why did you make your sister cry?
   兒子：我只是跟她開個玩笑，誰知道她會哭起來？
   Son: I was only joking with her. How was I to know she would start to cry?

2. 太太：唉，又塞車了！早知道就早一點出門了。
   先生：現在不是上下班時間，誰知道＿＿＿＿＿＿＿＿？

3. 服務生小張：剛剛那個客人一定給了你不少小費吧？
   服務生小王：看他穿得那麼漂亮，我也以爲他會多給一點，誰知道＿＿＿＿＿＿＿＿＿＿＿＿？

4. 姐姐：你怎麼沒敲門就進來了？
   妹妹：我以爲你出去了，誰知道＿＿＿＿＿＿＿＿？

5. 先生：這麼多菜，吃不完怎麼辦？
   太太：五個人四個菜，不多啊！誰知道＿＿＿＿＿＿＿＿？

七　即使……也……　Even if ......

◎即使能墮胎，對母親也是很大的傷害。

Even if an abortion can be performed, it's still very harmful to the mother.

用法說明：這個句型意思、用法都跟「就是……也」一樣（請參看第三冊第十二課），但沒有那麼口語。這兩個句型跟「連……都」不同之處是「連」的後面不是假設情況。

Explanation: The meaning and usage of this pattern is similar to **就是……也** (please see Ch.12 in Vol.3), however it is not as colloquial. Both sentence patterns differ from **連……都** in that **連** is not followed by a hypothetical situation, but **即使** and **就是** are mostly followed by hypothetical situations.

練習

(一) 請用「即使…也…」完成下面對話。

1. 張：你拍的電影參加金馬影展，你擔不擔心得不到最佳女主角獎？
   Chang: Your movie is in the contest of the Golden Horse Festival. Are you worried that you won't get the award for the best leading actress?
   李：我一點也不擔心，即使沒得獎，能參加，對我來說，也已經是很大的鼓勵了。
   Lee: I'm not worried at all. Even if I don't get it, I'm (still) in the contest; it already is a big encouragement for me.

2. 張：我信基督教，常去做禮拜，尤其喜歡聖誕夜教堂裡的氣氛。
   李：聖誕夜教堂裡的氣氛是特別讓人覺得感動，即使＿＿＿＿＿＿。

3. 張：別生氣嘛！我是說著玩兒的。你是我朋友，應該知道我愛開玩笑。
   李：你剛剛說的話眞是太沒禮貌了，即使＿＿＿＿＿＿。

4. 張：青少年吸食毒品，有時候只是好奇，不必看得太嚴重。
   李：萬一上癮了，還戒得了嗎？所以即使＿＿＿＿＿＿。

5. 張：小林是很多女孩心裡的白馬王子，我要趕快跟他訂婚，他就不會被別人搶走了。
   李：你的想法不對，他那麼花，即使＿＿＿＿＿＿。

(二) 請改正下面回答的句子。

1. 張：你不喜歡看連續劇，是因爲忙得沒時間看嗎？
   李：連續劇的劇情那麼無聊，我連有空，也不會看。

   ＿＿＿＿＿＿＿＿＿＿＿＿＿＿＿＿＿＿＿＿

2. 張：聽說小王不願意做家事。
   李：是啊，他從來不進廚房。我想連他太太病了，他也不會幫忙。

   ＿＿＿＿＿＿＿＿＿＿＿＿＿＿＿＿＿＿＿＿

八　與其……A，……不如……B

It's better to ...... B ...... (rather) than ...... A

◎與其墮胎，不如避孕。

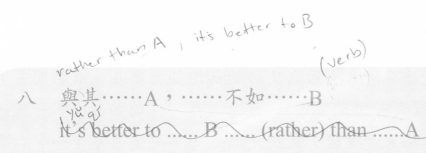

It is better use birth control than to have an abortion.

用法說明：本句型表示對客觀情況的判斷，「與其」有「如果要做這件事」的涵意。說話者比較「與其」跟「不如」後面的兩件事以後，認爲「不如」後面的事比較好。

Explanation: This pattern indicates judgments on an objective situation. **與其** means "if the subject wants to do this. The speaker is comparing the clause following **與其** with the clause following **不如**. He/she feels that the clause following **不如** is better.

練習　請用「與其……，不如……」完成下面各句。

1. 你男朋友這麼花，與其將來傷心痛苦，不如現在分手算了。
   Since your boyfriend is such a womanizer, it is better to break up now and just forget about it, rather than suffer the pain of a broken heart later.

2.連續劇這麼無聊，與其看電視，不如＿＿＿＿＿＿＿＿＿＿。

3.天氣眞好，與其在家睡覺，不如＿＿＿＿＿＿＿＿＿＿。

4.參加旅行團太趕，與其跟團去，不如＿＿＿＿＿＿＿＿＿＿。

5.反正都要考，與其下個禮拜考，不如＿＿＿＿＿＿＿＿＿＿。

課室活動

一、角色扮演

請兩個學生表演，一個演兒子（或女兒），一個演爸爸（或媽媽）。這個年輕人有一個很好的女朋友（或男朋友），他們想結婚，可是父母不同意。因為父母認為這個女朋友（或男朋友）是個工作狂(或沒有固定工作)，沒念大學，信的宗教也不一樣，家裡的環境不好，沒有錢，父親是酒鬼，年紀差太多，……什麼的(老師可以看情形加或減幾個理由)，配不上自己的孩子。孩子要想辦法 (think of a way to) 勸父母改變想法，接受他的女朋友（或男朋友），同意他們結婚。請學生演出父母跟孩子的對話。

可能用到的詞：

固定 (gùdìng, firm, stable, fixed), 工作狂 (gōngzuòkuáng, "work-aholic;" work addiction), 理由 (lǐyóu, reason, grounds), 反對 (fănduèi) (fănduì, disapprove, oppose), 勢利 (shìhlì) (shìlì, snobbish), 前途 (ciántú) (qiántú, future, promise for a successful future)

二、辯論 (biànlùn, debate)

在課前把學生分成兩組 (zǔ, group, team, section)，叫他們回家準備。辯論的題目是：墮胎應該合法化嗎？

可能用到的詞：

合法化 (legalize), 謀殺 (móushā, murder), 出生 (to be born), 智障 (jhìhjhàng) (zhìzhàng, mentally retarded), 畸型 (jīsíng) (jīxíng, to be malformed, deformed; to have a birth defect)

三、討論問題

1. 你認為談戀愛會影響念書嗎？為什麼？
2. 如果妳/你女朋友懷孕了，你會跟對方結婚嗎？為什麼？
3. 如果你發現你男/女朋友腳踏兩條船，你怎麼辦？
4. 你對「婚前性行為 (hūncián sìng síngwéi) (hūnqián xìng xíngwéi, sex before marriage)」的看法怎麼樣？

短文1　一首情歌

這些日子以來[1]

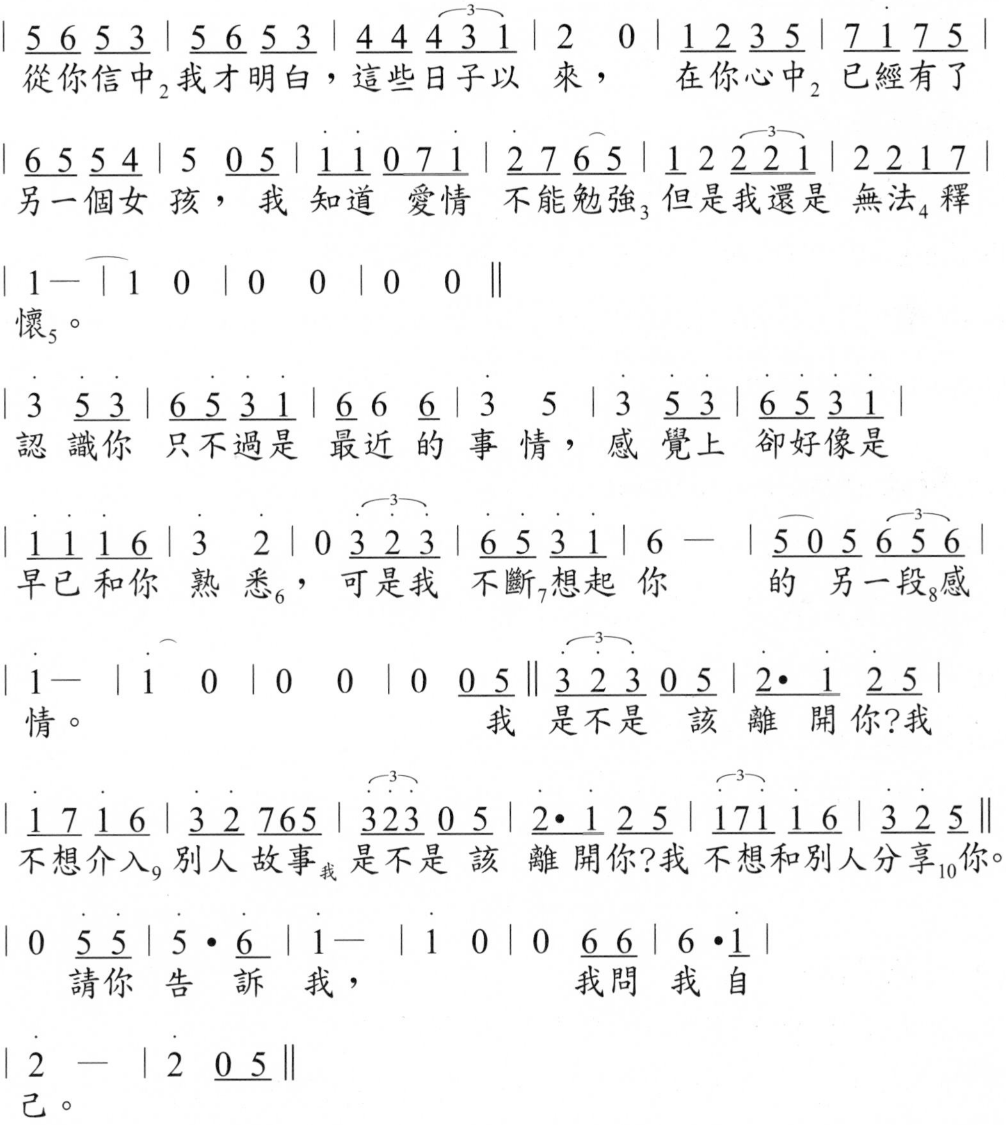

| 5 6 5 3 | 5 6 5 3 | 4 4 4 3 1 | 2 0 | 1 2 3 5 | 7 1 7 5 |
從你信中[2]我才明白，這些日子以 來，　在你心中[2] 已經有了

| 6 5 5 4 | 5 0 5 | 1 1 0 7 1 | 2 7 6 5 | 1 2 2 2 1 | 2 2 1 7 |
另一個女 孩， 我 知道 愛情 不能勉強[3] 但是我還是 無法[4] 釋

| 1 — | 1 0 | 0 0 | 0 0 ‖
懷[5]。

| 3 5 3 | 6 5 3 1 | 6 6 6 | 3 5 | 3 5 3 | 6 5 3 1 |
認 識你 只不過是 最近 的 事 情， 感 覺上 卻好像是

| 1 1 1 6 | 3 2 | 0 3 2 3 | 6 5 3 1 | 6 — | 5 0 5 6 5 6 |
早已和你 熟 悉[6]， 可是我 不斷[7]想起 你　的 另一段[8]感

| 1 — | 1 0 | 0 0 | 0 0 5 ‖ 3 2 3 0 5 | 2• 1 2 5 |
情。　　我 是不是 該 離 開你?我

| 1 7 1 6 | 3 2 7 6 5 | 3 2 3 0 5 | 2• 1 2 5 | 1 7 1 1 6 | 3 2 5 ‖
不想介入[9] 別人 故事 我 是不是 該 離 開你?我 不想和別人分享[10]你。

| 0 5 5 | 5 • 6 | 1 — | 1 0 | 0 6 6 | 6 •1 |
請你 告 訴 我，　我問 我 自

| 2 — | 2 0 5 ‖
己。

Vocabulary:

1. 以來 (yǐlái): until now
2. 信中 (sìnjhōng) (xìnzhōng): in a letter
   心中 (sīnjhōng) (xīnzhōng): in one's heart
3. 勉強 (miǎnciǎng) (miǎnqiǎng): compel, force
4. 無法 (wúfǎ): unable to, no available method to
5. 釋懷 (shìhhuái) (shìhuái): to resolve troubles in one's heart, to let go of a problem
6. 熟悉 (shóusī) (shóuxī): to be very familiar with
7. 不斷 (búduàn): continuously, non-stop
8. 段 (duàn): section, portion, paragraph
9. 介入 (jièrù): to get involved
10. 分享 (fēnsiǎng) (fēnxiǎng): to share

短文2 一首情詩[11]

天天天藍

卓以玉 作
傅佑武 書

天天天藍
教[12]我不想他也難
不知情[13]的孩子
他還要問
你的眼睛
為什麼出汗
情是深
意[14]是濃[15]
離是苦
想是空

Vocabulary:

11. 情詩 (cíngshīh) (qíngshī): love poem
12. 教 (jiào): to bid, to urge
13. 情 (cíng) (qíng): feelings, emotions
14. 意 (yì): thought, meaning
15. 濃 (nóng): to be thick, dense

一首情詩[11]

天天天藍

卓以玉作
傅佑武書

天天天藍
教[12]我不想他也難
不知情[13]的孩子
他還要問
你的眼睛
為什麼出汗
情是深
意[14]是濃[15]
離是苦
想是空

你怎麼了？
晚上有約會，我不知道穿哪件好。
你的衣服那麼多……
他都看過啦！
那你換個男朋友吧！

第八課　女人的地位不同了

■女性候選人（范慧貞提供）

（張教授家客廳）

教授：大家隨便坐，別客氣。

孫助教、胡助教、偉立：謝謝。（坐下）

偉立：張老師，胡老師說要來您這兒聊天，我就跟來了。

教授：歡迎、歡迎。她打電話說你也想來，我很高興，人多熱鬧嘛！

師母：你們喝什麼茶？香片還是烏龍？

胡助教（問孫助教、偉立）：我們喝香片，好不好？

孫助教：好，喝一樣的，免得麻煩[1]。

偉立：好啊，反正我也喝不出來什麼是什麼。（師母去泡茶）

教授：偉立難得喝茶，等會兒試試看，喝**得慣**喝**不慣**。

師母（端茶過來）：來，大家請喝茶。（分給每人一杯）吃點花生、瓜子。

偉立（端起杯子，差一點打翻）：哎呀！糟糕，地毯弄濕了。

教授：沒關係，我去拿塊布來擦乾就行了。倒是你的手燙著了沒有？

偉立：還好。這麼麻煩您，真不好意思。（張教授擦地毯）我來吧。

師母：沒什麼，你們老師常幫我做家事，像拖地、割草、打掃院子什麼的，有時候還陪我去超級市場買菜呢。

教授：老坐著看書也不行啊！我也應該起來活動活動。

孫助教：很多男人可不這麼想，像我爸爸就是大男人主義，他還是認為男人不應該進廚房[2]，家事是女人做的。

教授：**的確**有不少人還有這種想法，可是時代不同了，男人也應該改變了。

胡助教：就是嘛！想想看，太太是職業婦女，下了班還得趕回家做飯，**恨不得**自己多長兩雙手，先生卻只知道看報、喝茶，一點忙都不幫，這公平嗎？

師母：家本來就不是一個人的，要是太太也上班，負擔部分家庭經濟，先生就更應該幫忙。

偉立：對，如果先生不幫忙，太太就不要做飯給他吃。

孫助教：那不行啊！時間久了，說不定他就去吃別的女人做的飯了。（大家都笑了）

教授：有的女人很能幹，能把事業、家庭都照顧得很好，她們才是真正的「女強人」[3]。

胡助教：女強人有什麼好？又忙又累，有的先生**不但不**欣賞，**反而**覺得沒面子，說不定還想離婚呢！

偉立：兩個合**不來**的人住在一起，與其整天吵架，還不如離婚算了。

師母：哪兒有你想的那麼簡單啊？！孩子怎麼辦？小孩兒喜歡沒有爸爸或媽媽的單親家庭嗎？

孫助教：所以很多人為了孩子而不願意離婚。不過我聽說台灣的離婚率越來越高了。社會**上**的人也**不再**認為離婚是丟人的事**了**[4]。

偉立：誰喜歡離婚啊？可是如果個性不合或有外遇，還是不得不離婚。

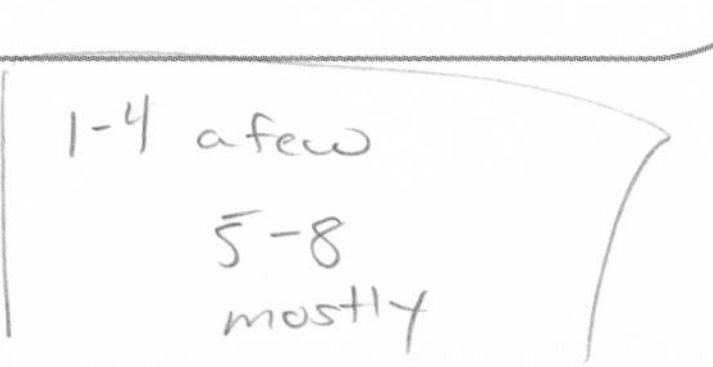

胡助教：我寧願做「單身貴族」[5]，沒這麼多煩惱。

孫助教：那是因為你還沒碰到真正喜歡的人！

師母：從前哪兒有什麼單身貴族啊？在我們那個時代，不結婚，別人會認為你有問題，尤其是女孩子。

教授：而且從前人重男輕女的觀念比較重，女孩子念不念書無所謂，書念得少就不容易找工作，經濟**上**沒辦法獨立[6]。

孫助教：現在的女孩子比較幸運了，想學什麼都可以，**甚至於**還能出國念書，工作的機會也比以前多了。

胡助教：你說的沒錯，可是我覺得女人的薪水跟升級的機會還是沒有男人那麼多。女人還是比較受歧視，男女還不能真正地平等。

師母：想要提高女人的社會地位，就得靠你們年輕的繼續努力了！

■女警（新聞局提供　謝國正攝）

生詞及例句

1 地ㄉㄧˋ位ㄨㄟˋ (dìwèi) N：position, status

王先生在我們公司的地位最高，誰都得聽他的。

職ㄓˊ位ㄨㄟˋ (jhíhwèi) (zhíwèi) N：position, post; an office; an appointment

李教授在我們學校的職位是副校長，地位比系主任高一點。

2 聊ㄌㄧㄠˊ天ㄊㄧㄢ (liáo//tiān) VO/N：to chat/chatting

(1) 有空的時候，我媽喜歡跟朋友喝茶、聊天。雖然聊來聊去，還不就是先生、孩子什麼的，但是大家從來都不覺得膩。
(2) 聊天可以讓人心情輕鬆，也可以跟朋友連絡感情。所以聊天對我很重要。

3 香ㄒㄧㄤ片ㄆㄧㄢˋ (siāngpiàn) (xiāngpiàn) N：jasmine tea, tea scented with flowers

4 烏ㄨ龍ㄌㄨㄥˊ (wūlóng) N：oolong

5 師ㄕ母ㄇㄨˇ (shīhmǔ) (shīmǔ) N：teacher's wife

6 泡ㄆㄠˋ茶ㄔㄚˊ (pào//chá) VO：to make tea

泡烏龍茶不必用剛開 (boiled) 的水，要不然不好喝。

泡ㄆㄠˋ (pào) V：to soak, to steep

(1) 天氣太熱了，只有泡在水裡才舒服一點。
(2) 我很餓，家裡菜都吃完了，只好泡了一碗速食麵吃。

7 花ㄏㄨㄚ生ㄕㄥ (huāshēng) N：peanut

8 瓜ㄍㄨㄚ子ㄗˇ (guāzǐh) (guāzǐ) N：melon seeds

9 地ㄉㄧˋ毯ㄊㄢˇ (dìtǎn)

N：carpet, rug（M：塊）

台灣的天氣太濕，不適合鋪 (pū, to pave; to lay) 地毯。

毯ㄊㄢˇ子˙ㄗ (tǎn·zih) (tǎn·zi)

N：blanket, rug（M：床）

天冷了，晚上睡覺不蓋 (gài, to cover) 毯子不行。

10 燙ㄊㄤˋ (tàng)

V/SV：to heat up in hot water; to get a permanent (hair); to iron, to press/to be very hot, scalding, boiling hot

(1) 這種青菜在水裡燙一下，就可以吃了。
(2) 以前你的頭髮直直的很好看，為什麼要燙成這個怪樣子？
(3) 這幾件襯衫已經洗好了，可是還沒燙。
(4) 湯太燙了，等一下，涼一點兒再喝吧！

11 割ㄍㄜ草ㄘㄠˇ (gē//cǎo)

VO：to cut grass, mow the lawn

割ㄍㄜ (gē)

V： to cut only for horizantal slashing; to cede

(1) 我這把刮鬍刀越來越不好用，一不小心，就會把臉割傷。我要換一把電動的了。
(2) 一八九五年因為打仗打輸了，清朝政府才把台灣割（讓）給日本的。

12 打ㄉㄚˇ掃ㄙㄠˇ (dǎsǎo)

V：to sweep, to clean

掃ㄙㄠˇ (sǎo)

V：to sweep, to clear away

這間教室掃得很乾淨，連一張小紙片都看不到。

掃ㄙㄠˇ地ㄉㄧˋ (sǎo//dì)

VO：to sweep the floor

媽媽叫你打掃房間，你怎麼只掃掃地就算了？桌子還沒擦呢！

掃ㄙㄠˇ毒ㄉㄨˊ (sǎo//dú)

VO：to scan and find then deal with; used for viruses in a computer or drug users and dealers in a society

現在電腦病毒很多，所以一定要裝掃毒軟體，要不然電腦裡面的資料，很容易被弄壞。

13 院ㄩㄢˋ子˙ㄗ (yuàn·zih) (yuàn·zi) N：courtyard, compound, yard

屋子裡人太多，我們到院子裡去談吧！

前ㄑㄧㄢˊ院ㄩㄢˋ (ciányuàn) (qiányuàn) N：front courtyard, front yard

後ㄏㄡˋ院ㄩㄢˋ (hòuyuàn) N：backyard

我們家前院停車，後院曬衣服，沒什麼花草。

14 大ㄉㄚˋ男ㄋㄢˊ人ㄖㄣˊ主ㄓㄨˇ義ㄧˋ (dà'nánrén jhǔyì) (dà'nánrén zhǔyì)

N/SV：male chauvinism/to be a male chauvinist

men are
the best,
always
right

(1) 從前的社會都是大男人主義，所以女人不能受教育，也不能投票。
(2) 我哥哥非常大男人主義，總認為女人什麼都不懂。

15 的ㄉㄧˊ確ㄑㄩㄝˋ (dícyuè) (díquè) A：indeed, really

張：聽說王先生的兒子很聰明，反應很快。
李：那個孩子的確聰明，不論我教什麼，他都是一學就會。

16 職ㄓˊ業ㄧㄝˋ婦ㄈㄨˋ女ㄋㄩˇ (jhíhyè fù'nyǔ) (zhíyè fù'nǚ)

N：woman professional, career woman

結了婚的職業婦女，又要上班，又要管家，非常辛苦。

婦ㄈㄨˋ女ㄋㄩˇ (fù'nǚ) N：woman, married woman

從前婦女沒有投票權。

家ㄐㄧㄚ庭ㄊㄧㄥˊ主ㄓㄨˇ婦ㄈㄨˋ (jiātíng jhǔfù) (jiātíng zhǔfù) N：housewife

王太太覺得念了那麼多書，卻只能做家庭主婦，每天在家做飯、洗衣服，太可惜了。

17 恨ㄏㄣˋ不ㄅㄨˋ得ㄉㄜˊ (hènbùdé)

A：to itch to, to strongly desire to do something which is not possible or proper

那個人對我那麼不客氣，我真恨不得打他一拳。

恨ㄏㄣˋ (hèn) V/N：to hate, resent/hatred

(1) 她搶走了我的男朋友，我恨她！
(2) 林太太的小孩被壞人害死以後，她的心裡就只有恨，沒有愛了。

18 負ㄈㄨˋ擔ㄉㄢ (fùdān) V/N：to bear a burden, to shoulder/burden, load

(1) 小趙家只有他一個人工作，他得負擔全家的生活，很辛苦。
(2) 我弟弟今年要考大學了，功課很多，負擔很重。

19 能ㄋㄥˊ幹ㄍㄢˋ (nénggàn) SV：to be able, capable, competent

張小姐真能幹，一個人可以做兩個人的事。

幹ㄍㄢˋ (gàn) V：to work, to do

好好兒地幹！將來一定會有發展。

20 事ㄕˋ業ㄧㄝˋ (shìhyè) (shìyè) N：career, undertaking

我不要總是替別人工作，我要想辦法開公司，發展自己的事業。

21 真ㄓㄣ正ㄓㄥˋ (jhēnjhèng) (zhēnzhèng) A：genuinely, really, truly

雖然我的朋友很多，可是只有你是真正了解我的人。

22 女ㄋㄩˇ強ㄑㄧㄤˊ人ㄖㄣˊ (nyǔ ciángrén) (nǚ qiángrén)

N：a successful career woman

大家都認為張太太是女強人，因為她不但事業成功，也把家人照顧得很好。

強ㄑㄧㄤˊ人ㄖㄣˊ (ciángrén) (qiángrén) N：a powerful person, strongman

現在是民主時代，強人政治已經不受歡迎了。

強ㄑㄧㄤˊ (ciáng) (qiáng) SV：to be strong, powerful

這個棒球隊實力很強，難怪能連贏好幾場。

23 反ㄈㄢˇ而ㄦˊ (fǎn’ér) A：instead, on the contrary

我幫了小高那麼多忙，他不但不謝謝我，反而罵我。

24 沒ㄇㄟˊ面ㄇㄧㄢˋ子ㄗ˙ (méi miàn·zih) (méi miàn·zi)

SV：to “have no face” (in the figurative sense), to be shamed, to have no status or prestige

(1) 太太賺的錢比自己多，小張一直覺得很沒面子。
(2) 同學們都開汽車，只有我買不起汽車，我覺得很沒面子。

面ㄇㄧㄢˋ子ㄗ˙ (miànzih) (miànzi) N：face; honor

我知道點太多菜吃不完，可是我請客，點少了不好看，這是面子問題。

25 離ㄌㄧˊ婚ㄏㄨㄣ (lí//hūn) VO：to divorce

王先生結婚才半年，卻發現太太居然腳踏兩條船，就離婚了。

離ㄌㄧˊ婚ㄏㄨㄣ率ㄌㄩˋ (líhūn lyù) (líhūn lǜ) N：divorce rate

在台灣離婚率越來越高，聽說四對裡面就有一對離婚。

比ㄅㄧˇ率ㄌㄩˋ (bǐlyù) (bǐlǜ) N：rate; proportion; ratio

我們學校男生女生的比率大概是1比1.5。

成ㄔㄥˊ功ㄍㄨㄥ率ㄌㄩˋ (chénggōng lyù) (chénggōng lǜ) N：strike-rate

這個實驗能不能做好，大概有百分之八十的成功率，你不必擔心。

出ㄔㄨ生ㄕㄥ率ㄌㄩˋ (chūshēng lyù) (chūshēng lǜ)　N：birth rate

有些國家的出生率一年比一年低，孩子越生越少，老人卻越活越久。

收ㄕㄡ視ㄕˋ率ㄌㄩˋ (shōushìh lyù) (shōushì lǜ)　N：television ratings

這個連續劇收視率很高，廣告很多，演了半年才結束。

26 合ㄏㄜˊ不ㄅㄨˋ來ㄌㄞˊ (hébùlái)

RC：to be difficult to harmonize, hard or impossible to get along with

老丁這種只顧自己，不管別人的個性，跟誰都合不來。

27 整ㄓㄥˇ天ㄊㄧㄢ (jhěngtiān) (zhěngtiān)　TW：all day long, the whole day

(1) 小趙整天吃、喝、玩、樂，一點事都不做。
(2) 我昨天整天都在家，哪兒都沒去。

整ㄓㄥˇ (jhěng) (zhěng)　SV：to be whole; entire; full; complete

(1) 今天晚上的音樂會七點整開演，來晚了，就得等中場休息才能進去了。
(2) 這幾年為了修這輛老爺車 (old car)，已經花了我整整一千塊了。與其再修，不如換一輛。

28 吵ㄔㄠˇ架ㄐㄧㄚˋ (chǎo//jià)　VO/N：to quarrel, to argue/quarrel, argument

我妹妹為了孩子的事，常常跟她先生吵架，我告訴她：吵架並不能解決問題，應該好好地談談。

打ㄉㄚˇ架ㄐㄧㄚˋ (dǎ//jià)　VO：to engage in a brawl, to fight (between individuals)

小陳為了女朋友，跟別人打了一架，把鼻子都打破了。唉！為什麼要動手呢？難道不能跟對方講道理嗎？

29 簡ㄐㄧㄢˇ單ㄉㄢ (jiǎndān)　SV：to be simple , uncomplicated

我以為我們兩個結婚是一件很簡單的事，沒想到雙方父母有那麼多意見，事情變得好複雜。

30 單親家庭 (dāncīn jiātíng) (dānqīn jiātíng)

N：single parent family

小李父母很早就離婚了，他一直跟母親住，所以他是在單親家庭長大的。

31 丟人 (diōurén) (diūrén) SV：to be shameful

王美美認為沒有考上大學很丟人，連門都不想出，其實很多成功的人都沒念過大學。

丟臉 (diōu//liǎn) (diū//liǎn) SV/VO：to lose face

(1) 老師把考卷發還給我們，我發現大家都考得很好，只有我不及格，真丟臉！
(2) 我媽說我昨天跟她的同事一起吃飯，大人們還沒動筷子，我就先吃起來了，那麼沒有規矩，真丟她的臉。

32 外遇 (wàiyù) N：an extramarital affair

先生有外遇，在外面有了別的女人，太太總是最後一個知道。

婚外情 (hūnwàicíng) (hūnwàiqíng) N：an extramarital affair

老林每次換工作，就跟女同事發生婚外情。他很得意自己結了婚，還這麼有魅力，卻忘了對家庭、太太、孩子應該負的責任。

33 單身貴族 (dānshēn guèizú) (dānshēn guìzú)

N：(colloquial) wealthy, unmarried man or woman

你們這些單身貴族，工作好，賺的錢多，又沒有家庭負擔，多舒服啊！

單身 (dānshēn) AT：to be single, unmarried

我現在還是單身，一個人吃飽了，全家都不餓了。

貴族 (guèizú) (guìzú)　N：aristocrat, royalty

李愛美跟王子結了婚，就成了貴族。

上班族 (shàngbān zú)　N：salaried men; salariate

這家餐廳附近有很多公司，所以客人都是上班族。

夜貓族 (yèmāo zú)　N：night owl

現在的年輕人大部分都是夜貓族，夜裡十二點以前就上床睡覺的，已經難得看到了。

追星族 (jhuēisīng zú) (zhuīxīng zú)　N：hard core fans

我妹妹是標準的追星族，為了看她的偶像明星，可以在飛機場等好幾個小時，也不覺得累。

34 煩惱 (fánnǎo)　V/SV/N：to worry/to be worried, vexed/worries, cares

(1) 王太太最近因為一直掉頭髮而煩惱，還沒找到解決的辦法。
(2) 老李最近買了一棟新房子，發現問題很多，不知道怎麼辦，煩惱得不得了。
(3) 小張就要出國念書了，現在最大的煩惱就是怕女朋友變心。

35 重男輕女 (jhòng nán cīng nyǔ) (zhòng nán qīng nǚ)

IE：to favor males over females

我媽非常重男輕女，我已經有三個女兒了，可是她還叫我再生一個兒子。

36 觀念 (guānniàn)　N：concept, idea, point of view

誰說老人不能穿紅衣服？你的觀念太保守了。

37 甚至於 (shènjhìhyú) (shènzhìyú)

A：go so far as to, even to the point that

老李喝醉了，不但不知道家在哪裡，甚至於連自己的名字都忘了。

38 薪ㄒㄧㄣ 水ㄕㄨㄟˇ (sīnshuěi) (xīnshuǐ) N：salary, pay

我媽問我男朋友：一個月薪水多少錢？每個月賺的錢夠不夠用？

加ㄐㄧㄚ 薪ㄒㄧㄣ (jiā//sīn) (jiā//xīn) VO：to have a salary increase

老闆說，只要我好好兒地幹，三個月以後就給我加薪，多給我百分之十的錢。

39 升ㄕㄥ 級ㄐㄧˊ (shēng//jí)

VO：to go up, advance (in grade, level, etc.), to get a promotion

(1) 老林連升兩級，現在當了主任了。
(2) 你這次再考不及格，就得再念一次二年級，不能升級了。

40 歧ㄑㄧˊ 視ㄕˋ (císhìh) (qíshì) V/N：to discriminate against/discrimination

(1) 你們這些大男人主義的人，總是歧視女人！
(2) 聽說這個老闆從來不用亞洲人，他有種族歧視 (racial discrimination)。
(3) 政府規定女孩子不可以當兵，你認為這是不是性別歧視 (sexual discrimination)？

41 平ㄆㄧㄥˊ 等ㄉㄥˇ (píngděng) SV/A：to be equal/equally

(1) 孫中山先生認為全世界各民族都是平等的，這就是他的民族主義。
(2) 就是因為各地的民族不平等，孫先生才要到處演講，希望大家平等對待 (duèidài) (duìdài, to treat) 各民族。

42 提ㄊㄧˊ 高ㄍㄠ (tígāo) V：to raise, increase, improve

(1) 好的教法，可以提高學生的學習興趣。
(2) 我爸一生氣，聲音就提高了。

提ㄊㄧˊ 早ㄗㄠˇ (tízǎo) A：earlier than scheduled or customary

要是怕塞車，趕不上飛機，你就應該提早半個小時出門。

43 靠ㄎㄠˋ (kào)　V：to depend upon, rely on; to lean against, lean on; to be near to, by

(1) 聽說王先生是靠他父親的關係，才得到這個工作的。
(2) 我在國外留學的時候，朋友們幫了我不少忙，真是「在家靠父母，出外靠朋友。」
(3) 要是你走累了，就靠在樹上休息一下吧！
(4) 我坐飛機，一定選靠走道 (aisle) 的位子，去上廁所比較方便。

可ㄎㄜˇ靠ㄎㄠˋ (kěkào)　SV：to be reliable, dependable

老林這個人很可靠，你請他做的事，他一定替你辦好。

44 繼ㄐㄧˋ續ㄒㄩˋ (jìsyù) (jìxù)　V：to continue, to go on

廣告播完了，我們可以繼續看電視節目了。

45 努ㄋㄨˇ力ㄌㄧˋ (nǔlì)

A/SV/V/N：industriously, energetically/to be industrious/to work hard, make great effort, exert oneself, strive diligently/diligence, hard work, great effort

(1) 我爸努力賺錢，只是希望全家能過更好的生活。
(2) 李小姐非常努力，一直不停地工作，不像別的同事，一會兒倒茶，一會兒上廁所。
(3) 只要努力，我相信你一定會成功的。
(4) 如果沒有大家的努力，我們公司不會有今天的成績。

注釋

1. **喝一樣的，免得麻煩。** means "It will save trouble if we all drink the same tea." Chinese make tea in a pot using tea leaves, not in individual cups using tea bags. Thus if everyone drinks the same kind of tea, it saves much effort.
2. **男人不應該進廚房。** Many men feel that they are not supposed to help in the kitchen. Some give as their excuse the fact that Mencius said a real gentleman should stay away from the kitchen.
3. **女強人** means "a super-capable woman, a successful career woman." In Taiwanese society, when a woman has her own career, does her work well and seems very capable at

managing all aspects of her life, she is known as a 女強人.

4. **離婚率越來越高，社會上的人也不再認為離婚是丟人的事了。** "The rate of divorce is getting higher and higher, and people in this society no longer think divorce is a shameful matter." In 1982, for every nine marriages there was approximately one divorce. Ten years later, in 1992, for every four marriages there was approximately one divorce. In 1998, for every 3.2 marriages there was one divorce. The divorce rate in Taiwan was 48.45% in 2004. There were 178.1 couples got divorced everyday in 2005. It is much more then 82.9 couples who divorced in 1993.
5. **單身貴族** means "unmarried aristocrat" and refers to a single person who lives a full and materially comfortable life. This term is derived from the Japanese term 獨身貴族 . Single people with a good income can spend money as they wish and live like "nobility," so they are called 單身貴族 .
6. **而且從前人重男輕女的觀念比較重，…。** 重男輕女 is a traditional Chinese concept, based on the fact that Chinese society is a patrilineal society where the family name and estate is usually passed through the sons. Chinese women could not attend school until the 1900's, when the first girls' schools began in the late Ching Dynasty. Even at that time many thought that there was no need for women to be educated. However, since they were not educated, they were unable to support themselves and had to depend on men for survival. Now, more and more women receive an education, giving them greater opportunities to apply their abilities.

文法練習

一　V 慣　become accustomed to...... via the V

◎等會兒試試看，喝得慣喝不慣。
In a little while you can try it and see if it suits you.

用法說明：「慣」是 RE，是「習慣」的意思。Actual Type 跟 Potential Type 都可使用。

Explanation: 慣 is a resultative verb ending (RE) that means 習慣. It can be used in either Actual Type or Potential Type form.

練習　請填上合適的「V慣」結果複合詞。

1. 小王 ______________ 中國菜，當然覺得美國的牛奶、麵包不好吃嘍！
   Little Wang is used to Chinese food, so naturally he thinks American milk and bread taste bad.
2. 我弟弟喜歡穿奇奇怪怪的衣服，我爺爺奶奶都 ______________，常罵他。
3. 王老師從來沒做過家事，怎麼 ___________ 拖地、打掃房間這種辛苦的工作?!
4. 我 ______________ 鄉下，城裡太吵，我可不願意搬家。
5. 李小姐那種假裝可愛的聲音，你們覺得不奇怪，可是我才剛認識她，還 ______ ______________。

二　的確　indeed, really

◎的確有不少人還有這種想法，……

Indeed, there are many people who still think this way,......

用法說明：表示同意或肯定對方的看法。用在句首或動詞、SV、副詞前面。

Explanation: This shows that one agrees or is affirming another's point of view. It is used at the beginning of the sentence or in front of a verb, SV, or adverb.

練習　請用「的確」完成下面對話。

1. 張：王教授以前當過參議員，你難道不知道？
   Chang: Professor Wang used to be a senator. Is it possible that you didn't know this?
   李：我的確不知道，要不然我也不會問你。
   Lee: I really didn't know; otherwise, I wouldn't have asked you.
2. 張：王先生是今年的最佳男主角，他的演技真是好得沒話說。
   李：嗯，_______________，難怪會得獎。
3. 張：我聽說老高在黑社會很有勢力，是真的嗎？
   李：_______________，他勢力是很大，他說的話沒有一個人敢不聽。
4. 張：連續劇演來演去劇情都差不多，一點新鮮感都沒有。
   李：_______________，還沒演完，我就知道結局是什麼了。

5. 張：小王來過了嗎？我怎麼沒看見？
李：他 ______________，他來的時候，你正好去洗手間了。

三　恨不得　to itch to, to strongly desire to do something which is not possible or proper

◎……，恨不得自己多長兩雙手，……
......, (they) fervently wish they could have another pair of hands, ...

用法說明：表示急切盼望實現、達成某種願望，而這種願望是實際上做不到或不能做的事。

Explanation: This shows that one urgently wishes for something to happen, to fulfill some desire. This desire is something that cannot or should not be truly fulfilled.

練習　請用「恨不得」完成下面各句。

1. 放假的時候，我們全家都要去迪士尼世界，我眞恨不得今天就去。
During vacation, my whole family plans to go to Disney World. How I wish we could go today!
2. 每次塞車的時候，我就恨不得 ______________。
3. 小王老是亂開同學的玩笑，讓人生氣，大家都恨不得 ______________。
4. 你媽看你病得那麼難過，恨不得 ______________。
5. 七號今天投籃一直投不進，我們看得急死了，恨不得 ______________。

四　不但不／沒……反而……　not only......, but, on the contrary/instead

◎有的先生不但不欣賞，反而覺得沒面子，……
Some husbands not only don't appreciate this, but on the contrary, feel that it's embarrassing,......

用法說明：「不但不/沒」的後面是預期會發生的事，「反而」的後面是出乎預料的相反結果。

Explanation: Following **不但不 / 沒** is something that is expected to happen. Following **反而** is the unexpected opposite result.

練習　請用「不但不 / 沒……反而……」完成下面對話。

1. 張：這兩年的內戰對你的生意有沒有影響？
   Chang: Has the civil war of the last two years had an effect on your business?
   李：我做的是軍火 (arms) 買賣，內戰不但對我沒影響，反而讓我賺了很多錢。
   Lee: I am in the arms shipment business, so the civil war has not only had no negative influence on my business, but on the contrary, I've made a lot of money.

2. 張：男主角跟女主角吵了一架，後來呢？他們分手了嗎？
   李：他們把誤會解釋清楚了，不但沒 ＿＿＿＿＿＿，反而 ＿＿＿＿＿＿。

3. 張：有人說吸毒能讓人快樂，是真的嗎？
   李：那是騙人的。吸毒不但不 ＿＿＿＿＿＿，反而 ＿＿＿＿＿＿。

4. 張：你室友父母離婚了，他一定很難過吧？
   李：他父母吵了很多年了，所以他們離婚，他不但不 ＿＿＿＿＿＿，反而 ＿＿＿＿＿＿。

5. 太太：你哥哥在公司做了十幾年了，薪水一定很高了吧？
   先生：他們公司這兩年一直不賺錢，他的薪水不但沒 ＿＿＿＿＿＿，反而 ＿＿＿＿＿＿。

五　V得 / 不來

◎兩個合不來的人住在一起，與其整天吵架，……
When two incompatible people live together, rather than fight all day long,......

用法說明：「來」是 RE，表示（一）融洽（不融洽）、（二）能力夠（不夠）做某事、（三）合（不合）喜好。

Explanation: **來** is a RE that shows (1) harmony (or discord) (2) sufficient (or insufficient) ability to perform some action, (3) compatible (or incompatible) tastes.

練習 請填上合適的「V得／不來」。

(一)

1. 我跟小陳兩個人 ______________，我說的他不想聽，他說的我也沒興趣。
2. 小王個性溫和，跟什麼人都 ______________，朋友很多。

(二)

1. 老趙口才不好，怎麼 ______________ 主持人的工作？
2. 我一直演喜劇，叫我演悲劇還眞 ______________。

(三)

1. 這種菸味道很辣，我 ______________。
2. 老李平時都喝紅茶，沒想到也 ______________ 香片。

六 （在） N上

◎社會上的人也不再認為離婚是丟人的事了。
People in society no longer feel that divorce is shameful.

◎書念得少，就不容易找工作，經濟上沒辦法獨立。
With little education it's not easy to find a job; from the standpoint of economics, it is impossible to become independent.

用法說明：「上」表示「範圍」或「方面」。
Explanation: 上 means **範圍** (scope, limit, range) or **方面** (aspect, respect, side).

練習 請用「（在） N上」改寫下面各句。

1. 我們對這個問題的看法完全一樣。
   Our viewpoints on this problem are exactly the same.
   → 我們在這個問題上看法完全一樣。
   Concerning this problem, our viewpoints are exactly the same.

2. 趙太太對她先生的事業有很大的幫助。

____

3. 王美美跟她男朋友分手是因爲個性方面的問題。

____

4. 王教授對傳統戲劇的研究，沒有人比得上。

____

5. 我雖然不必負什麼法律責任，可是我還是覺得很抱歉。

____

七　不再……了　never again

◎社會上的人也不再認為離婚是丟人的事了。
People in society no longer feel that divorce is shameful.

用法說明：表示這個動作或情況就此停住，不繼續或重複下去。「不再」後面可用V、VO、VP、SV。語氣沒有「再也不…了」那麼強烈。（請參看第七課）

Explanation: This shows that an action or situation has ceased and will not continue or happen again. Following 不再 can be a V, VO, VP, or SV. The tone is not as strong as the pattern 再也不…了. (please refer to Ch. 7)

練習

(一) 請用「不再…了」完成下面各句。

1. 很多婦女生了孩子以後，就不再工作了。
   Many women stop working after having children.

2. 我打了幾次電話，老丁都不在，我不再 ____________，反正沒什麼重要的事。

3. 王老師本來很生氣，我跟他道歉以後，他就不再 ______________。

(二) 請把下面各句改成「不再…了」的句子，並比較不同（用英文亦可），如果不能改，請說明原因。

1. 小張說他已經唱了兩首了，現在該換別人唱了，所以他就再也不唱了。
   →小張說他已經唱了兩首了，現在該換別人唱了，所以他就不再唱了。

2. 每次我們都弄得很不愉快，我快被老林氣死了，我再也不跟他合作了。

____

3. 我哥哥喝酒，喝得太多，把身體都喝壞了，他說以後再也不喝酒了。

____

4. 我告訴我媽我想離婚以後，她就急病了，我再也不敢說什麼了。

____

5. 我畢業以前要好好地念書，再也不打工了。

____

(三) 請改正下面各句文法上的錯誤。

1. 小陳說他不再跟你吵架。

____

2. 老丁想開了以後，就再不傷心了。

____

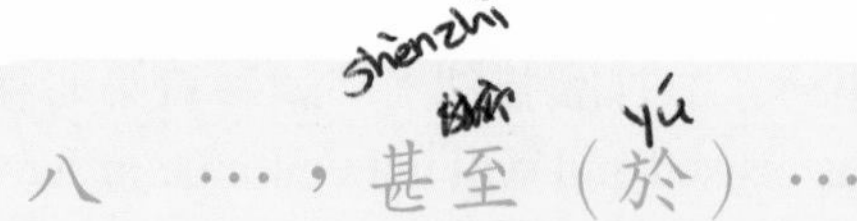

八　…，甚至（於）…

to go so far as to, so much so that, even

◎…想學什麼都可以，甚至於還能出國念書，…

... (they) can study whatever they want; they can even go abroad to study,...

用法說明：「至於」在此意思是「達到」，「甚至於」表示達到一個按常理不太可能達到的程度。「甚至於」的前後是相關的一些事，但是程度最高的一件事得放在「甚至於」後面。

Explanation: Here, 至於 means 達到 (to reach, arrive at) whereas 甚至於 means to reach or arrive at what seems, in normal conditions, to be an extreme degree or point. Preceding and following 甚至於 are related matters, however the one with the most intense degree or highest level is placed after 甚至於.

練習　請把下面各題所給的詞組短句，用「甚至（於）」組成句子。

1. 連話也說不清楚　不但自己不會吃飯　小張的爺爺身體很不好　上廁所都要人幫忙
   → 小張的爺爺身體很不好，不但自己不會吃飯，連話也說不清楚，甚至於上廁所都要人幫忙。
   Little Chang's grandfather's health is very bad. He not only is unable to feed himself, he can't even speak clearly. It's so bad that he even needs help to go to the bathroom.

2. 有一科得了一百分　不但都及格了　我這次期末考
   ____

3. 看了電影　今天請我們喝了可樂　老王那個小氣鬼　請我們吃了大餐
   ____

4. 水可以不喝　覺也可以不睡　我哥哥一工作起來　就什麼都忘了　飯可以不吃
   ____

5. 就躺下了　老王喝醉了　走著走著　越走越慢
   ____

課室活動

一、討論問題

1. 一對夫婦 (husband and wife, couple) 都有很理想的工作，有一個兩歲的孩子，生活很不錯。忽然太太有一個升級的機會，可是這個工作在另一個城市，離現在住的地方不近，開車要五、六小時。如果你是這個太太，你怎麼辦？接受這個工作，搬到另一個城市去嗎？為什麼？先生不同意，怎麼辦？如果你是這個先生，你怎麼辦？同意太太接受這個工作嗎？為什麼？孩子怎麼辦？太太一個人搬去，你同意嗎？

2. 如果有一天，你發現你先生／太太有外遇了，你怎麼辦？假裝不知道？跟他／她談一談？去找那個第三者 (third party, intruder)？還是……？
3. 什麼樣的情形讓你覺得非離婚不可？如果你們的孩子求你們不要離婚，你還是非離不可嗎？
4. 如果你們正準備結婚，你未婚妻 (wèihūncī) (wèihūnqī, fiancee)／未婚夫 (fiance) 說結婚以後要跟父母住在一起，你同意嗎？為什麼？
5. 如果你愛上了一個結了婚的人，你怎麼辦？什麼也不說就離開？還是告訴他／她，請他／她接受你的愛？
6. 請問男同學，如果你太太是個女強人，你覺得怎麼樣？有沒有壓力？她的薪水比你高，或是比你有名，有沒有關係？
7. 請問男同學，如果你太太要出來競選參議員，甚至於總統，你願意支持她嗎？

二、角色扮演：從上面的問題中選一、兩個，確定情況，請學生表演。

短文　李小姐的一天

李美玉急急忙忙[1]，走進辦公室，剛坐下就聽到主任問：「李小姐，昨天請妳打的資料呢？」她才拉開抽屜[2]，電話鈴[3]卻響了，是客戶[4]問樣品[5]寄了沒有。接著又去開會。十一點半，回到座位[6]，桌上又多了一堆[7]要處理[8]的文件[9]。中午飯後，正想休息，就接到孩子學校的電話，說孩子發燒。她趕到學校，帶孩子去看病。再把孩子送到他奶奶那兒，趕回公司，已經晚了半個鐘頭了，主任臉色很難看。

又忙了一個下午，可以下班了，她先打了個電話給先生，叫他去接孩子，然後趕回家做晚飯。正在炒菜，隔壁王太太來了，說：「陳太太，真不好意思，想跟妳要點米酒做菜。」吃了飯，先生洗碗，她裝便當[10]，照顧孩子吃藥，做功課，等孩子睡了，才能坐下看看電視、報紙。

李美玉在公司是李小姐，在家是陳太太，要做一個現代的職業婦女，可真不容易啊！

Vocabulary:

1. 急急忙忙 (jí jí máng máng): hurriedly, busily, frantically
2. 抽屜 (chōu·tì): drawer
3. 鈴 (líng): bell
4. 客戶 (kèhù): client
5. 樣品 (yàngpǐn): sample product, model
6. 座位 (zuòwèi): seat
7. 堆 (duēi) (duī): pile
8. 處理 (chǔlǐ): to manage, to deal with
9. 文件 (wúnjiàn) (wénjiàn): documents, official documents, legal papers
10. 便當 (biàndāng): lunch box, packaged meal

李小姐的一天

李美玉急急忙忙[1]走進辦公室，剛坐下就聽到主任問：「李小姐，昨天請妳打的資料呢？」她才拉開抽屜[2]，電話鈴[3]卻響了，是客戶[4]問樣品[5]寄了沒有。接著又去開會。十一點半，回到座位[6]，桌上又多了一堆[7]要處理[8]的文件[9]。中午飯後，正想休息，就接到孩子學校的電話，說孩子發燒。她趕到學校，帶孩子去看病。再把孩子送到他奶奶那兒，趕回公司，已經晚了半個鐘頭了，主任臉色很難看。

又忙了一個下午，可以下班了。她先打了個電話給先生，叫他去接孩子，然後趕回家做晚飯。正在炒菜，隔壁王太太來了，說：「陳太太，真不好意思，想跟妳要點米酒做菜。」吃了飯，先生洗碗，她裝便當[10]，照顧孩子吃藥、做功課，等孩子睡了，才能坐下看看電視、報紙。

李美玉在公司是李小姐，在家是陳太太，要做一個現代的職業婦女，可真不容易啊！

第九課　我看經濟發展

■電子產品組裝（新聞局提供　劉光哲攝）

（林建國家客廳）

建國：叔叔，偉立的中文講得很好吧？

叔叔：嗯，好極了，聽起來跟我們差不多了！

偉立：哪裡，哪裡，您太誇獎了！聽建國說，您這次是來開會的。

叔叔：對，開完會還跟幾個客戶見面，談了幾筆生意，訂了一部機器。**好不容易**今天中午才坐上了到你們這兒來的飛機。噢，建國，我帶了雙運動鞋給你，在你房間。等一下你穿穿看**大小**合不合適。

建國：哇！太棒了！謝謝叔叔。你們聊，我去去就來。（走開）

偉立：林叔叔[1]，您在貿易公司工作嗎？

叔叔：是啊！我們公司不算小，在這裡有很多客戶。這次老闆派我來開會，**一方面也**了解一下市場上對我們產品的反應。

建國（回來）：叔叔，那雙鞋我穿起來正好，謝謝！

叔叔：不必謝，反正我也沒花錢，是工廠送我的樣品。

姐姐（在廚房叫）：建國！

建國：幹嘛？

姐姐：媽說菜快好了，你先擺好碗筷吧。

建國：好，我這就來。

（在飯廳）

爸爸：高偉立，嚐嚐你林媽媽做的菜，看你喜不喜歡。家明，你也別客氣，多吃一點兒。

偉立：我是晚輩，林叔叔先請[2]！

叔叔：真不簡單！華人的規矩也學會了。大家一起來吧！

媽媽：建國，去把烤箱裡的春捲拿出來[3]。偉立，（指著一盤菜[4]）嘗嘗宮保雞丁。家明，你自己來。

偉立：謝謝。

叔叔：大嫂，今天可把您累壞了[5]！這杯我敬您。

媽媽：別客氣，自己人。希望能合你們口味。（建國回來）

姐姐：建國，你看到叔叔送我的網球拍沒有？做得真好。

建國：還沒。能不能借我？那我就可以穿著新鞋去打球了。

姐姐：**除非**你能保證不弄壞，否則別想。

建國：**哼**！小氣鬼！

叔叔：這網球拍是臺灣外銷的，品質不錯，已經是名牌了。

爸爸：你們還沒看到叔叔送我跟媽媽的筆記型電腦和手機呢！

叔叔：臺灣的電子產品不但產量多，技術也很進步。全世界的手提電腦有一半都是臺灣生產的。

媽媽：叔叔送我的手機，除了打電話，還可以照相、上網，功能好多啊！

偉立：林叔叔，我在超級市場、百貨公也看到一些臺灣製造的東西，你們外銷的產品真不少啊！

叔叔：是啊，臺灣生產的鞋、傘、玩具，外銷量都曾經佔世界第一位。

建國：哇！不得了！臺灣只是個小島，居然能生產那麼多東西！

叔叔：臺灣有很多小工廠啊！每家都努力生產，加起來就很多了。

偉立：怎麼有這麼多小工廠呢？我們國家的中小企業好像沒有這麼多。

叔叔：原因很多，**主要的是**我們的大資本家比較少。而且有一點能力的人都想自己當老闆。

建國：當老闆那麼容易嗎？哪裡來那麼多錢啊？

叔叔：跟政府或銀行貸款就行啦！

偉立：我聽說過「臺灣奇蹟」[6]，很多人都好奇，你們地方又小，又沒什麼天然資源，是怎麼做到的？

叔叔：其實也不是什麼奇蹟，這是大家努力的結果。臺灣**之所以**能有這麼好的成績，**是因為**各方面都配合得不錯，比方說，安定的社會、適當的政策、便宜的勞工、正確的投資等等。

爸爸：這幾年經濟不景氣，臺灣也受到影響了吧？

叔叔：是啊，臺幣升值了很多，再加上國際經濟全球化的壓力，臺灣的競爭能力就弱了。而且工人的工資漲了**不說**，有時候**還**要罷工[7]，現在的生意不好做了。再不加油，恐怕我也要失業了。

媽媽：你們再不吃，菜就要涼了。快吃吧！

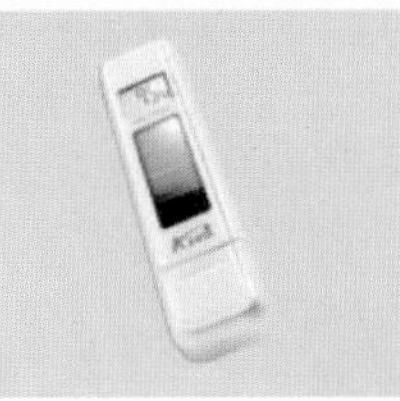
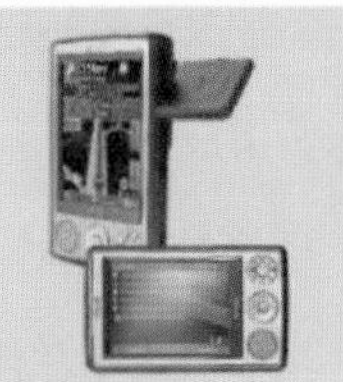

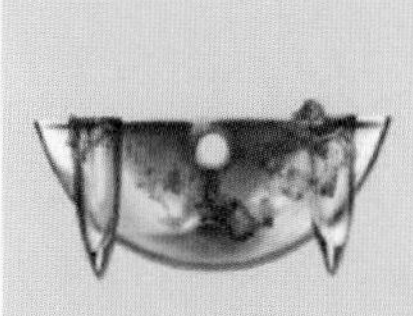

資料提供：中華民國對外貿易發展協會(TAITRA)

2006台灣精品獎產品

1.KYE Corp.遊戲用滑鼠
2.A-DATA 太陽能隨身碟
3.AsusTek Computer 導航個人數位助理
4.Giga-Byte 手機
5.BenQ 投影機
6.BenQ 事務機
7.Giga-Byte 迷你電腦
8.BenQ 液晶顯示器
9.Titto 水晶藝術
10.Giga-Byte 儲存媒體
11.Seagull Décor 瓷藝精品
12.Giant 避震腳踏車

1	2	3	4
5			6
7			8
9	10	12	
11			

台灣精品獎選拔著重產品在設計、研發、品質、品牌與市場等五項創新表現。台灣精品在國際市場為台灣產業形象代言。

■臺灣精品（中華民國對外貿易發展協會提供）

生詞及例句

1 叔ㄕㄨˊ叔˙ㄕㄨ (shú·shu) N：father's younger brother

我父親有兩個弟弟，我大叔已經結婚了，二叔還沒有。

2 誇ㄎㄨㄚ獎ㄐㄧㄤˇ (kuājiǎng)

V/N：to praise, commend/praise (by someone of a higher position to someone of a lower position)

(1) 老師誇獎王大明考試成績一次比一次好。
(2) 張：昨天的新年晚會，你們表演得真精彩。
李：哪裡，哪裡，謝謝你的誇獎。

3 客ㄎㄜˋ戶ㄏㄨˋ (kèhù) N：client

王先生他們公司是我們最大的客戶，跟我們買了不少電腦。

4 筆ㄅㄧˇ (bǐ) M：(amount of money)

我弟弟為了買房子，跟我借了一大筆錢。

5 大ㄉㄚˋ小ㄒㄧㄠˇ (dàsiǎo) (dàxiǎo) N：size

我租的那個房間，大小比你這個大一點，可以多放一個桌子。

6 貿ㄇㄠˋ易ㄧˋ (màoyì) N：trade

我叔叔開了一家貿易公司，進口各國的洗衣機。

7 工ㄍㄨㄥ廠ㄔㄤˇ (gōngchǎng) N：factory, plant, workshop（M：家）

王先生那家做鞋的工廠，每天可以做一千雙鞋。

8 樣ㄧㄤˋ品ㄆㄧㄣˇ (yàngpǐn) N：sample product, specimen

我們公司想請你們工廠做皮包，不過，我想先看看樣品再決定。

9 幹ㄍㄢˋ嘛ㄇㄚˊ (gànmá) IE：What do you want?! Why?, Why on earth?

(1) 張：欣欣，進來一下。
　　李：幹嘛？我在忙呢！
(2) 媽媽剛剛問你話，你幹嘛不說話？

10 晚ㄨㄢˇ輩ㄅㄟˋ (wǎnbèi) N：someone of a younger generation, one's junior

我們雖然年紀差不多，可是你是我爸爸的表弟，所以我還是晚輩。

長ㄓㄤˇ輩ㄅㄟˋ (jhǎngbèi) (zhǎngbèi)

N：someone of an older generation, elder member of a family, one's senior

前ㄑㄧㄢˊ輩ㄅㄟˋ (ciánbèi) (qiánbèi)

N：a senior (person); one's (elders and) betters; a predecessor; an older generation; (in respect) one who mastered or worked in the field earlier

您是前輩，經驗比我豐富，以後我要多跟您請教。

輩ㄅㄟˋ子˙ㄗ (bèi·zih) (bèi·zi) M：lifetime, generation

(1) 我姐姐四十多歲，已經過了半輩子了，還沒生孩子，我看這輩子沒希望了，大概得等下輩子了。
(2) 趙先生一直住在山區，一輩子都沒看過海，所以這次到海邊玩，非常興奮。

11 烤ㄎㄠˇ箱ㄒㄧㄤ (kǎosiāng) (kǎoxiāng) N：oven for baking

12 大ㄉㄚˋ嫂ㄙㄠˇ (dàsǎo)

N：elder brother's wife, a polite title for a friend's wife similar in age to the speaker

我大嫂跟我哥哥結婚以前，我都叫她李姐姐。

13 網ㄨㄤˇ球ㄑㄧㄡˊ拍ㄆㄞ (wǎngcióu pāi) (wǎngqiú pāi) N：tennis racket

14 除ㄔㄨˊ非ㄈㄟ (chúfēi) A：only if, unless

你要我答應你不再喝酒，是不可能的，除非太陽從西邊出來。

15 外ㄨㄞˋ銷ㄒㄧㄠ (wàisiāo) (wàixiāo)

V/N：to export, to sell abroad (or in another part of the country)/export sales

內ㄋㄟˋ銷ㄒㄧㄠ (nèisiāo) (nèixiāo)

V/N：to sell in the domestic market/domestic sales

這種汽車外銷的價錢比內銷便宜，是為了打開外國市場。

外ㄨㄞˋ銷ㄒㄧㄠ量ㄌㄧㄤˋ (wàisiāo liàng) (wàixiāo liàng)

N：volume or quantity of export sales

這家工廠做的襯衫都出口，每個月的外銷量大概有一百萬件。

16 品ㄆㄧㄣˇ質ㄓˊ (pǐnjhíh) (pǐnzhí) N：quality (for commodities)

為了提高生活品質，我姐姐決定搬到郊區去住，因為郊區的房子大，空氣好，舒服多了。

17 名ㄇㄧㄥˊ牌ㄆㄞˊ (míngpái) N：famous brand, name brand

王太太逛街的時候，只看名牌的東西，普通的，沒有名的牌子，她連看都不看。

牌ㄆㄞˊ子˙ㄗ (pái·zih) (pái·zi) N：brand, trade mark; sign

(1) 李先生穿的那件襯衫，口袋上面有一把雨傘，一看就知道是什麼牌子的。
(2) 前面那個牌子上，好大一個「讓」字，難道你沒看見嗎？

品ㄆㄧㄣˇ牌ㄆㄞˊ (pǐnpái) N：mark, brand

這個牌子的皮箱品質非常好，大家都認為是個可靠的品牌。

打ㄉㄚˇ牌ㄆㄞˊ (dǎ//pái)　VO：to play mahjong or cards

我媽喜歡打麻將，我爸喜歡打橋牌，所以我家常有客人來打牌。

18 筆ㄅㄧˇ記ㄐㄧˋ型ㄒㄧㄥˊ電ㄉㄧㄢˋ腦ㄋㄠˇ／手ㄕㄡˇ提ㄊㄧˊ電ㄉㄧㄢˋ腦ㄋㄠˇ (bǐjìsíng diànnǎo) (bǐjìxíng diànnǎo)/(shǒutí diànnǎo)

N：a notebook; notebook computer

筆記型電腦跟桌上型電腦比起來，容量 (capacity) 小多了，資料多的話，非用隨身碟不可。

19 電ㄉㄧㄢˋ子ㄗˇ產ㄔㄢˇ品ㄆㄧㄣˇ (diànzǐh chǎnpǐn) (diànzǐ chǎnpǐn)

N：electronic products

現在電子產品很普遍，像手機、數位相機和電子錶什麼的都是。

電ㄉㄧㄢˋ子ㄗˇ (diànzǐh) (diànzǐ)　AT/N：electronic/electron

(1) 有的電子郵件剛打開的時候是亂碼 (gibberish)，得改碼以後才能看。
(2) 我弟弟念物理 (Physics) 系，一定要上電子方面的課。

20 功ㄍㄨㄥ能ㄋㄥˊ (gōngnéng)　N：function; capability

冷氣機有調節 (tiáojié, to adjust; to regulate) 溫度的功能。

21 製ㄓˋ造ㄗㄠˋ (jhìhzào) (zhìzào)　V：to make, manufacture

(1) 哪個牌子的汽車是德國工廠製造的？
(2) 美國市場上可以看到很多臺灣製（造）的東西。
(3) 老林打籃球的時候，常在籃下製造機會，讓隊友們投籃。

造ㄗㄠˋ句ㄐㄩˋ (zào//jyù) (zào//jù)　VO：to make sentences

老師要我們用生詞造句，他從我們寫的句子，就知道我們是不是真的了解生詞的意思。

22 生ㄕㄥ產ㄔㄢˇ (shēngchǎn)

V/N：to produce, manufacture; to give birth to a child/production; delivery

(1) 這種照像機太老了，我們工廠已經不生產了。
(2) 我太太下個月要生產，到時候我就得請假，照顧我太太。

產ㄔㄢˇ量ㄌㄧㄤˋ (chǎnliàng) N：output, yield

阿拉斯加 (Ālāsījiā, Alaska) 石油的產量，每天有多少桶？

23 玩ㄨㄢˊ具ㄐㄩˋ (wánjyù) (wánjù) N：toy

家ㄐㄧㄚ具ㄐㄩˋ (jiājyù) (jiājù) N：furniture

工ㄍㄨㄥ具ㄐㄩˋ (gōngjyù) (gōngjù) N：tool, instrument

(1) 我沒有工具，現在沒辦法修車。
(2) 字典是重要的工具書，每個學生都最少有一本。

文ㄨㄣˊ具ㄐㄩˋ (wúnjyù) (wénjù) N：stationery, office supply

隔壁的文具店賣的筆又便宜又好用。

24 佔ㄓㄢˋ…第ㄉㄧˋ一ㄧ位ㄨㄟˋ (jhàn…dì yī wèi) (zhàn...dì yī wèi)

PT：occupies the first position, constitutes or holds first place

印尼 (Indonesia) 石油的產量佔亞洲第一位。

25 企ㄑㄧˋ業ㄧㄝˋ (cìyè) (qìyè) N：a business enterprise

(1) 陳先生家有七、八個大工廠，還有十幾家公司，要管這麼大的企業，真不容易啊！
(2) 由於中小企業的努力，臺灣的經濟才有今天的成績。

企ㄑㄧˋ業ㄧㄝˋ界ㄐㄧㄝˋ (cìyè jiè) (qìyè jiè) N：business circle, business world

陳小姐是企業界有名的女強人，一個人管好幾家公司，比很多男人都能幹。

26 原ㄩㄢˊ因ㄧㄣ (yuányīn) N：reason, cause

大部分人離婚的原因是個性不合或是有外遇。

27 主ㄓㄨˇ要ㄧㄠˋ (jhǔyào) (zhǔyào) AT：main, major, chief, principal

錢小姐在心理系當助教，主要的工作是帶學生做實驗。

28 資ㄗ本ㄅㄣˇ家ㄐㄧㄚ (zīhběnjiā) (zīběnjiā) N：investor

聽說有一個資本家，願意拿出幾百萬，支持我們公司研究這種感冒藥。

資ㄗ本ㄅㄣˇ (zīhběn) (zīběn) N：capital

三年前我們老闆拿出一百萬，開了這家公司，資本不算多，是小企業。

成ㄔㄥˊ本ㄅㄣˇ (chéngběn) N：the cost, prime cost, capitalized cost

地攤老闆說：「這些鬧鐘，我買進來的時候一個十塊錢，你只給八塊錢，我連成本都不夠，怎麼能賣給你？」

資ㄗ本ㄅㄣˇ主ㄓㄨˇ義ㄧˋ (zīhběnjhǔyì) (zīběnzhǔyì) N：capitalism

資本主義好的地方是大家都有公平競爭的機會，壞的就是貧富差距 (pínfù chājyù) (pínfù chājù, poverty gap) 越來越大。

投ㄊㄡˊ資ㄗ (tóuzīh) (tóuzī) V/N：to invest money/investment

(1) 老王想開公司，可是資本不夠，就找了幾個朋友，每個人投資二十萬。
(2) 教育也是一種投資，讓大家都念書，對國家社會都有好處。

29 貸ㄉㄞˋ款ㄎㄨㄢˇ (dài//kuǎn) VO/N：to take out a loan / a loan

(1) 我的學費不夠，念大學都是跟銀行貸款的。
(2) 我買房子的貸款還沒還完，所以不能亂花錢。

30 奇ㄑㄧˊ蹟ㄐㄧ (cíjī) (qíjī) N：miracle, wonder

醫生說：這個病人一個月沒張開眼睛了，今天能醒過來，是一個奇蹟。

31 結ㄐㄧㄝˊ果ㄍㄨㄛˇ (jiéguǒ)

N/A：result, outcome, consequence/as a result, in the end

(1) 因為王美美跟她男朋友常吵架，朋友們都認為他們的感情不會有結果，一定會分手。
(2) 雖然比賽前我們練習了很久，結果還是輸了。

32 比ㄅㄧˇ方ㄈㄤ說ㄕㄨㄛ／比ㄅㄧˇ如ㄖㄨˊ說ㄕㄨㄛ (bǐfāngshuō)/(bǐrúshuō)

IE：for example

老趙喜歡戶外的休閒活動，比方說：釣魚、露營、健行什麼的。

33 適ㄕˋ當ㄉㄤˋ (shìhdàng) (shìdàng) SV：to be suitable, proper, appropriate

念書雖然重要，可是也需要有適當的運動，太多太少都容易有問題。

34 政ㄓㄥˋ策ㄘㄜˋ (jhèngcè) (zhèngcè) N：policy

我們公司的政策是「品質第一」，寧可多花些錢，也要做出最好的產品。

35 勞ㄌㄠˊ工ㄍㄨㄥ (láogōng) N：laborers, workers

工ㄍㄨㄥ人ㄖㄣˊ (gōngrén) N：worker, workman

每個大工廠都有幾千個工人，所以勞工的生活環境跟工作安全都應該注意。

工ㄍㄨㄥ業ㄧㄝˋ (gōngyè) N：industry

這個國家的農業人口，只有百分之二十，已經從農業社會發展成工業社會了。

36 正ㄓㄥˋ確ㄑㄩㄝˋ (jhèngcyuè) (zhèngquè) SV：to be correct, right

我覺得我拿毛筆的樣子怪怪的，你能不能教我毛筆的正確拿法？

37 景ㄐㄧㄥˇ氣ㄑㄧˋ (jǐngcì) (jǐngqì)

SV/N：to be prosperous, booming/prosperity, an economic boom

(1) 現在家具市場相當不景氣，很多工廠都停工了。
(2) 現在景氣已經慢慢兒地變好了，你可以放心投資了。

38 臺ㄊㄞˊ幣ㄅㄧˋ (Táibì)

N：New Taiwan Dollars (N.T. Dollars, N.T.), currency used in the Republic of China

人ㄖㄣˊ民ㄇㄧㄣˊ幣ㄅㄧˋ (Rénmínbì)

N：currency used in the People's Republic of China

現在一塊人民幣可以換幾塊臺幣？

日ㄖˋ幣ㄅㄧˋ (Rìbì) N：Japanese dollar; Yen

美ㄇㄟˇ金ㄐㄧㄣ／美ㄇㄟˇ元ㄩㄢˊ (Měijīn/Měiyuán) N：U.S dollar

歐ㄡ元ㄩㄢˊ (Ōuyuán) N：European dollar; EURO

39 升ㄕㄥ值ㄓˊ (shēngjhíh) (shēngzhí)

V/N：to appreciate in value/appreciation in value (for currency)

(1) 從前一塊美金可以換四十多塊臺幣，現在臺幣升值了，只能換三十多塊了。
(2) 臺幣升值對做進出口生意有很大的影響。

40 國ㄍㄨㄛˊ際ㄐㄧˋ (guójì) AT：Interantional

小張念的是政治學研究所，主修 (major) 國際關係。

41 全ㄑㄩㄢˊ球ㄑㄧㄡˊ化ㄏㄨㄚˋ (cyuáncióuhuà) (quánqiúhuà)

N/V：globalization/to globalize

現在世界上會說英文的人越來越多，英文這種語言已經全球化了。

42 工ㄍㄨㄥ 資ㄗ (gōngzīh) (gōngzī) N：wage, salary

小王比你有經驗，所以他的工資比你多五十塊。

工ㄍㄨㄥ 錢ㄑㄧㄢˊ (gōngcián) (gōngqián) N：wage, pay; payment for odd jobs

你幫別人割草，就這麼點工錢！不如去工廠上班，工資高多了。

43 漲ㄓㄤˇ (jhǎng) (zhǎng) V：to rise, elevate (of water level, prices, etc.)

房東說：明年房租要漲五十塊，一個月就三百塊了。

漲ㄓㄤˇ 價ㄐㄧㄚˋ (jhǎng//jià) (zhǎng//jià) VO：to increase in price

因為中東 (Middle East) 戰爭，石油都漲價了。

44 罷ㄅㄚˋ 工ㄍㄨㄥ (bà//gōng) VO：to strike, go on strike

(1) 小王他們已經罷工五天了，老闆還是不願意提高他們的工資。
(2) 難怪等了那麼久，都沒有車來，原來公車司機罷工。

罷ㄅㄚˋ 課ㄎㄜˋ (bà//kè) VO：to protest by not attending class

學生們決定罷一天課，希望政府知道他們不同意減少教育經費。

45 失ㄕ 業ㄧㄝˋ (shīhyè) (shīyè)

V/N：to lose one's job, be out of work, be unemployed/ unemployment

(1) 老林失業了一年，才找到現在這個工作。
(2) 由於經濟不景氣，失業率一年比一年高。

歎詞 Interjections

1. 哼ㄏㄥ (hēng) I：(indicates dissatisfaction, disdain, or anger)

哼！不借就不借，我自己去買一個。

注釋

1. **林叔叔** means "Uncle Lin." 叔叔 refers to one's father's younger brother, but Chinese people also address their father's younger male friends as 叔叔. In this chapter, 偉立 meets 建國's uncle. He uses 叔叔 , placing it after the uncle's surname, 林 , to form the title 林叔叔 .

2. **我是晚輩，林叔叔先請。** means "After you, Uncle Lin; you are elder." When Chinese eat together, younger people wait for the elders to serve themselves first. At a banquet, they let the oldest take their food first as each course is served.

3. **把烤箱裡的春捲拿出來** means "take the spring rolls out of the oven." Spring rolls are deep fried not baked. However, since the rolls taste better eaten hot, Mrs. 林 put them in the oven to keep them warm.

4. **指著一盤菜** means "point to a dish." In Chinese society, the host at a meal often serves the guest by placing food onto his/her bowl. Some Westerners, however, do not appreciate this courtesy as they might receive something they do not like. They would rather the host simply recommend a dish by pointing to it, and then let the guests serve themselves. That is why 建國's mother is pointing.

5. **今天可把您累壞了** means "You must be worn-out today (from making the meal)." This is a polite remark. It can be used when one is invited to a friend's place, and he/she has prepared food for you. It expresses one's appreciation and acknowledges the trouble that someone has gone through. This expression also is an appropriate way to say thank you after someone has been of assistance.

6. **臺灣奇蹟** means the "Taiwan miracle." Many factors are responsible for the successful economic development of Taiwan. In brief, the government first passed a law in 1951 （三七五減租） which lowered the cost for farmers to lease land. Next, in 1952 came 公地放領, the sale of public land to farmers without property. This law resulted in more evenly distributed land and capital. The government started the first economic construction plan in 1953. First priority went to projects which required low capital investment and technological input. Because another government objective was to create jobs, the projects also were labor intensive. In 1959 more emphasis was given to projects supporting the export market. Finally from 1974 to 1980, ten major infrastructure projects were completed which transformed the island. These included the first super highway on the island, the international airport, Taichung harbor, development of the steel industry, development of a ship building company, etc. The whole society worked very hard over this period. Small businesses in particular benefited from implementation of these projects. All involved the implementation of new technology which allowed the projects to expand in size and in

degree of sophistication. As various infrastructure and industrial projects were completed the general pace of economic development accelerated.

7. **工資漲了不說，有時還要罷工。** In comparison to the past few decades, Taiwan now enjoys much greater economic development and political freedom. As living standard increase, people demand more for their life. A law protecting labors' rights（**勞動基準法**）was passed in 1984. Following this, the workers' unions became more powerful. This movement also benefited from the cessation of martial law in July 1987. Before the early 1980's the management of almost all businesses was kept within the same family, passing from one generation to the next. In such businesses workers had little input in management decisions, preventing them from being aware of critical issues and organizing themselves for a strike. Also during this time there was always a plentiful supply of workers to fill available positions. A third mitigating factor against strikes at this time was the subservient position of women in the work force. For all these reasons strikes were unknown prior to 1988.

文法練習

一　好不容易 very difficult

◎…好不容易今天中午才坐上了到你們這兒來的飛機。

... it was very difficult to catch the plane here at noon today.

用法說明：「好不容易」的後面是已經發生的情況，能達成這樣的情況非常不容易。有感歎的意思。有沒有「不」意思一樣。常與「才」連用。

Explanation: Following 好不容易 is a completed situation or event which was very difficult to achieve. This pattern carries the tone of a sigh. It has the same meaning with or without 不 and is often used in conjunction with 才.

練習　請用「好不容易」完成下面各句。

1. 我姐姐快做媽媽了，她高興極了，因爲結婚八年，好不容易懷孕了。
My elder sister is going to be a mother soon. She's really happy because she's been married for eight years and it was very difficult to get pregnant.

2. 院子裡的草很長，我爸爸割了一下午，好不容易才＿＿＿＿＿＿＿。

3. 想看紐約芭蕾舞團表演的人好多，我昨天排了半天的隊，好不容易才＿＿＿＿＿＿＿＿＿＿＿＿＿＿＿＿。

4. 我們兩個人語言不通，我解釋了半天，好不容易才＿＿＿＿＿＿＿＿＿＿＿。

5. 考試快到了，圖書館天天客滿，我好不容易才＿＿＿＿＿＿＿＿＿＿＿。

二　SV Opp. SV（兩個相反的單音節 SV）

◎等一下你穿穿看大小合不合適。

You can try them on for size in just a moment.

用法說明：兩個意思相反的單音節 SV 結合成一個名詞，表示數量、性質跟程度的觀念。如果有確實的數值，則有更合適的名詞可用，如：「高矮」可說「高度」。

Explanation: Two single syllable SVs of opposite meaning combine to form a noun which means “quantity, quality, or degree.” If a specific number is given, then a different noun should be used. For example, instead of **高矮** (tall + short = height), **高度** (height) should be used.

練習　Exercises

(一) 說出下面各詞的相反詞。

1. 多　2. 高　3. 好　4. 快　5. 冷　6. 胖
7. 遠　8. 長　9. 輕　10. 美　11. 早　12. 大

(二) 說出下面各名詞可替代的兩個相反的 SV。

1. 數量 (quantity)　2. 高度 (height)　3. 品質 (quality)
4. 速度　5. 溫度　6. 體重 (weight of body)
7. 距離 (distance)　8. 長度 (length)　9. 重量 (weight)
10. 美的程度　11. 時間　12. 空間 (space)、尺碼、尺寸 (size)

(三) 請填入合適的「兩個相反的 SV」或名詞。

1. a. ＿＿＿＿＿＿多少公尺以上才可以叫高原？
   b. 各位小朋友，請你們按＿＿＿＿＿＿排好，高的在後面，矮的在前面。

2. a. 沙漠地區，白天晚上的 _______ 會差幾十度。
   b. 小孩子不知道 _______，天冷了也不知道加衣服。

3. a. 對不起，你穿八號的，我們沒有這個 _______ 的襯衫。
   b. 這個房間的 _______ 跟我上學期住的一樣大。

4. a. 坐飛機的時候，行李的 _______ 有一定的規定，你的行李太重，恐怕得加不少錢。
   b. 小王說話不知道 _______，常常在長輩面前說不客氣的話，眞沒規矩。

5. a. 那個孩子一出去玩就忘了 _______，連天黑了都不知道回家。
   b. 有的人打電話，不管 _______，連半夜別人已經睡覺了的時候也打，很沒禮貌。

三　…，一方面 (N/PN) 也…　additionally, and also ...

◎這次老闆派我來開會，一方面也了解一下市場上對我們產品的反應。

This time the boss sent me to attend this meeting and also to gain some understanding of the market's reaction to our products.

用法說明：本句型跟「一方面…，一方面…」用法類似，表示做一件事除了有前述原因以外，還附帶有「一方面 (N/PN)也…」後面的這個原因。此原因是附帶的，所以決定性不強，比「…再說…」還弱一點。

Explanation: The usage of this sentence pattern is similar to **一方面…，一方面…**. It shows that, beyond the reasons previously stated or implied, there is another reason, stated after **一方面** (N/PN) **也…**. Since this reason is appendant, not critical, not decisive, the tone is not as strong as …**再說**….

練習　請用「…，一方面 (N/PN)也…」完成下面各句。

1. 革命軍力量太弱，一方面人民也希望安定，所以革命最後沒有成功。
   The revolutionary army's strength was too weak. Additionally, the people wished for stability. So in the end the revolution did not succeed.

2. 我不想參加那個旅行團，那些地方我都去過了，一方面 _______ 也 _______。

3. 這個公寓房租很便宜，一方面＿＿＿＿也＿＿＿＿，所以我決定租了。

4. 我這次去紐約，除了要談生意，看朋友，一方面＿＿＿＿也＿＿＿＿。

5. 我們的產品一出來，就很受歡迎，除了東西的品質好，廣告做得成功，一方面＿＿＿＿也＿＿＿＿。

四　除非 only if, unless 否則

◎除非你能保證不弄壞，否則別想。

Unless you can guarantee that you won't break it, then don't even think about it.

用法說明：「除非」的後面是不可缺少的唯一條件。表示「一定要這樣」，可以跟「才」、「否則」、「要不然」連用。

Explanation: Following **除非** is the only acceptable condition. It shows that no other way is acceptable. This can be used in conjunction with **才**, **否則**, or **要不然**.

練習　請用「除非」完成下面對話。

1. 張：我想跟銀行貸款，你看我借得到嗎？
   Chang: I'm thinking about taking out a loan from the bank. Do you think I'll be able to get it?
   李：除非你的信用好，要不然他們是不會借給你的。
   Lee: Only if your credit is good; otherwise they won't lend it to you.

2. 張：我要怎麼樣，你才能原諒我？
   李：除非＿＿＿＿＿＿＿＿。

3. 張：警察可以隨便抓人嗎？
   李：除非＿＿＿＿＿＿＿＿。

4. 張：這個工作，薪水不錯，你眞的不想做下去了嗎？
   李：除非＿＿＿＿＿＿＿＿。

5. 張：今天天氣不好，棒球賽會改時間嗎？
   李：除非＿＿＿＿＿＿＿＿。

五 …，主要的是… the main/principal issue is ....

◎原因很多，主要的是我們的大資本家比較少。
There are many reasons. The main one is that there aren't many big investors.

用法說明：「主要的是」的後面是一種情況或東西，這個情況或東西是前面提到事情的最大原因或構成部分。

Explanation: Following **主要的是** is a situation or thing that is the biggest reason or factor for the previously mentioned situation.

練習 請用「主要的是…」完成下面各句。

1. 你這次沒考好，題目也許難了一點，不過主要的是你準備得不夠。
   The reason you tested poorly this time could be because the questions were a little more difficult, however, the main reason is because you did not properly prepare.
2. 這次晚會準備的節目很多，主要的是＿＿＿＿＿＿＿＿。
3. 我們工廠製造的產品種類很多，主要的是＿＿＿＿＿＿＿＿。
4. 這位教授上課很有意思，可是我選這門課，主要的是＿＿＿＿＿＿＿＿。
5. 這家公司做不下去就關門了，除了工人罷工，主要的是＿＿＿＿＿＿＿＿。

六 NP（之）所以…，是因為…
the reason that NP..., is because ...

◎臺灣之所以能有這麼好的成績，是因為各方面都配合得不錯。
The reason Taiwan is as successful as it is is because each aspect was very well coordinated.

用法說明：本來是「因爲…，所以…」的句型，倒過來說成「NP（之）所以…，是因爲…」是爲了突顯原因或理由。

Explanation: The original pattern is **因爲…，所以…**, which has been flipped to become NP **(之)所以…，是因爲…**. This reversal of the order of the cause and result gives greater emphasis to the cause.

練習　請用「NP（之）所以…，是因為…」回答下面問題。

1. 老高他們工廠的工人是因爲工作環境不理想，才罷工的嗎？
   Are workers at Old Gao's factory on strike because the work environment is not ideal?
   →不是，他們之所以罷工，是因爲薪水太低。
   No. They are on strike because their salary is too low.

2. 那個大學不太有名，你弟弟爲什麼要念呢？
   ____

3. 你們工廠的網球拍做得這麼好，怎麼沒外銷呢？
   ____

4. 既然你姐姐不喜歡工作，爲什麼還要出來上班呢？
   ____

5. 張先生第一次出來競選，大家都不太認識他，你爲什麼要投他呢？
   ____

七　…不說，還…　It goes without saying ..., beyond that/ what's more (don't even mention ..., even ...)

◎…工人的工資漲了不說，有時候還要罷工…

Not to mention that worker's salaries have increased, furthermore they go on strike...

用法說明：「不說」的前面是大家公認的事實，「還」的後面是比說話者預期程度更高的情況。

Explanation: Preceding **不說** is something that is generally recognized by everybody, and following **還** is a situation that goes beyond the speaker's expectations that are based on this generally recognized fact.

練習　請用「…不說，還…」完成下面各句。

1. 那部連續劇劇情無聊不說，演員的演技還很爛，當然沒人看。
It goes without saying that that television series is boring. Beyond that, the acting is terrible. Of course nobody watches it.

2. 弟弟考壞了，你不安慰他不說，還＿＿＿＿＿＿＿＿＿＿，實在不像哥哥！

3. 這個網球拍品質差不說，還＿＿＿＿＿＿＿＿＿＿，誰願意買啊！？

4. 九號今天表現眞差，投籃老投不進不說，還＿＿＿＿＿＿＿＿＿＿。

5. 老張的壞習慣太多了，抽菸、喝酒不說，還＿＿＿＿＿＿＿＿＿＿。

八　歎詞「哼」的用法　The use of Intrjection 哼

◎哼！小氣鬼！
Hmmph! Miser!

用法說明：「哼」語調低降、短促，表示不滿、不屑或氣憤。

Explanation: **哼** is said low , falling, and short. It shows a feeling of dissatisfaction, disdain, or anger.

練習　請根據所給情況用「哼」表示不滿或氣憤。

1. 你請朋友去看電影，朋友不願意去，你很不高興。
You invite your friend to see a movie, but your friend doesn't want to go. You are very unhappy.
→哼！不去就算了！
Hmmph! If you don't want to go, then forget it!

2. 弟弟說他有一次釣了一條八十磅的魚，你不相信。
＿＿＿＿＿＿＿＿＿＿＿＿＿＿＿＿＿＿＿＿

3. 聽姐姐說男朋友要跟她分手，你覺得那個人很可惡。
＿＿＿＿＿＿＿＿＿＿＿＿＿＿＿＿＿＿＿＿

課室活動

一、角色扮演

請兩位同學來表演，一個演工廠老闆，一個演工人代表。工人們因為物價漲了，要求加薪。老闆因為經濟不景氣，工廠不賺錢，不答應加薪，工人就開始罷工。已經罷工兩天了，老闆為了解決問題跟工人代表談話。請演出來他們怎麼談話。

可能用到的詞：

關閉 (guānbì, to close up, to shut down), 讓步 (to yield), 仲裁 (jhòngcái) (zhòngcái, to arbitrate; arbitration), 條件 (conditions, requirements), 賠償 (péicháng, to compensate; compensation)

二、討論問題

1. 你覺得一個國家的經濟應該由政府來計劃、領導，還是應該讓經濟自由發展？為什麼？
2. 學生如果認為學校或老師有些做法不對，可以罷課嗎？你會參加嗎？為什麼？
3. 經濟不景氣對你的生活品質有沒有影響？你會改變你的休閒活動嗎？為什麼？

短文　黃老闆的感慨[1]

附近的小學放學了，一大群[2]孩子擠進黃老闆兒子的便利商店[3]，有的買可樂，有的買巧克力[4]，個個看起來都好像有用不完的零用錢。黃老闆看兒子忙著算帳、收錢，心裡有很多感慨：現在的孩子真幸福[5]！

好不容易送走了這些小客人，總算可以輕鬆一下了。黃老闆想起自己小時候，二次大戰剛結束，政府才遷台，一切建設還沒開始，人人都窮[6]得不得了。沒見過可樂、巧克力不說，雞、鴨、魚、肉，還要等過年的時候才吃得到。哪兒像現在的人，因為怕胖而只吃青菜，不敢吃大魚大肉呢?!

他記得好像在七０年代，台灣的十大建設[7]一個一個地完成[8]，經濟開始起飛，大家越來越有錢，生活比以前舒服了。社會上一般人的想法也改變了。從前雖然窮，可是大家互相關心、互相照顧，現在的人卻一切只看錢，不再重視道德[9]、理想。「台灣奇蹟」雖然讓人覺得驕傲[10]，可是他還真懷念[11]從前那種窮卻溫暖的日子。

Vocabulary:

1. 感慨 (gănkăi): extremely powerful, maudlin or sentimental feelings
2. 群 (cyún) (qún): group
3. 便利商店 (biànlì shāngdiàn): convenience store
4. 巧克力(ciăokèlì) (qiăokèlì): chocolate
5. 幸福 (sìngfú) (xìngfú): fortunate, lucky
6. 窮 (cyóng) (qióng): to be poor
7. 十大建設 (shíh dà jiànshè) (shí dà jiànshè): ten big government sponsored construction projects in Taiwan in the 1970's
8. 完成 (wánchéng): to finish, complete
9. 道德 (dàodé): morality
10. 驕傲 (jiāo'ào): to be proud
11. 懷念 (huái'niàn): to miss, to reminisce

黃老闆的感慨[1]

附近的小學放學了，一大群[2]孩子擠進黃老闆兒子的便利商店[3]，有的買可樂，有的買巧克力[4]，個個看起來都好像有用不完的零用錢。黃老闆看兒子忙著算帳、收錢，心裡有很多感慨：現在的孩子真幸福[5]！

好不容易送走了這些小客人，總算可以輕鬆一下了。黃老闆想起自己小時候，二次大戰剛結束，政府才遷台，一切建設還沒開始，人人都窮[6]得不得了。沒見過可樂、巧克力不說，雞、鴨、魚、肉，還要等過年的時候才吃得到。哪兒像現在的人，因為怕胖而只吃青菜，不敢吃大魚大肉呢？！

他記得好像在七〇年代，台灣的十大建設[7]一個一個地完成[8]，經濟開始起飛，大家越來越有錢，生活比以前舒服了，社會上一般人的想法也改變了。從前雖然窮，可是大家互相關心、互相照顧。現在的人卻一切只看錢，不再重視道德[9]理想。「台灣奇蹟」雖然讓人覺得很驕傲[10]，可是他還真懷念[11]從前那種窮卻溫暖的日子。

第十課　交通的問題

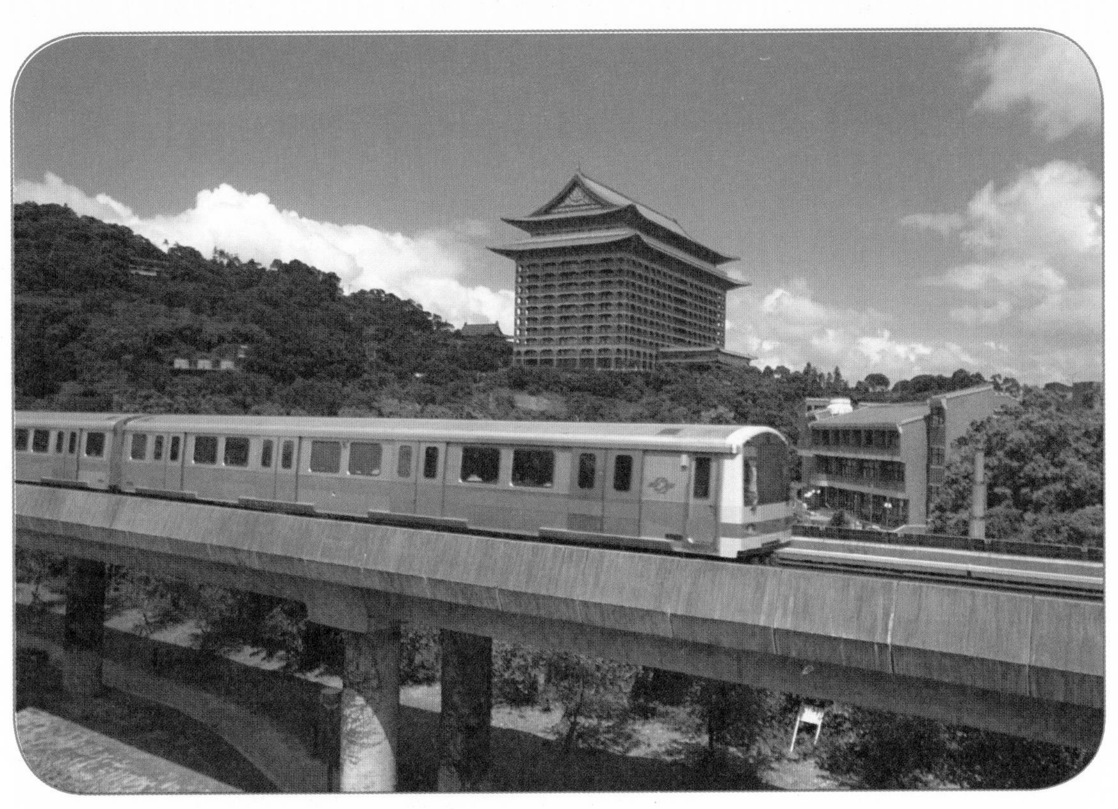

臺北的捷運（新聞局提供 葉銘源攝）

（活動中心外面）

偉立：欸？那個穿紅上衣的是不是美真？

建國：我也不敢確定，我來叫叫看。（大聲）謝美真！

美眞（轉頭）：原來是你們。怎麼都在這兒？

偉立：我上完課，**剛**一出教室，**就**碰到了建國。我們看太陽這麼好，就決定來這兒曬曬太陽，聊聊天。

美眞：太陽一出來，就有男生脫了上衣、女生脫了鞋子，隨便找個地方坐下曬太陽，我看了真不習慣[1]。

建國：看多了就習慣了。好久沒看見你了，忙什麼啊？

美眞：期中考跟報告啊！另外就是幫同學會收捐款。

建國：噢，對了！我收到通知了。你說**的**捐款**就是**給那對出車禍的夫婦的吧？

偉立：怎麼回事兒？誰出車禍了？

美眞：有一對留學生夫婦，上個週末帶著孩子開車出去玩，回來的時候，遇上一場大雨。大概因為路滑，又看不清楚，就撞上了對面來的大車。先生來不及急救，當場就死了。

偉立：太太怎麼樣？

美眞：太太昏迷不醒，被抬上救護車送到醫院動手術，輸了很多血，因為傷得太重，成了植物人了。唉，好好的一對夫妻，一死一傷，真可憐！

建國：孩子呢？

美眞：他坐在後座，只是輕傷，在急診室擦了點藥，當天就出院了。可是很多事情學校沒辦法處理，已經通知他們在台灣的家人了。

建國：為什麼捐錢呢？他們的經濟情況不好嗎？

美眞：這對夫婦**靠**獎學金跟太太打工賺的錢**生活**。雖然平常很節省，還是沒留下什麼錢。而且這個孩子才**十**歲，父母又都出了事，所以我們想捐點錢好幫助他。

偉立：真可憐！我也捐一點兒吧！

※　※　※　※　※　※

（在酒館）

陸康：上個周末我開車去看朋友，沒想到他們那兒的交通那麼亂。我在市區找了半天，也沒看見一個停車位，而且我發現停車費都貴得不得了。

偉立：你下次去，把車停在郊區的停車場，再坐地下鐵進市區，**既**省錢又省時間。

陸康：這倒是個好辦法。欸，對了，美真，給那對夫婦的捐款，你收到多少了？

美眞：大概四千五百塊**左右**，應該會超過五千塊。

陸康：因為地方報上也登了這個消息，大家都很同情他們，現在**不止**是我們學校的學生，連一般市民也捐錢了。

美眞：這裡的馬路很寬，路況也很好，大家也都遵守交通規則[2]，要不是下雨路滑，大概不會出這麼大的車禍。

中華民國交通標誌
Traffic Signs

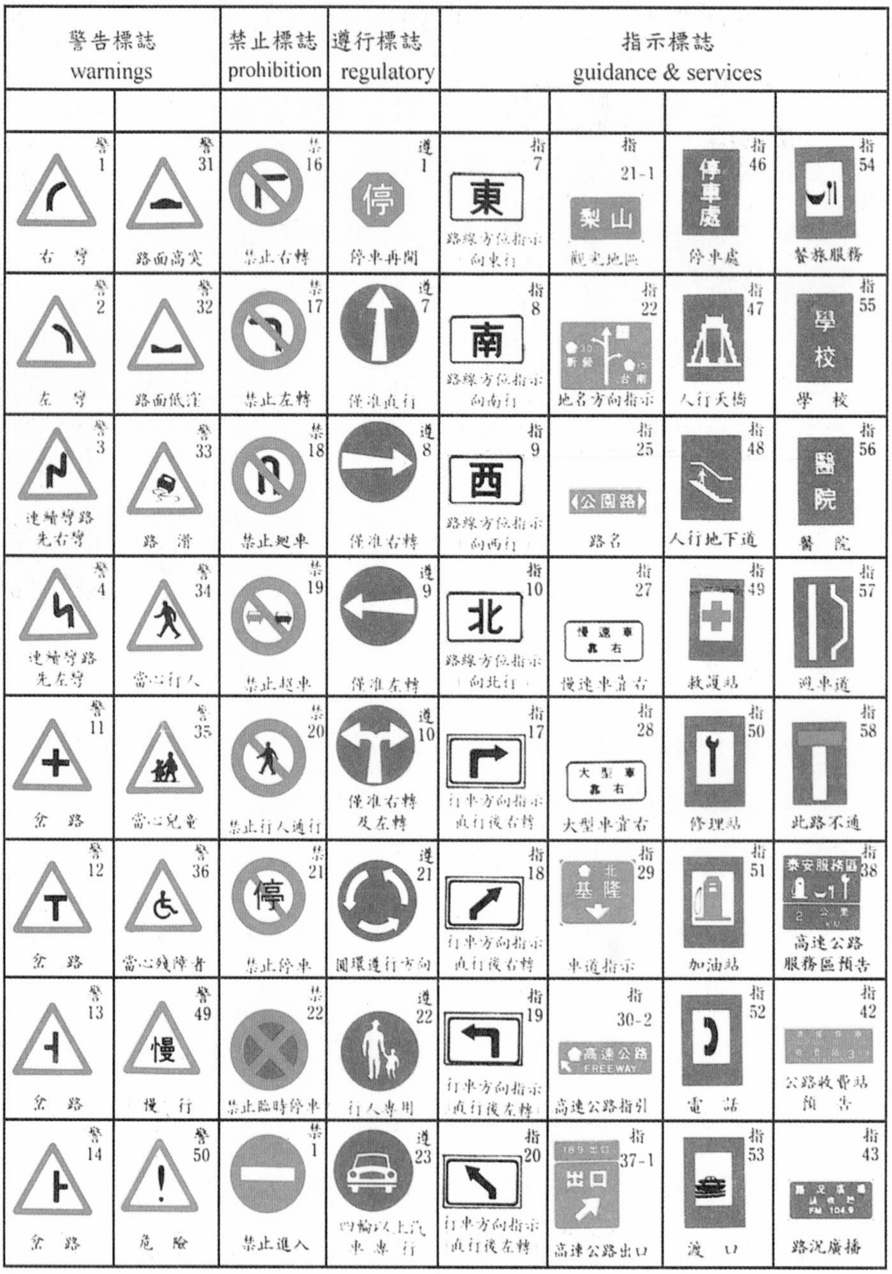
警告標誌 warnings
禁止標誌 prohibition
遵行標誌 regulatory
指示標誌 guidance & services
警1 右彎
警31 路面高突
禁16 禁止右轉
遵1 停 停車再開
指7 東 路線方位指示 向東行
指21-1 梨山 觀光地區
指46 停車處 停車處
指54 餐旅服務
警2 左彎
警32 路面低窪
禁17 禁止左轉
遵7 僅准直行
指8 南 路線方位指示 向南行
指22 地名方向指示
指47 人行天橋
指55 學校 學校
警3 連續彎路先右彎
警33 路滑
禁18 禁止迴車
遵8 僅准右轉
指9 西 路線方位指示 向西行
指25 公園路 路名
指48 人行地下道
指56 醫院 醫院
警4 連續彎路先左彎
警34 當心行人
禁19 禁止超車
遵9 僅准左轉
指10 北 路線方位指示 向北行
指27 慢速車靠右 慢速車靠右
指49 救護站
指57 避車道
警11 岔路
警35 當心兒童
禁20 禁止行人通行
遵10 僅准右轉及左轉
指17 行車方向指示 直行後右轉
指28 大型車靠右 大型車靠右
指50 修理站
指58 此路不通
警12 岔路
警36 當心殘障者
禁21 停 禁止停車
遵21 圓環遵行方向
指18 行車方向指示 直行後右轉
指29 北 基隆 車道指示
指51 加油站
指38 泰安服務區 2公里 高速公路服務區預告
警13 岔路
警49 慢 慢行
禁22 禁止臨時停車
遵22 行人專用
指19 行車方向指示 直行後左轉
指30-2 高速公路 FREEWAY 高速公路指引
指52 電話
指42 公路收費站預告
警14 岔路
警50 危險
禁1 禁止進入
遵23 四輪以上汽車專行
指20 行車方向指示 直行後左轉
指37-1 189出口 出口 高速公路出口
指53 渡口
指43 FM 104.9 路況廣播

中華民國交通標誌 (Traffic Signs)

■停車場前的牌子（范慧貞提供）

偉立：會不會是他的速度太快，煞車煞不住，才出事的？

陸康：也有可能。難怪警察常常抓那些超速的。

偉立：我從來不開快車，可是有一次參加派對，喝了一點酒，開車回家的時候，被警察抓到，開了一張罰單，真划不來。

美眞：誰叫你違反交通規則？！酒後開車真的很危險，所以臺灣對酒後開車的人處罰也很重[3]。另外還有超速、闖紅燈、亂超車，也都罰得很多。

陸康：我最怕的是摩托車，塞車的時候，鑽來鑽去，甚至於騎上人行道[4]。

偉立：怎麼會這樣？

陸康：你不知道，路上車多的話，騎摩托車上下班反而方便。

美眞：就是這麼亂，所以我雖然有駕照，還是不敢開車[5]。

陸康：台北的捷運建好了以後，交通情況不是好了很多嗎？

美眞：對啊。我就搭捷運，不必開車了。

陸康：欸，這邊的駕照，你考了嗎？

美眞：下禮拜三才考。

陸康：你去考試的時候，看到「停車再開」的標誌[6]，**千萬**別忘了停車，也別忘了一上車就繫安全帶。[7]

美眞：謝謝，我會注意的。

■信義快速道路（台北市政府工務局新工處 鄭乃元攝）

生詞及例句

1 確ㄑㄩㄝˋ定ㄉㄧㄥˋ (cyuèdìng) (quèdìng)　V：to confirm, to be sure

你確定丁小姐上飛機了嗎？為什麼名單上沒有她的名字呢？

2 捐ㄐㄩㄢ款ㄎㄨㄢˇ (jyuān//kuǎn) (juān//kuǎn)

VO/N：to donate money, contribute money/money donations; contribution（M：筆）

(1)那幾位企業家答應捐款，幫助沒有錢上大學的人。
(2)這幾筆捐款都是校友捐的，每筆一萬塊。

3 車ㄔㄜ禍ㄏㄨㄛˋ (chēhuò)　N：traffic or road accident　(出, 發生)

在高速公路上開車，很容易睡著，不小心就發生車禍了。

4 夫ㄈㄨ婦ㄈㄨˋ (fūfù)　N：husband and wife, married couple（M：對）

去年的聖誕派對，老闆夫婦不但來參加了，還送了每個人一份禮物。

5 遇ㄩˋ上ㄕㄤˋ (yù//·shàng)　RC：to meet, to run into, run across

我們在日本旅行的時候，沒想到遇上了大地震。

6 撞ㄓㄨㄤˋ上ㄕㄤˋ (jhuàng·shàng) (zhuàng·shàng)

RC：to meet by chance, bump into by accident

我第一次開車出去，看到對面有大車開過來，一緊張，就撞上了路邊的一棵大樹。

撞ㄓㄨㄤˋ (jhuàng) (zhuàng)　V：to run into, to collide with, to bump

聽說牛生氣的時候會用頭撞人，是真的嗎？

撞ㄓㄨㄤˋ到ㄉㄠˋ (jhuàng//·dào) (zhuàng//·dào) RC：bump into, hit by accident

剛剛那場籃球賽，三號搶球的時候，不小心撞到了對方的頭。

撞ㄓㄨㄤˋ球ㄑㄧㄡˊ (jhuàngcióu) (zhuàngqiú) N：billiards, pool

要把不同顏色的球先後打進洞 (dòng, a hole) 並不容易，所以打撞球也需要技術。

7 對ㄉㄨㄟˋ面ㄇㄧㄢˋ (duèimiàn) (duìmiàn) PW：right in front, opposite or facing side

學校前面的公車不到你家，你應該到對面去坐。

8 當ㄉㄤ場ㄔㄤˇ (dāngchǎng) A：on the spot, then and there

聽說得了最佳女主角獎，李小姐高興得當場就哭起來了。

當ㄉㄤ天ㄊㄧㄢ (dāngtiān) TW：on the same day, that day

臺中離臺北不遠，早上去，當天就可以回來。

當ㄉㄤ時ㄕˊ (dāngshíh) (dāngshí) TW：at that time, then

我表弟對客人很不禮貌，當時我姑姑沒說什麼，客人走了以後，才罵了他一頓。

當ㄉㄤ地ㄉㄧˋ (dāngdì) AT：in that area, locally

去旅行的時候，如果不習慣當地的食物，會很麻煩。

9 昏ㄏㄨㄣ迷ㄇㄧˊ不ㄅㄨˋ醒ㄒㄧㄥˇ (hūnmí bù sǐng) (hūnmí bù xǐng)

IE：to be unconscious, in a coma, comatose

小林吃錯了藥，昏迷不醒已經兩天了，不管怎麼叫他，他都沒有反應。

昏ㄏㄨㄣ倒ㄉㄠˇ (hūndǎo) RC：to faint, to pass out

李愛美怕胖，沒吃早飯就去跑步運動。沒跑多久，頭暈、腳軟，就昏倒了。

10 抬ㄊㄞˊ (tái)

V：to lift, to raise (part of one's body); to lift, to carry (an object by two or more people)

那個冰箱太重，兩個人恐怕也抬不動。

抬ㄊㄞˊ頭ㄊㄡˊ (tái//tóu) VO：to raise one's head, to look up

我做錯了事，覺得不好意思，所以不敢抬起頭來。

11 救ㄐㄧㄡˋ護ㄏㄨˋ車ㄔㄜ (jiòuhùchē) (jiùhùchē) N：ambulance（M：輛 / 部）

救ㄐㄧㄡˋ (jiòu) (jiù) V：to rescue, save, salvage

看見孩子掉進河裡，小王就馬上跳下去救孩子。

急ㄐㄧˊ救ㄐㄧㄡˋ (jíjiòu) (jíjiù) V/N：first aid, emergency aid

(1) 小王因為失戀想不開而吃藥自殺，室友把他送到醫院去急救。醫生說幸虧送得快，要不然恐怕就救不活了。
(2) 中學的時候有一門課，教我們急救常識，碰到有人受傷、昏倒，就知道怎麼救他們了。

護ㄏㄨˋ士ㄕˋ (hùshìh) (hùshì) N：(hospital) nurse

如果病人太重，你抬不動，可以找男護士來幫你。

救ㄐㄧㄡˋ火ㄏㄨㄛˇ (jiòu//huǒ) (jiù//huǒ) VO：to fight a fire, to put out a fire

喂，喂，喂，你們快派人來救火，要不然火越來越大，就沒辦法控制了。

救ㄐㄧㄡˋ火ㄏㄨㄛˇ車ㄔㄜ / 消ㄒㄧㄠ防ㄈㄤˊ車ㄔㄜ (jiòuhuǒchē)/(siāofángchē) (jiùhuǒchē)/(xiāofángchē) N：fire truck, fire engine（M：輛 / 部）

12 醫ㄧ院ㄩㄢˋ (yīyuàn) N：hospital（M：家）

出ㄔㄨ院ㄩㄢˋ (chū//yuàn) VO：to leave a hospital, be discharged from a hospital

住院 (jhù//yuàn) (zhù//yuàn)

VO：to be hospitalized, be admitted to a hospital for treatment

我們才聽說李主任生病住院了，去醫院看他，他卻已經出院了。

13 動手術／開刀 (dòng//shǒushù)(kāi//dāo)

VO：to operate on a patient, to perform surgery; to have surgery performed

老王鼻子裡長了一個東西，醫生說得動手術拿出來。

手術 (shǒushù) N：surgical operation, surgery

老林決定開刀，是因為醫生說，如果手術成功的話，他的病就不會再犯了。

手術房／開刀房 (shǒushùfáng)(kāidāofáng)

N: operating room

14 輸血 (shūsiě) (shū//xiě) VO：to transfuse blood

血 (siě) (xiě) N：blood

流血 (lióu//siě) (liú//xiě) VO：to bleed

xúe xié
血型 = blood type
A, B, AB, O

小李受傷了，流了很多血，在醫院開刀的時候，醫生給他輸了很多血。

捐血 (jyuān//siě) (juān//xiě) VO：to donate blood

醫院的血不夠了，希望大家去捐血。

15 植物人 (jhíhwùrén) (zhíwùrén)

N："human vegetable," person in a coma

小陳的弟弟是植物人，全身都不會動，得靠他照顧。

植ㄓˊ物ㄨˋ (jhíhwù) (zhíwù)　N：plant, vegetation

植物也是有生命的，不管樹啊，花啊，草啊，都應該好好地照顧。

16 夫ㄈㄨ妻ㄑㄧ (fūcī) (fūqī)　N：husband and wife（M：對）

妻ㄑㄧ子˙ㄗ (cī·zih) (qī·zi)　N：wife

這對夫婦感情非常好，所以太太快死的時候，對先生說：「真希望我們下輩子還能做夫妻。」

未ㄨㄟˋ婚ㄏㄨㄣ夫ㄈㄨ (wèihūnfū)　N：fiance (male)

王小姐上個禮拜才訂婚，昨天就跟著未婚夫出國留學了。

未ㄨㄟˋ婚ㄏㄨㄣ妻ㄑㄧ (wèihūncī) (wèihūnqī)　N：fiancee (female)

17 後ㄏㄡˋ座ㄗㄨㄛˋ (hòuzuò)　N：back seat

前ㄑㄧㄢˊ座ㄗㄨㄛˋ (ciánzuò) (qiánzuò)　N：front seat

出車禍的時候，坐在前座比坐在後座危險嗎？

18 輕ㄑㄧㄥ傷ㄕㄤ (cīngshāng) (qīngshāng)　N：light injury, minor wound

重ㄓㄨㄥˋ傷ㄕㄤ (jhòngshāng) (zhòngshāng)　N：serious wound, major injury

報上說上次颱風來的時候，死了四個人，重傷一個，輕傷七個。

19 急ㄐㄧˊ診ㄓㄣˇ室ㄕˋ (jíjhěnshìh) (jízhěnshì)　N：emergency room

救護車送來的病人，一定要先送到醫院的急診室去急救。

急ㄐㄧˊ診ㄓㄣˇ (jíjhěn) (jízhěn)　N：an emergency case; an emergency treatment

現在已經過了醫院的掛號時間，可是你燒得這麼高，我們趕快去掛急診。

20 處ㄔㄨˇ理ㄌㄧˇ (chǔlǐ) V：to deal with, manage, handle

你們公司忽然發生事情的時候，由誰來處理？

21 節ㄐㄧㄝˊ省ㄕㄥˇ (jiéshěng) SV/V：to be economical, frugal/ to save, economize

(1) 老趙雖然很有錢，可是一毛錢都不隨便亂花，節省得不得了。
(2) 為了節省時間，開會的時候，有意見請大家長話短說。

22 停ㄊㄧㄥˊ車ㄔㄜ位ㄨㄟˋ (tíngchēwèi) N：parking space

停ㄊㄧㄥˊ車ㄔㄜ費ㄈㄟˋ (tíngchēfèi) N：parking fee

這裡的停車費是按小時算的。

停ㄊㄧㄥˊ車ㄔㄜ場ㄔㄤˇ (tíngchēchǎng) N：parking lot

這個停車場很大，有三千個停車位。

23 地ㄉㄧˋ（下ㄒㄧㄚˋ）鐵ㄊㄧㄝˇ [dì(sià)tiě] [dì(xià)tiě] N：subway（M：條）

為了解決上下班塞車的問題，市政府決定建兩條地（下）鐵。

24 左ㄗㄨㄛˇ右ㄧㄡˋ (zuǒyòu) A：approximately, "or so"

從這裡開車到飛機場，大概要一個鐘頭左右。

25 超ㄔㄠ過ㄍㄨㄛˋ (chāoguò) V：to surpass, to be greater than

我們學校規定修 (to study to earn) 滿 128 個學分就能畢業，我已經修了 130 個了，超過了。

26 登ㄉㄥ (dēng) V：to place (an ad, etc.); to climb (a mountain, etc.)

(1) 我想把舊車賣了，買新車，就在報上登了一個賣車的廣告。
(2) 報上說，一位我國登山隊的隊員，已經登上了世界最高的山。

27 不ㄅㄨˋ止ㄓˇ (bùjhǐh) (bùzhǐ) A：not only, more than

小高在旅行社當導遊，歐洲已經去了不止二十次了，所以要求老闆不要再派他帶歐洲團。

28 寬ㄎㄨㄢ (kuān) SV：wide

這條河太寬了，從這邊都看不到那邊。

29 路ㄌㄨˋ況ㄎㄨㄤˋ (lùkuàng) N：road conditions, traffic conditions

開車上路以前，最好先了解一下路況。

情ㄑㄧㄥˊ況ㄎㄨㄤˋ／情ㄑㄧㄥˊ形ㄒㄧㄥˊ (cíngkuàng/cíng·síng) (qíngkuàng/qíng·xíng)

N：state of affairs, condition, circumstance

他開刀以後，情況不錯，應該很快就可以出院了。

30 交ㄐㄧㄠ通ㄊㄨㄥ規ㄍㄨㄟ則ㄗㄜˊ (jiāotōng gueīzé) (jiāotōng guīzé)

N：traffic rules, traffic laws

我不懂這裡的交通規則，所以不敢在這裡開車。

規ㄍㄨㄟ則ㄗㄜˊ (gueīzé) (guīzé) N：rules, regulations

玩捉迷藏 (jhuō mícáng) (zhuō mícáng, hide-and-seek) 的時候，沒有數 (shǔ, to count) 到十，不可以張開眼睛，你怎麼可以不遵守遊戲規則？

31 速ㄙㄨˋ度ㄉㄨˋ (sùdù) N：speed, velocity; tempo (in music)

我哥哥看書的速度很快，別人三個小時看完的書，他兩個小時就看完了。

32 煞ㄕㄚˋ車ㄔㄜ (shà//chē) VO/N：to apply brakes in a vehicle/ brakes

(1) 紅燈亮了，你沒看見嗎？趕快煞車！
(2) 這部車的煞車一定有問題，要不然怎麼停不住？

33 超ㄔㄠ 速ㄙㄨˋ (chāosù) V：to surpass the speed limit

你別開太快，小心超速了，警察來抓你。

超ㄔㄠ 車ㄔㄜ (chāo//chē) VO：to pass a car

老丁太太快生了，他為了趕到醫院去，一連超了好幾部車。

34 開ㄎㄞ 罰ㄈㄚˊ 單ㄉㄢ (kāi//fádān) VO：to write out a ticket for a violation

我找不到停車位，只好把車停在店門口。沒想到才幾分鐘，就被開了罰單，要罰我二十塊呢！

開ㄎㄞ (kāi) V：to fill out, to write out, to issue

我帶的現金 (cash) 不夠，開張支票給你，行不行？

罰ㄈㄚˊ 單ㄉㄢ (fádān) N：ticket for a violation, fine（M：張）

怎麼回事？你怎麼老是亂停車、超速，罰單又來了。

處ㄔㄨˇ 罰ㄈㄚˊ (chǔfá) V/N：to punish, penalize/punishment, penalty

(1) 我做錯了，媽媽就不許我看電視；弟弟也做錯了，媽媽怎麼不處罰他？
(2) 你沒犯什麼大錯，處罰不會太重的。

罰ㄈㄚˊ (fá) V：to punish, fine, penalize

如果你不早一點來，我們就要罰你洗碗。

35 划ㄏㄨㄚˊ 不ㄅㄨˋ 來ㄌㄞˊ (huá·bùlái) RC：not worthwhile, not worth it

你因為小陳沒跟你道歉，就氣得不吃飯，划得來划不來？！

划ㄏㄨㄚˊ 船ㄔㄨㄢˊ (huá//chuán) VO：to row a boat

昨天划船比賽的時候，小王的動作跟別的隊員不能配合，我們划不快，就輸了。

36 違ㄨㄟˊ反ㄈㄢˇ (wéifǎn) V：to violate; against

我們最好簽個合約，將來有人違反合約的話，就可以按照合約上的規定來處理。

37 闖ㄔㄨㄤˇ紅ㄏㄨㄥˊ燈ㄉㄥ (chuǎng//hóngdēng) VO：to go through a red light

你為什麼看到紅燈還往前開？闖紅燈是要罰錢的呀！

闖ㄔㄨㄤˇ (chuǎng) V：to rush in, to intrude

我們正在開會討論事情，他沒敲門就闖了進來。

38 摩ㄇㄛˊ托ㄊㄨㄛ車ㄔㄜ／機ㄐㄧ車ㄔㄜ (mótuōchē)/(jīchē)

N：motorcycle, motor scooter（M：輛 /部）

有人騎摩托車，因為怕熱而不戴安全帽；但是熱得流汗總比不戴帽而受傷流血好。

39 鑽ㄗㄨㄢ (zuān) V：to pierce, to penetrate, to worm into, to bore, to go through

有風從門下面鑽進來，難怪房間裡這麼冷！

40 人ㄖㄣˊ行ㄒㄧㄥˊ道ㄉㄠˋ (rénsíngdào) (rénxíngdào)

N：sidewalk, pedestrian path

單ㄉㄢ行ㄒㄧㄥˊ道ㄉㄠˋ (dānsíngdào) (dānxíngdào) N：one-way street

我知道我們走錯路了，可是這是單行道，只能往前開，等下一個路口再轉回來。

快ㄎㄨㄞˋ車ㄔㄜ道ㄉㄠˋ (kuài chēdào) N：fast lane

慢ㄇㄢˋ車ㄔㄜ道ㄉㄠˋ (màn chēdào) N：slow lane

司機先生，我快要到了。麻煩你走慢車道，如果你走快車道，等一下我就沒辦法下車了。

地ㄉㄧˋ下ㄒㄧㄚˋ道ㄉㄠˋ (dìsiàdào) (dìxiàdào)

N：underpass (at urban intersections for pedestrians)

為了安全，我們最好走人行道，如果要過馬路就走地下道。

41 駕ㄐㄧㄚˋ照ㄓㄠˋ（駕ㄐㄧㄚˋ駛ㄕˇ執ㄓˊ照ㄓㄠˋ）
(~~jiàjhào~~) (~~jiàshǐh jhíhjhào~~) (jiàzhào) (jiàshǐ zhízhào)

N：driver's license

你沒有駕照，怎麼可以開車啊？

執ㄓˊ照ㄓㄠˋ (~~jhíhjhào~~) (zhízhào) N：license

雖然你是法律系畢業的，可是還沒考上執照，不能當律師。

42 捷ㄐㄧㄝˊ運ㄩㄣˋ (jiéyùn) N：rapid transit system

捷運建好以後，由於交通方便，郊區的房價也漲了很多。

43 搭ㄉㄚ (dā) V：take; to travel by

搭公車太慢，計程車太貴，還是搭捷運好，又快又方便。

44 標ㄅㄧㄠ誌ㄓˋ (biāojhìh) (biāozhì) N：sign

你看到這個標誌，就應該知道在這裡不可以抽菸。

45 千ㄑㄧㄢ萬ㄨㄢˋ (ciānwàn) (qiānwàn)

A：by all means, definitely (for imperative sentences)

(1) 你千萬要記得吃藥，要不然病不容易好。
(2) 你千萬別一個人去滑雪，太危險了。

46 繫ㄐㄧˋ (jì) V：to bind, to tie

你的鞋帶鬆了，快繫好。

注釋

1. … **男生脫了上衣，女生脫了鞋子，隨便找個地方坐下曬太陽，我看了眞不習慣。** Chinese don't regard dark skin as beautiful. See Note 5 in Lesson 9, Vol. III. Secondly, in Chinese society it is considered very impolite and embarrassing to be unclothed in public, even for men to go shirtless or either sex to go without shoes. Many Chinese are not used to seeing people half-clothed and getting a suntan.
2. **遵守交通規則** means "obey the traffic regulations." Many people in Taiwan do not strictly follow traffic regulations. However, enforcement of these regulations is gradually becoming stricter.
3. **臺灣對酒後開車的人處罰也很重。** In Taiwan it was not until January 1991 that the law prohibiting driving under the influence of alcohol was effectively enforced. At that time the fine for this offense was increased and "breathalyzer" tests were introduced.
4. … **摩托車，塞車的時候，鑽來鑽去，甚至於騎上人行道。** In Taiwan, the streets are crowded with all kinds of vehicles during the rush hour. Many people try to get around traffic jams by riding a motorcycle and zigzagging between cars. Often people chose to travel to work by motorcycle than by car because of this reason and because it is easier to find a parking space for a motorcycle.
5. **我雖然有駕照，還是不敢開車。** Many Taiwanese people learn how to drive by taking lessons in private driving schools, where they learn in special practice lots. Then they get their driver's license by passing a road test within an examination compound. So, sometimes licensed drivers still have little or no experience driving on public streets, confronting actual traffic situations. There is a proposal to administer driving tests on actual city streets; however, due to the issue of safety, an appropriate location has not been established.
6. **「停車再開」的標誌** refers to the "stop" sign.
7. **繫安全帶** Regulations concerning the use of seat belts in Taiwan stipulates that everyone in the front seat must wear safety belts when driving on the expressway, but there are no regulations for normal driving conditions. Therefore few people have the habit of automatically wearing their safety belt up as soon as they get in to the car.

文法練習

一 剛（一）……，就……
As soon as,/Just as...... (then) ......

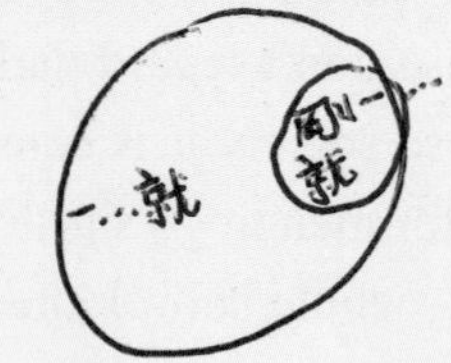

◎我上完課，剛一出教室，就碰到建國。
I finished my class. Just as I walked out of the classroom, I bumped into Jian Guo.

用法說明：表示「剛（一）」後面的情況或動作才結束，「就」後面的情況或動作馬上發生。只能用來敘述過去的事情。

Explanation: This shows that the action or situation stated after 剛（一）had just ended when the action or situation stated after 就 began. This pattern can only be used to describe actions which have already occurred.

練習 Exercises

（一）請用「剛(一)……，就……」改寫下面各句。

1. 我去年放暑假的第一天，就開始打工賺學費了。
   Last summer I started to work on the first day of vacation in order to earn my tuition.
   →我去年剛一放暑假，就開始打工賺學費了。
   Last summer, I started to work just as soon as vacation started in order to earn my tuition.

2. 天氣眞糟糕，才下完雨，又颳起風來了。
   ____

3. 這些孩子眞可惡，我打掃好房間才一會兒，他們又弄亂了。
   ____

4. 小林走出銀行大門就被搶了，來不及看清楚搶他的人是什麼樣子。
   ____

qiāo mén = knock on the door

5. 老張離婚才兩個禮拜，已經交了新的女朋友了。

____

(二) 請改正下面各句。

1. 我打算剛一辦好簽證，就去訂機票。

____

2. 小王每個月剛一拿到薪水，就去大吃一頓。

____

二　NP+V 的 (N) 就是……

◎你說的捐款就是給那對出車禍的夫婦的吧？

The donations you're talking about is for the couple that had the car accident, isn't it?

用法說明：「就是」的後面是對所提到的事加以確定。

Explanation: Following **就是** is further description of a previously mentioned topic. Similar to the phrase "is none other than," it serves to add emphasis to the statement.

練習　請用「NP+V 的 (N) 就是……」完成下面對話。

1. 中國人：美國有一個節日，是爲了紀念印第安人對你們祖先的幫助，我忘了叫什麼了。

   Chinese person: America has a holiday which commemorates the help American Indians gave to your forefathers. I forget what it is called.

   美國人：你說的就是感恩節。

   American person: What you're thinking of is Thanksgiving.

2. 張：我聽說現在流行一種毒品，吸了就不想睡覺。
   李：______________________ 的就是 ______________________。

3. 德國人：陳教授唱的不是歌劇，也不是民謠，是中國傳統的戲劇，好像叫京劇。
   中國人：對，______________________ 的就是 ______________________。

4. 張：王老師說去那個地方玩，不但可以看動物表演，還可以得到很多有關海洋動物的知識。
   李：______________ 的就是 ______________ 吧？

5. 張：這些葡萄柚眞好吃，不知道是不是佛羅里達州出的？
   李：______________ 的就是 ______________。

三　NP 靠……生活／過日子

depend/rely on...... for livelihood/survival

to support them

◎這對夫婦靠獎學金跟太太打工賺的錢生活。

This couple depended on the scholarship and the money that the wife made from working for their livelihood.

用法說明：這個 NP 一定是人，「靠」的後面是手段、方法或其他的人，NP 平日所需要的花費都是由這個「手段、方法或其他的人」得到的。

Explanation: This NP must be a person. Following **靠** is a method, means, or another person upon which NP depends for all living expenses.

練習　請用「NP 靠……生活／過日子」完成下面對話。

1. 張：王太太除了每個月你給她的房租以外，她的孩子們也給她錢嗎？
   Chang: Other than the rent money you give her every month, does Mrs. Wang get any money from her children?
   李：她的孩子也沒錢，不能給她，所以她就靠房租生活。
   Lee: Her children don't have any money either, so they can't give her anything. Thus she lives on the rent money.

2. 張：你寫文章賺的錢夠用嗎？
   李：我還有別的工作，不能只 ______________________。

3. 張：你怎麼下了班還要去餐廳打工？
   李：我太太病了，孩子又小，全家都 ______________________。

4. 張：擺地攤很辛苦，還會被警察抓，你爲什麼不找個工作呢？
李：我沒有什麼特別的技術，找不到工作，只好 ＿＿＿＿＿＿＿＿＿＿＿＿＿＿ 。

5. 張：這個孩子的父母在這次車禍裡都死了，他以後怎麼辦？
李：大家捐了不少錢給他，他可以 ＿＿＿＿＿＿＿＿＿＿＿＿＿＿＿＿＿＿＿＿ 。

四　……好……　to, in order to, so as to

because

◎所以我們想捐點錢好幫助他。
So we want to donate some money to help him out.

用法說明：意思是「可以」、「以便」，是助動詞。爲了達到「好」後面的目的而採取「好」前面的動作。

Explanation: here, **好** is an AV which means **可以** (can), **以便** (so as to). In order to achieve the goal stated after 好, one needs to take the action stated before 好.

練習　請用「……好……」重組下面各題短句或詞組。

1. 買房子　每個月存一筆錢　我們　過幾年
→我們每個月存一筆錢，過幾年好買房子。
We put away some money every month so that we can buy a house in a few years.

2. 跟你連絡　我　你把電話號碼給我
＿＿＿＿＿＿＿＿＿＿＿＿＿＿＿＿＿＿＿＿＿＿＿＿＿＿＿＿＿＿＿＿＿＿＿

3. 今天晚上十二點以後不能吃喝東西　動手術　醫生說　明天
＿＿＿＿＿＿＿＿＿＿＿＿＿＿＿＿＿＿＿＿＿＿＿＿＿＿＿＿＿＿＿＿＿＿＿

4. 放假的時候　把報告寫完　出去玩　你趕快
＿＿＿＿＿＿＿＿＿＿＿＿＿＿＿＿＿＿＿＿＿＿＿＿＿＿＿＿＿＿＿＿＿＿＿

5. 布置場地　我把桌子椅子都搬出去　你們
＿＿＿＿＿＿＿＿＿＿＿＿＿＿＿＿＿＿＿＿＿＿＿＿＿＿＿＿＿＿＿＿＿＿＿

五 既……又…… not only...... also ......

◎……，既省錢又省時間。

……, you can not only save money, but you can also save time.

用法說明：表示同時具有兩個方面的性質或情況，「既」跟「又」的後面原則上是結構跟音節數相同的動詞、SV、動詞短語。這個句型意思、用法都跟「不但……還……」一樣，跟「又……又……」、「不但……也……」有一點分別。本句型「又」後面的性質或情況程度比「既」後面的更高。「既」跟「又」後面的兩種性質或情況，必須一致，即同爲正面或同爲負面，不能相反。SV 前面不可以加副詞。主語只有一個。

Explanation: This shows that two situations or characteristics exist at the same time. Following 既 and 又 can be a verb, SV, or verb phrase. This pattern is similar in usage and meaning to the 不但……還…… pattern and differs slightly from the 不但……也…… and 又……又…… patterns. In 既……又……, the characteristic which follows 又 receives slightly greater emphasis than the preceding characteristic. These two situations or characteristics after 既 and 又 should be consistent, i.e. both positive or both negative, cannot be opposite to each other. No adverb can be used before the SV, and there is only one subject.

練習 Exercises

(一) 請用「既……又……」改寫下面各句。

1. 職業婦女不但要工作，還要照顧家庭，相當辛苦。
   Women professionals have to both work and take care of the home; it's really hard work.
   →職業婦女既要工作，又要照顧家庭，相當辛苦。
   Women professionals have to both work and take care of the home; it's really hard work.

2. 這件衣服的樣子很難看，而且也很保守，我才不要穿！

   ____

3. 吸食毒品不但犯法，還會傷害身體。

   ____

4. 小李爸爸是教授，也是名律師，在社會上很有地位。

5. 參加新年晚會可以看表演，更可以認識一些新朋友。

(二) 請改正下面各句。

1. 我哥哥既懂女孩子心理，口才又不好。

2. 這個牌子的玩具既很好玩，又很安全。

3. 這次車禍既開車的人受傷了，坐車的人又受傷了。

六　Nu-M-(N) 左右　about Nu-M-(N) or so

◎大概四千五百塊左右，……
Probably about $ 4,500 or so……

用法說明：表示比這個「Nu-M-(N)」多一點或少一點。

Explanation: This shows that the amount given is an approximation. The actual amount is either a little more or a little less.

練習　請用「Nu-M-(N) 左右」回答下面各問題。

1. 你們學校有多少學生？
How many students does your school have?

2. 你一個月需要多少生活費？

3. 上週末的音樂會什麼時候結束的？

4. 你們校長今年多大年紀了？

____

5. 你那篇報告還要幾天才可以寫完？

____

七 不止 not only, not just, more than

◎現在不止是我們學校的學生，連一般市民也捐錢了。

Now it's not only college students from our school, even ordinary citizens are contributing money too.

用法說明：表示超出一定的範圍或數量。「不止」的後面可以用數量詞、名詞、V(O)、短句。

Explanation: This shows that something has surpassed a given range or limit. A number measure word, noun, V(O), or short sentence can follow 不止.

練習 請用「不止」改寫下面各句。

1. 張小姐開車老超速，這不是第一次被罰了。
   Miss Chang always speeded. This is not the first time she's getting fined.
   →張小姐開車老超速，被罰不止一次了。
   Miss Chang always speeded. She's has been fined more than once.

2. 我看陳太太那麼老，恐怕不會只有七十歲吧？

____

3. 愛闖紅燈的，並不是只有騎摩托車的，開車的也一樣。

____

4. 王小姐家不但她能幹，她兩個姐姐也是女強人。

____

5. 我們的產品除了內銷以外，還外銷。

____

八　千萬

definitely, be sure to (used in imperative sentences)

◎看到「停車再開」的標誌，千萬別忘了停車。
When you see a stop sign, you definitely must not forget to stop the car.

用法說明：意是是「一定要……」、「務必……」，表示「提醒」或「警告」。
Explanation: **千萬** means **一定要……**(definitely must) or **務必……** (must, by all means), and is used to advise or warn another.

練習　請用「千萬」完成下面各句。

1. 看到出車禍昏迷不醒的人，你千萬要趕快打電話叫救護車。
When you see a person that has been in a car accident and is unconscious, you absolutely must call for an ambulance as soon as possible.
2. 老張是個不負責任的人，要是他真出來競選，你可千萬＿＿＿＿＿＿＿＿。
3. 去年我忘了女朋友的生日，她氣得三天沒跟我說話，今年千萬＿＿＿＿＿＿＿＿＿＿＿＿。
4. 這個機會非常難得，你們千萬＿＿＿＿＿＿＿＿。
5. 我覺得妹妹的男朋友不太可靠，可是她不聽我的，你去告訴她千萬＿＿＿＿＿＿＿＿＿＿＿＿。

課室活動

一、角色扮演

請兩個學生表演，一個演開快車的人，一個演警察。這個開快車的人要找一個很好的理由，讓警察不要罰他錢。警察不要接受他的說法，還是要開罰單。請演出他們的對話。

可能用到的詞：

生產 (to give birth), 遲到 (chíhdào) (chídào, be late for something), 藉口 (jièkǒu, excuse), 理由 (reason), 加護病房 (Intensive Care Unit), 病危 (to be critical ill), 過世 (to pass away), 緊急 (to be urgent, pressing, critical), 生死攸關 (shēng-sǐh yōu guān) (shēng-sǐ yōu guān, a matter of life and death), 親戚 (cīn·cī) (qīn·qī, relatives), 警察局長 (jǐngchá júzhǎng, head of a police department)

二、交通規則和標誌

問學生考過駕照沒有，請考過的人說出他記得的交通規則，一次一個，輪流說。可以請學生在黑板上畫出交通標誌，或是老師畫也可以。

三、討論問題

1. 說說貴國的交通情況，大城市和鄉下的問題一樣嗎？如果你是交通部長 (Minister of Transportation and Communications)，你會有什麼樣的政策？
2. 如果將來科技 (science and technology) 更進步，你希望有什麼樣的交通工具？

短文　交通方便的好處和壞處

人是社會的動物，不可能獨立生活，跟人往來[1]，就得靠交通。古代的人不管到多遠的地方，除了騎馬、坐馬車[2]，就只能靠兩條腿，實在不方便。有的人一輩子也沒搬過家，甚至於幾代都住在同一個地方。中國之所以有那麼多方言[3]，就是因為這個原因。

由於科學的發展，現代人出遠門可就方便多了，汽車、火車、飛機、船，樣樣都又快又舒服。只要有錢、有時間，就可以說走就走，而且想到哪兒，就到哪兒，不但對別的社會有了更多的了解，國家跟國家在貿易上的合作也多了起來。這個世界好像變得更小，人跟人的關係也一天比一天更近了。

交通方便也給人類帶來很多嚴重的問題，像汽車、火車發生車禍，飛機、船出事，每次都有死傷，不但是個人、家庭的悲劇，更是國家、社會的損失[4]。另外，交通工具不但害全世界的空氣變得越來越髒，還讓地球上的天然資源一天比一天減少了，我們再不想辦法，恐怕將來人類就得移民到別的星球[5]去才能生活了。

Vocabulary:

1. 來往 (láiwǎng): contact, communication
2. 馬車 (mǎchē): horse-drawn wagon, cart or chariot
3. 方言 (fāngyán): local dialect
4. 損失 (sǔnshīh) (sǔnshī): loss
5. 星球 (sīngcióu) (xīngqiú): star, planet, heavenly body

交通方便的好處和壞處

人是社會的動物，不可能獨立生活，跟人來往[1]，就得靠交通。古代的人不管到多遠的地方，除了騎馬、坐馬車[2]，就只能靠兩條腿，實在不方便。有的人一輩子也沒搬過家，甚至於幾代都住在同一個地方。中國之所以有那麼多方言[3]，就是因為這個原因。

由於科學的發展，現代人出遠門可就方便多了，汽車、火車、飛機、船，樣樣都又快又舒服。只要有錢、有時間，就可以說走就走，而且想到哪兒，就到哪兒，不但對別的社會有了更多的了解，國家跟國家在貿易上的合作也多了起來。這個世界好像變得更小，人跟人的關係也一天比一天更近了。

交通方便也給人類帶來很多嚴重的問題，像汽車、火車發生車禍，飛機、船出事，每次都有死傷，不但是個人、家庭的悲劇，更是國家、社會的損失[4]。另外，交通工具不但害全世界的空氣變得越來越髒，還讓地球上的天然資源一天比一天減少了，我們再不想辦法，恐怕將來人類就得移民到別的星球[5]去才能生活了。

第十一課　探親

■兩岸文物交流研討會（行政院新聞局提供　陳美玲攝）

（活動中心）

錢太太：我們的語言交換要暫停兩個星期，因為我要陪我媽回大陸。

偉立：哦，大陸什麼地方？那裡還有很多親戚嗎？

錢太太：我們要去山西。我幾個舅舅還住在那兒。

偉立：你們以前回去過嗎？

錢太太：一九八七年政府一開放大陸探親，我媽就回去了。我因為工作的關係，一直沒辦法去，這是我第一次跟我媽回老家。

偉立：妳一定很興奮吧？

錢太太：我還好。記得我媽第一次回去的時候，本來很高興，後來看到親人們老**的**老，死**的**死，忍不住難過；再加上看到老家跟她離開的時候差不多，沒什麼改變，又很驚訝，心情實在很複雜。

偉立：聽你這麼說，我可以想像你媽媽當時激動的心情。

錢太太：是啊！我媽跟我外婆一見面，就抱在一起大哭，祭祖的時候又哭。跟親戚談起來，就談**個沒完**。

偉立：離開了這麼多年，妳媽媽回大陸還住得慣嗎？

錢太太：當然住不慣了。

偉立：什麼地方不習慣？

錢太太：那時候，鄉下地方衛生設備比較差，不太方便。不過，聽說現在情況已經改善了很多。

偉立：去大陸要花很多錢嗎？

錢太太：聽我媽說，旅費沒花多少錢，可是她每次都買很多禮物帶回去。以前都買手錶、金戒指、電視機、隨身聽什麼的，後來帶的就是衣服、皮包、計算機了。通過海關的時候，**光**檢查**就**花了不少時間，還繳了很多稅。

偉立：為什麼要帶那麼多禮物啊？

錢太太：禮多人不怪嘛！而且這麼多年沒有照顧家人，給點禮物，我媽才覺得心安。除了禮物，有時候我媽還給紅包[1]呢！

偉立：大陸的東西貴不貴？

錢太太：大陸的物價跟這裡比起來倒是低**得很**。拿坐公車來說，**才**人民幣幾毛錢**而已**！臺灣去的人看到什麼都說便宜，**更別說**從歐美去的人**了**。

偉立：這麼說，如果我要去大陸，也不必擔心錢不夠了。

錢太太：雖然他們對當地人跟外國人的收費標準不一樣[2]，不過我想還是不需要花太多錢的。

※　※　※　※　※　※

（李平坐在校園一棵大樹下）

美真：（從後面輕拍李平肩膀）嗨！看什麼看得那麼專心？

李平：唉喲！原來是你們，嚇了我一**跳**。

美真：你的東西掉了。（撿起來，還給李平）咦，誰的相片？

李平：是我爸去大陸，跟我大伯一家合照的。我大伯去廣東開了一家工廠。

美眞：**自從**大陸政策開放**以來**，去大陸投資的臺商越來越多了。

偉立：大陸市場那麼大，台商一定很賺錢吧？

李平：那也不一定。大概要看是什麼生意吧！由於兩岸還不能直接通航，我們進出大陸，都得在香港或是日本轉機……

美眞：（打斷李平的話）說到轉機，我想起來我姑姑第一次去北京，碰到下大雪，班機誤點，航空公司的態度很冷

■金廈通航典禮一（行政院新聞局提供　劉光哲攝）

淡，害她們在機場等了好幾個小時，都沒有人管。

李平：我大伯說，現在如果有班機誤點或取消的情形，航空公司都會對旅客說明原因，比以前好多了。不過話說回來，轉機還是會多花錢跟時間，也多了一次起飛跟降落的危險。對生意人來說，這樣成本就增加了。

美眞：既然不一定賺錢，政府為了保護台商跟台灣經濟，對投資大陸有一些限制是應該的。

偉立：兩岸開始交流以後，對兩邊有什麼影響？

李平：當然增加了互相溝通的機會，可以更了解對方。但是也帶來一些問題，比方台灣人在大陸出了事，應該按

■金廈通航典禮二（行政院新聞局提供　郝振泰攝）

照哪一邊的法律來處理？台商在大陸投資以後，在哪一邊繳稅？另外還有技術合作、非法走私的問題。

美眞：有些台商單身一個人在大陸工作，太太孩子都留在台灣，很容易就跟當地人發生婚外情，造成很多家庭問題。

李平：除了這些，由於幾十年沒來往[3]，兩邊剛開始交流的時候，很多詞彙都不一樣。後來因為可以看到對方的電視節目、連續劇什麼的，有些詞彙已經「統一」啦！

偉立：這一點我們上課的時候，老師也提到過。語言跟文化的改變真有意思。

生詞及例句

1 探ㄊㄢˋ親ㄑㄧㄣ (tàn//cīn) (tàn//qīn) VO：to visit one's relatives

我這次去日本是去探親的，我姑姑住在那兒。

2 親ㄑㄧㄣ戚ㄑㄧ (cīn·cī) (qīn·qī) N：relatives by birth or marriage

孩子們都結婚以後，親戚就多了。

親ㄑㄧㄣ人ㄖㄣˊ (cīnrén) (qīnrén) N：relatives by birth

李家就小李一個孩子，父母都死了以後，他就沒有親人了。

家ㄐㄧㄚ人ㄖㄣˊ (jiārén) N：family members

王美美雖然做得不好，可是家人都很支持她，這樣的家庭真讓人羨慕。

3 老ㄌㄠˇ家ㄐㄧㄚ (lǎojiā) N：family's place of origin, ancestral home

我住在紐約，可是我的老家在臺北。

4 驚ㄐㄧㄥ訝ㄧㄚˋ (jīngyà) SV：to be surprised, amazed, astonished, astounded

我們都很驚訝，小王居然放棄了出國留學的機會。

驚ㄐㄧㄥ喜ㄒㄧˇ (jīngsǐ) (jīngxǐ) N：surprise

我女朋友生日，我打算給她開個派對，可是不先告訴她，要給她個驚喜。

5 激ㄐㄧ動ㄉㄨㄥˋ (jīdòng) SV：to be excited, stirred, aroused, stimulated, agitated

我們第一次贏了世界杯足球賽，大家都激動得流下了眼淚。

6 外婆 (wàipó) N：maternal grandmother

外公 (wàigōng) N：maternal grandfather

我外公外婆只有我媽一個女兒。我媽跟我爸結婚以後，因為不放心，就每個星期回去看他們。

婆婆 (pó·po) N：husband's mother; a term of respect for an elderly woman

公公 (gōng·gōng)

N：husband's father; a term of respect for an elderly man

林小姐結婚以後跟公公婆婆住在一起，除了照顧先生小孩，還要照顧兩位老人，很辛苦。

老公 (lǎogōng) N：husband (slang)

老婆 (lǎopó) N：wife (slang)

現在有的年輕人交男女朋友，還沒結婚，就叫對方「老公」、「老婆」，真肉麻！

7 祭祖 (jì//zǔ)

VO：to perform rites in honor of one's ancestors, to offer a sacrifice to one's ancestors

華人在過年的時候都要祭祖，表示沒忘記祖先，因為有祖先，才有我們。

8 衛生設備 (wèishēng shèbèi)

N：sanitation facilities, sanitary ware

這個房子連馬桶 (toilet) 都沒有，衛生設備真差。

衛生 (wèishēng) SV：to be sanitary, hygienic

小王上了廁所，沒洗手就拿東西吃，真不衛生。

設備 (shèbèi) N：equipment, facilities

這個語言實驗室的設備都很新，錄音機都是電腦控制的。

衛生紙 (wèishēng jhǐh) (wèishēng zhǐ)

N：toilet paper（M：包／卷）

面紙 (miàn jhǐh) (miàn zhǐ)　N：facial tissue（M：包／張）

衛生紙是廁所裡用的，如果要擦嘴、擦手，應該用面紙。

9　改善 (gǎishàn)　V：to improve

捷運建好以後，塞車的情況改善了很多。我上班不必那麼早出門了。

10　戒指 (jiè·jhǐh) (jiè·zhǐ)　N：finger ring

結婚戒指應該戴在哪一個手指頭 (finger) 上？

11　隨身聽 (suéishēntīng) (suíshēntīng)

N：“Walkman,” small portable radio or cassette player

有些年輕人一邊走路，一邊用隨身聽聽音樂，聽不到汽車的聲音，很危險。

12　計算機 (jìsuànjī)　N：calculator

計算 (jìsuàn)　V：to calculate

有了計算機以後，很多人的計算能力就變差了。這是不是科學 (science) 進步的壞處？

13　海關 (hǎiguān)　N：customs, immigration services

小王去日本的時候，海關不讓他把媽媽給他的水果帶上飛機。

14　光 (guāng)　A：merely, only, solely

(1) 大城市裡的生活費相當高，光房租就要花掉薪水的三分之一。
(2) 你不要光吃肉不吃菜，這樣對身體不好。

15 檢查 (jiǎnchá) V/N：to check, examine, inspect /check-up, examination

(1) 最近我室友常頭痛，得找醫生好好兒地檢查一下，看看哪裡有問題。
(2) 每個人每年都應該做一次健康檢查，如果有病才能早一點發現。

16 繳稅 (jiǎo//shuèi) (jiǎo//shuì) VO：to pay taxes

在臺灣工作的人，最少要繳百分之六的稅。

繳 (jiǎo) V：to pay taxes, fee, etc.

以前水電費要去銀行繳，現在用網路繳就可以了。

稅 (shuèi) (shuì) N：tax, levy, duty

房屋稅 (fángwū shuèi) (fángwū shuì) N：house duty

地價稅 (dìjià shuèi) (dìjià shuì) N：land tax

所得稅 (suǒdé shuèi) (suǒdé shuì) N：the income tax

關稅 (guān shuèi) (guān shuì) N：customs duties; tariff duties

你把房子租給別人，我是自己住，你繳的房屋稅當然比我的高。

上稅／打稅 (shàng//shuèi /dǎ//shuèi) (shàng//shuì /dǎ//shuì)
VO：to pay taxes, to pay duties

老林帶了幾個照相機去大陸送朋友，按規定要上稅。

免稅（商）店 (miǎnshuèi shāngdiàn) (miǎnshuì shāngdiàn)
N：duty free shop（M：家）

關稅高的東西，在免稅店買，便宜很多。

17 禮多人不怪 (lǐ duō rén bú guài)

IE：no one find fault in extra courtesy

李：老林不過請你吃火鍋，你幹嘛帶這麼多禮物去？
張：禮多人不怪嘛！

18 而ㄦˊ已ㄧˇ (éryǐ)　P：that is all, nothing more

我們當警察的，春節假期很短，只有三天而已！

19 標ㄅㄧㄠ準ㄓㄨㄣˇ (biāojhǔn) (biāozhǔn)

N/SV：a standard, criterion/to meet a standard

(1) 陳老師的標準太高，八十分才算及格。
(2) 王小姐的英文發音很標準，一點臺灣口音都沒有。

20 肩ㄐㄧㄢ膀ㄅㄤˇ (jiānbǎng)　N：shoulder

(1) 這件夾克肩膀的部分做得太寬，我穿起來不好看。
(2) 很多女孩認為結婚的好處是有一個肩膀可以靠了。

21 專ㄓㄨㄢ心ㄒㄧㄣ (jhuānsīn) (zhuānxīn)

SV/A：to be attentive, make a concerted effort /whole-heartedly

(1) 小林上課很專心，從來不會想別的事情。
(2) 老張看書，看得太專心了，我叫了幾次，他才聽見。

22 嚇ㄒㄧㄚˋ一ㄧˊ跳ㄊㄧㄠˋ (sià yí tiào) (xià yí tiào)

V-Nu-M：to be startled for a moment; cause one to jump with surprise

那個女人忽然大叫一聲，把我們都嚇了一跳。

嚇ㄒㄧㄚˋ (sià) (xià)　V：to frighten, startle, scare, intimidate; to be frightened

(1) 孩子被那隻大狗嚇得哭起來了。
(2) 張：快起來看書！明天要考試了，還在睡覺！
　　李：你別嚇我！下禮拜才考試，還早呢！

23 撿ㄐㄧㄢˇ (jiǎn) V：to pick up, gather, collect, find

(1) 請你把地上那隻襪子撿起來，好不好？
(2) 我今天在路上撿到五十塊錢，不知道是誰掉的？

24 大ㄉㄚˋ伯ㄅㄛˊ (dàbó) N：father's eldest brother, uncle

伯ㄅㄛˊ父ㄈㄨˋ / 伯ㄅㄛˊ伯˙ㄅㄛ (bófù/bó·bo)

N：father's elder brother, uncle; polite title for elderly gentleman

伯ㄅㄛˊ母ㄇㄨˇ (bómǔ) N：wife of father's elder brother; aunt

我祖父有三個兒子，我父親是最小的。二伯父在日本工作。我爺爺奶奶還住在老家，由大伯父跟大伯母照顧。

25 合ㄏㄜˊ照ㄓㄠˋ (héjhào) (hézhào) V/N：to take a group photograph/group photo

(1) 照相機給你，幫我們幾個人合照一張，怎麼樣？
(2) 小高不管到哪兒都帶著跟女朋友的合照。

26 自ㄗˋ從ㄘㄨㄥˊ (zìhcóng) (zìcóng) A：ever since, from

自從失戀以後，小林再也不敢談戀愛了。

27 台ㄊㄞˊ商ㄕㄤ (Táishāng) N：businessman from Taiwan

台商在大陸做生意，跟日商、美商競爭的時候，在語言方面沒有什麼問題。

28 通ㄊㄨㄥ航ㄏㄤˊ (tōngháng) V：to be open to navigation or air traffic

(1) 我們說的「三通」就是通商、通郵、通航，是台灣跟大陸一直在討論的問題。
(2) 台灣跟歐洲一些城市通航以後，飛機就可以直飛，不必轉機了。既省時間，又省錢，還比較安全。

29 打ㄉㄚˇ斷ㄉㄨㄢˋ (dǎ//duàn) V/RC：to interrupt, cut short, break

(1) 隨便打斷別人的談話是不禮貌的。
(2) 小陳打棒球的時候，用的力氣太大，把球棒都打斷了。

斷ㄉㄨㄢˋ (duàn) V/RE：to break, to snap

(1) 王小姐的手斷了，是因為滑雪的時候不小心，撞上了一棵大樹。
(2) 這次颱風好大，颳倒了我家院子裡的一棵大樹，把電線都拉斷了。

30 班ㄅㄢ機ㄐㄧ (bānjī) N：a scheduled flight

班ㄅㄢ (bān) M：(for a regularly scheduled plane, bus, train, etc.)

從市中心到我們學校的地下鐵每三分鐘就有一班。

登ㄉㄥ機ㄐㄧ (dēngjī) V：to board a plane

AA03號班機就要起飛了，請各位趕快登機吧！

31 誤ㄨˋ點ㄉㄧㄢˇ (wùdiǎn) V：to be late, overdue, behind schedule

因為雪太大，所以火車來晚了，誤點了一個小時。

32 航ㄏㄤˊ空ㄎㄨㄥ公ㄍㄨㄥ司ㄙ (hángkōng gōngsīh) (hángkōng gōngsī)

N：airline（M：家）

你搭的班機是哪一家航空公司的？告訴我，我好去接你。

33 冷ㄌㄥˇ淡ㄉㄢˋ (lěngdàn) SV：to be indifferent, cold, apathetic

王太太不喜歡女兒的男朋友，所以不願意跟他說話，對他的態度總是很冷淡。

淡ㄉㄢˋ (dàn) SV：to be bland, pale, insipid, weak

(1) 不管他們家的菜、還是茶、咖啡，味道都太淡，不合我的口味，我喜歡鹹一點、濃 (nóng, to be strong; thick) 一點的味道。
(2) 既然你臉上的妝化得這麼淡，口紅 (lipstick) 的顏色淡一點才好看。

34 取ㄑㄩˇ消ㄒㄧㄠ (cyǔsiāo) (qǔxiāo) V：to cancel, to abolish

本來下午要開會，因為老闆有事，所以取消了。下個禮拜一再開。

35 旅ㄌㄩˇ客ㄎㄜˋ (lyǔkè) (lǚkè) N：passenger

能不能麻煩你查一下旅客名單？看我爸爸是不是坐這班飛機。

顧ㄍㄨˋ客ㄎㄜˋ (gùkè) N：customer

因為很多人要買禮物，所以聖誕節前一個禮拜，是我們店裡顧客最多的時候。

36 說ㄕㄨㄛ明ㄇㄧㄥˊ (shuōmíng)

V/N：to explain, clarify, expound/explanation, exposition, caption

(1) 這是我們公司的新產品，我來跟你說明一下這部機器的用法。
(2) 聽了張教授的說明以後，我才知道這是一本介紹中國傳統戲劇的書。

說ㄕㄨㄛ明ㄇㄧㄥˊ書ㄕㄨ (shuōmíngshū)

N：written instructions or directions, explanatory document

如果你不懂這部機器的用法，就請你看說明書。

37 降ㄐㄧㄤˋ落ㄌㄨㄛˋ (jiàngluò) V：to land, to descend

各位旅客：飛機快要降落了，請回到你的位子坐好，並且繫好安全帶。

38 增ㄗㄥ加ㄐㄧㄚ (zēngjiā) V：to increase; to add

全球人口增加的速度好快，二〇〇六年已經有六十五億了。

39 海ㄏㄞˇ峽ㄒㄧㄚˊ (hǎisiá) (hǎixiá) N：strait, channel

法國跟英國中間的海峽有多少公里？曾經有人從這邊游到那邊嗎？

40 岸ㄢˋ (àn) N：coast, bank, shore

(1) 你要是游累了，就到岸上去休息一下吧！
(2) 從美國東岸飛到西岸需要幾個小時？

41 交ㄐㄧㄠ流ㄌㄧㄡˊ (jiāoliú) N/V：exchange, interchange/to exchange, to interchange

(1) 台灣的舞蹈團到美國來表演，也算是一種文化交流。
(2) 我們跟別的國家要多交流，才能互相了解。

42 溝ㄍㄡ通ㄊㄨㄥ (gōutōng) V/N：to communicate / communication

(1) 關於這件事，我們意見不同，需要再溝通，才能真正知道對方的意思。
(2) 老陳不愛說話，跟同事的溝通不夠，所以常常發生誤會。

代ㄉㄞˋ溝ㄍㄡ (dàigōu) N：generation gap

我爺爺雖然年紀很大，可是他對現代的東西很有興趣，跟我們沒有代溝。

43 非ㄈㄟ法ㄈㄚˇ (fēifǎ) AT：to be illegal, unlawful

小王來的時候，拿的是學生簽證。畢業以後，不想回國，留下來打工，可是沒有工作證，算是非法移民，難怪他看到警察就很緊張。

合ㄏㄜˊ法ㄈㄚˇ (héfǎ) AT：to be legal, lawful, legitimate

王先生跟李小姐已經結婚了，是合法夫妻了。

44 走ㄗㄡˇ私ㄙ (zǒusīh) (zǒusī) V/N：to smuggle/smuggling

(1) 小高箱子裡有幾包大麻，警察認為他走私毒品，就把他抓起來了。
(2) 這個海岸附近，很少有人來，所以走私的情形越來越嚴重了。

45 造ㄗㄠˋ成ㄔㄥˊ (zàochéng) V：to cause; to form; to make; to bring about

老林在高速公路上違規超車，撞到前面的車，造成嚴重的車禍，不但把對方的車撞壞了，自己還受了重傷。

46 來ㄌㄞˊ往ㄨㄤˇ (láiwǎng) V：to have dealings with, to contact, to correspond with

我認識老張已經很多年了，可是我們很少來往，一年見不到一次面，也不常通電話。

47 詞ㄘˊ彙ㄏㄨㄟˋ (cíhhuèi) (cíhuì) N：vocabulary

我知道的詞彙不夠，沒有辦法用中文說出我的問題。

專有名詞 Proper Name

1. 山ㄕㄢ西ㄒㄧ (Shānsī) (Shānxī) Shanxi Province
2. 香ㄒㄧㄤ港ㄍㄤˇ (Siānggǎng) (Xiānggǎng) Hong Kong

注釋

1. **紅包** See Note 2 in Lesson 1. **紅包** is used as a gift for many different occasions, not only at New Year's. This practice allows the recipient to buy whatever he/she needs or wants , thus avoiding the possibility of an unwanted gift.
2. **…對當地人跟外國人的收費標準不一樣。** In mainland China, the prices of tickets, hotel accommodations, etc. differ between local nationals and foreigners. The latter often pay many times more than the local people do. The government's justification for this practice is the fact that foreigners make no contribution to Chinese society.
3. **幾十年沒來往** The government of the Kuomintang moved to Taiwan in 1948. People living in Taiwan were not allowed to go to mainland China before November 1987. Since then people from the mainland also been allowed to come to Taiwan under certain conditions.

文法練習

一　$V(O)_1/SV_1$ 的 $V(O)_1/SV_1$，$V(O)_2/SV_2$ 的 $V(O)_2/SV_2$

◎她本來很高興，後來看到親人們老的老，死的死，又忍不住難過。
She was originally very happy, but after seeing her relatives-- some have gotten old, some have died--she couldn't help feeling sad.

用法說明：表示主題中一部分 $V(●)_1/SV_1$**，一部分** $V(●)_2/SV_2$**。SV 都是單音節。跟「有的…有的…」意思差不多，可是本句型是動態的描寫。**

Explanation: This shows that parts of the topic have the trait of SV_1, and some have the characteristic SV_2 (or VO_1 and VO_2, respectively). The SVs must be single-syllable words. This pattern is similar to **有的…有的…**, but this one is a dynamic description.

練習　請用「$V(O)_1/SV_1$的 $V(O)_1/SV_1$，$V(O)_2/SV_2$的 $V(O)_2/SV_2$」改寫下面各句

1. 同學們畢業以後，有的出國，有的結婚，很少有機會見面了。
After my classmates have graduated, some have gone abroad, some have gotten married; we rarely have a chance to see each other.
→同學們畢業以後，出國的出國，結婚的結婚，很少有機會見面了。
After my classmates have graduated, some have gone abroad, some have gotten married; we rarely have a chance to see each other.

2. 等飛機的旅客很多，有的看報，有的睡覺，還有的在聊天。

____

3. 車禍發生以後，車裡的人，有的哭，有的叫，眞可憐。

____

4. 我弟弟包的餃子，有的大，有的小，難看極了。

____

5. 你的頭髮怎麼剪成這樣？有的長，有的短。在哪兒剪的？

____

二　V 個沒完　without end, forever

◎跟親戚談起來，就談個沒完。
When she talks to her relatives, they talk on and on.

用法說明：表示做某事時，一直不想或不能結束。多用在說話者覺得不好的方面。本句型與第一課的第七個句型「V 個不停」略有不同。後者強調動作不斷地重覆，並不著重在結束與否。

Explanation: This shows that an action continues without stopping, either because one does not want to or cannot stop. It is usually used in describing situations which the speaker feels negatively towards. This pattern is a little different from V **個不停**, which is in No.7, Chapter 1. The latter emphasizes the repetition of the action, not focus on the ending.

練習　請用「V個沒完」完成下面各句。

1. 你打電話老說個沒完，難道你不知道電話費很貴嗎？
   Whenever you get on the phone you talk on and on. Can you have forgotten how expensive phone bills are?
2. 我們已經逛了一天了，東西也都買得差多了，你還 ______________，我們什麼時候才回家啊！
3. 老闆動不動就找我們開會討論問題，______________，害我們沒有時間做事。
4. 孩子都這麼大了，你還擔心這個，擔心那個，______________，什麼時候你才能放心讓他們獨立啊？
5. 我們工廠很有名，今天這個來參觀，明天那個來參觀，______________，我們都沒辦法好好工作。

三　光 N/V(O) 就……　just N/V(O) already......

◎光檢查就花了不少時間。
Just inspecting it took a lot of time.

用法說明：「光」是「只」的意思。強調限定的範圍。這個「就」的用法跟第七課第一個句型一樣。強調數量比預期的多。

Explanation: 光 means 只 (only), emphasizing a specific range or limit. The usage of 就 in this pattern is the same as in Ch. 7, No. 1. This emphasizes that the quantity is greater than expected.

練習　請把「光 N/V (O) 就……」放在句中合適的地方。

1. 這篇作文很難寫，我想怎麼寫想了三天。
   This composition is very difficult to write. I've spent three days thinking about how to write it.
   →這篇作文很難寫，我光想怎麼寫就想了三天。
   This composition is very difficult to write. I've spent three days just thinking about how to write it.

2. 昨天我們家請客，我媽怕東西不夠吃，蛋糕做了兩個。
   ____

3. 最近感冒的人很多，我們班有一半的人在咳嗽。
   ____

4. 我哥開車不遵守交通規則，上個月被抓了好幾次，闖紅燈有三張罰單。
   ____

5. 張先生是名律師，去年賺了很多錢，繳稅繳了五十萬。
   ____

四　SV得很　very/extremely SV

◎說到大陸的物價，倒是低得很。
The price of goods in mainland China, however, is extremely low.

用法說明：強調主題的程度跟對方所想的相反或更高，因為說話者覺得對方對主題的了解錯誤或不夠。

Explanation: The speaker uses this when he/she feels that the other party has a mistaken or insufficient understanding of a topic. This pattern emphasizes that a degree or level is the opposite of or higher than the other party thinks.

練習 請用「SV得很」完成下面對話。

1. 張：小王沒錢嗎？鞋子破了也不買雙新的。
   Chang: Is Little Wang broke? His shoes have holes, yet he won't buy a new pair.
   李：他有錢得很，就是不喜歡花錢。
   Lee: He has a lot of money. It's just that he doesn't like to spend it.

2. 張：給電腦掃毒這麼簡單的問題，難道你自己解決不了嗎？
   李：這個問題 ______________，我自己哪裡有能力解決？！

3. 張：我沒看過王士正這個人的電影，他很有名嗎？好像大家都在談他。
   李：他以前在香港演電影，得過獎，在那裡 ______________。

4. 張：剛剛那個店員的服務態度眞好！
   李：那是因爲你買了很多東西，要是你沒錢，他對你可 ______________。

5. 張：老王雖然有三個女兒，只有一個兒子，可是好像並不會重男輕女。
   李：你不了解，他 ______________。他認爲女孩不必念太多書，男孩就一定要大學畢業。

五 才Nu-M-(N)而已 Only Nu-M-(N)

(I) 而已 only, merely

◎……才人民幣幾毛錢而已！
……only a few cents in Reminbi!

用法說明：放在句尾，意思是「不過」、「僅僅」，有一點「沒什麼大不了」的意味。常跟「不過」、「只是」連用。

Explanation: Placed at the end of a sentence, this means 不過 (only, not surpassing), 僅僅 (merely, barely). It carries the feeling that something is not such a big deal. It is often used together with 不過 or 只是.

練習 請用「而已」改寫下面各句。

1. 有什麼好生氣的？！小陳不過跟你開個玩笑。
   What's there to get angry about? Little Chen was only joking with you.

→有什麼好生氣的？！小陳跟你開個玩笑而已。
What's there to get angry about? Little Chen was only joking with you; nothing more.

2. 你不要那麼認眞嘛！我並不眞的想去賭，我就是隨便說說。

____

3. 我姐姐不是不想結婚，只是還沒碰到合適的人。

____

4. 誰說我不參加比賽是因爲怕輸，我是沒時間。

____

5. 我跟錢小姐才認識沒多久，只是普通朋友。

____

(II) 才 Nu-M-(N) 而已　only (an amount)

用法說明：「才」強調數量少，所以後面是數量詞。如有動詞，動詞在「才」和數量詞中間。

Explanation: Here, 才 emphasizes that a quantity is small, so following it is a number and measure word. If there is a verb, it should be placed between 才 and Nu-M.

練習　請把「才 Nu-M- (N) 而已」放在句中合適的地方。

1. 老趙在高速公路上開車，速度也不快，每小時七十公里。
When Old Zhao drives on the freeway his speed isn't too fast—70 km per hour.
→老趙在高速公路上開車，速度也不快，每小時才七十公里而已。
When Old Zhao drives on the freeway his speed isn't too fast—only 70 km per hour.

2. 你爸爸每個月的薪水一千兩百塊，你要節省一點！

____

3. 那個國家的失業率百分之三，不算高。

____

4. 我喝了兩瓶啤酒，怎麼就醉了？！

____

5. 王先生和林小姐認識兩個星期就結婚了，實在太快了。

____

六 ……，（更）別說……了。 not to mention ......

◎台灣去的人看到什麼都說便宜，更別說從歐美去的人了。
Even the people who visit from Taiwan say everything they see is very cheap, not to mention people visiting from Europe and America.

用法說明：「更別說……了」意思是「不必說……了」。前面的短句常用「連……都……」、「即使……也……」、「就是……也……」。「更別說」後面的情況是顯而易見不必多說的。

Explanation: **更別說……了** means "one does not even have to mention." The preceding clause often uses **連……都……**, **即使……也……** or **就是……也……**. The statement after **更別說** describes a situation which is very evident and does not need to be mentioned.

練習 請習「……，（更）別說……了。」完成下面各句。

1. 我連容易的問題都回答不出來，更別說難的了。
   I can't even answer the simple questions, not to mention the difficult ones.

2. 小林他們學校連廁所都很乾淨，更別說＿＿＿＿＿。

3. 小李認爲對大家有幫助的事即使沒錢也要做，更別說＿＿＿＿＿。

4. 我老爸連他自己的生日也記不住，更別說＿＿＿＿＿。

5. 即使下大雪也要去上學，更別說＿＿＿＿＿。

七　V+Nu - M

◎……，嚇了我一跳。

…… It startled me for a moment.

用法說明：本句型的 M 叫動量詞 (Mv)，表示動作或變化次數的單位，通常後面不再加名詞。Nu 不只限於「一」。常用的動量詞有：次、下、回、頓、場、趟、遍、口、腳、拳、眼、聲、刀……等。

Explanation: The Measure word in this pattern is called Mv, measure word for verbs. It indicates the unit of the times of actions or changes. Usually it is not followed by a Noun. The Number can be other than 1. Mv often used are as followed: 次,下, 回, 頓, 場, 趟, 遍, 口, 腳, 拳, 眼, 聲, 刀, etc..

練習　請填入合適的動量詞。

1. 你要用哥哥的電腦，應該先跟他說一聲，要不然沒禮貌。
2. 王小明本來在跟同學大聲說話，老師看他 ______________，他就安靜下來了。
3. 老趙說我偷了他的錢，把我氣得打了他 ______________。
4. 這課很長，我背了 ______________，還記不住。
5. 我第一次跟女朋友爸爸吃飯的時候，女朋友怕我說錯話，在桌子下面踢了我 ______________。

八　自從……以來

from the time that ......, after ......, since ......

◎自從大陸政策開放以來，去大陸投資的台商越來越多了。

Ever since the policy opened to the Mainland, there have been more and more Taiwanese businessmen going to the Mainland to invest.

用法說明：「自從」意思是「從過去某個時間起」，「以來」意思是「到現在」。表示從那個時間到現在，某一情況一直存在。

Explanation: **自從** means "ever since a particular time in the past," and **以來** means "until now". This shows that from that time until now, some situation has continued to exist.

練習 請用「自從……以來」改寫下面各句。

1. 我以前都回家吃午飯，開工廠以後，就不回家吃了。
I used to always go home to eat lunch. After I opened the factory, I quit going home to eat.
→ 我以前都回家吃午飯，自從開工廠以來，就不回家吃了。
I used to always go home to eat lunch. Ever since I opened the factory, I quit going home to eat.

2. 去年三月小王離開以後，我就一直沒收到過他的信。
____

3. 國民政府遷台以後，一直不停地努力發展經濟建設。
____

4. 我小妹跟男朋友分手以後，沒有一天不哭的。
____

5. 從一九四五年以後，就沒有再發生過世界性的大戰了。
____

課室活動

一、角色扮演

請三個學生表演，一個演王先生；一個演王先生在台灣的太太；一個演王先生去大陸開工廠以後，發生婚外情的那個女人。王先生去大陸時，他們已經有兩個孩子，王太太是家庭主婦，經濟上並不獨立。有一天王太太接到那個女人從大陸打來的電話，原來自己的先生不但有了外遇，那個女人還懷了孕。請先演那個女人怎麼告訴王太太這件事，王太太會怎麼反應？王太太要去大陸解決這個問題。請再演出三人見面的談話。

可能用到的詞：

包二奶 (to provide a woman as a concubine)、劈腿 (pī//tuěi) (pī//tuǐ, split, to engage in two relationships at the same time)、財產 (property)、不要臉 (to be shameless)、狐狸精 (húlíjīng, a seductive woman)、第三者 (a person other than one's spouse)、破壞 (to cause damage to; to destroy)、絕對 (jyuéduèi) (juéduì, absolutely)、永遠 (yǒngyuǎn, forever)、沒良心 (méi liángsīn) (méi liángxīn, to be heartless, ungrateful; without conscience)、寂寞 (jímò, to be lonely, lonesome)、體貼 (tǐtiē, to be considerate; thoughtful; attentive)、辦手續 (to go through procedures)、贍養費 (shànyǎng fèi, alimony)、談條件 (tán//tiáojiàn, to negotiate to settle terms)

二、討論問題

你看海峽兩岸關係的發展將來會怎麼樣？

短文　老胡的遭遇

老胡一九四九年跟著國民政府從南京[1]遷到台灣來，當時以為過不了多久就回去了，所以太太孩子都留在大陸沒帶出來。誰知道一走就是四十年，頭幾年還到處請人幫忙打聽家人的情形，最後得到的消息是：全家人病死的病死、餓死的餓死，他傷心了好久！後來因為朋友的介紹而認識了一位台灣小姐，沒多久他們就結了婚。這個太太比他年輕很多，卻很能吃苦，還給他生了兩個孩子。他賺的錢雖然不多，一家四口的日子倒也很幸福[2]。

老胡原來以為這輩子就這樣過下去了，哪裡想到兩岸政策改變了?!大陸那邊傳來消息，太太孩子居然還活著，而且因為他的關係吃了很多苦。他覺得不管怎麼樣，他都應該去看看他們，得到台灣太太的同意就回去了。

在老家見到家人，對老胡來說好像做夢[3]一樣，所有的傷心、難過，都變成了眼淚跟說不完的話。幾十年都沒有照顧這個家，雖然是時代的悲劇，並不能怪他，老胡還是從心裡覺得對不起大陸的家人，可是除了給他們買東西、修房子、留下一筆錢以外，他還能怎麼辦呢?

Vocabulary:

1. 南京 (Nánjīng) : Nanjing
2. 幸福 (sìngfú) (xìngfú) : fortunate, lucky
3. 做夢 (zuò//mèng) : to dream

老胡的遭遇

老胡一九四九年跟著國民政府從南京[1]遷到台灣來，當時以為過不了多久就回去了，所以太太孩子都留在大陸沒帶出來。誰知道一走就是四十年，頭幾年還到處請人幫忙打聽家人的情形，最後得到的消息是：全家人病死的病死，餓死的餓死，他傷心了好久！後來因為朋友的介紹而認識了一位台灣小姐，沒多久他們就結了婚。這個太太比他年輕很多，卻很能吃苦，還給他生了兩個孩子。他賺的錢雖然不多，一家四口的日子倒也很幸福[2]。

老胡原來以為這輩子就這樣過下去了，哪裡想到兩岸政策改變了?!大陸那邊傳來消息，太太孩子居然還活著，而且因為他的關係吃了很多苦。他覺得不管怎麼樣，他都應該去看看他們，得到台灣太太的同意就回去了。

在老家見到家人，對老胡來說好像做夢[3]一樣，所有的傷心、難過，都變成了眼淚跟說不完的話。幾十年都沒有照顧這個家，雖然是時代的悲劇，並不能怪他，老胡還是從心裡覺得對不起大陸的家人，可是除了給他們買東西、修房子，留下一筆錢以外，他還能怎麼辦呢？

第十二課　救救我們的地球吧

■東湖國小的垃圾分類（臺北市政府新聞處 王能佑攝）

分裂 = shorting

fēn lèi

（宿舍門口）

李平：偉立，你去哪裡？

偉立：我把這些舊報紙送到紙張回收處去，馬上就回來。

李平：慢慢來[1]，不急，我沒什麼要緊的事。

偉立（回來）：好了，什麼事？

李平：我想去購物中心逛逛，那裡最近大減價，很多東西打八折。剛剛給你們打電話，一直講話中[2]，我只好走過來看看你們要不要一起去。

偉立：可以啊！你的運氣還真好，我哥哥這禮拜不用車，我們今天可以開車去。走，上去問問建國吧。（兩人去等電梯）

李平：看你把舊報紙送走，讓我想起在臺灣的時候，不但垃圾要分類，廚餘要回收，連舊報紙都還可以賣給收破爛的[3]。

偉立：舊報紙還可以賣錢啊？！

李平：這有什麼好大驚小怪的？！舊報紙並不是垃圾，而是可以回收的資源。他們可以賣給工廠做比較差的再生紙啊！（進電梯）臺灣還有一些人靠收舊報紙、舊玻璃瓶生活呢！

偉立：那能收回多少舊東西啊？對環保有幫助嗎？

李平：從前人沒什麼環保觀念，工廠老闆收買舊東西，目的只是省錢，並沒有考慮到對環境的影響。這些年以來，因為汙染的情形越來越嚴重，臺灣保護環境的運動多了起來，才引起了大家對環保的重視。

偉立：我們的環保運動已經有好多年了，像四月二十二號的「地球日」，就是提醒大家地球只有一個，我們必須愛惜資源、節約能源，免得人類將來沒辦法在地球上生活。（走出電梯）

李平：說到能源，世界各國都在想辦法找新能源，像核能、太陽能、風力發電什麼的。不過，這些能源，各有各的問題。不是廢料很難處理，就是設備很貴，要不然就得看天氣，都不理想。

偉立：說來說去，還是要靠我們自己認真做好環保。

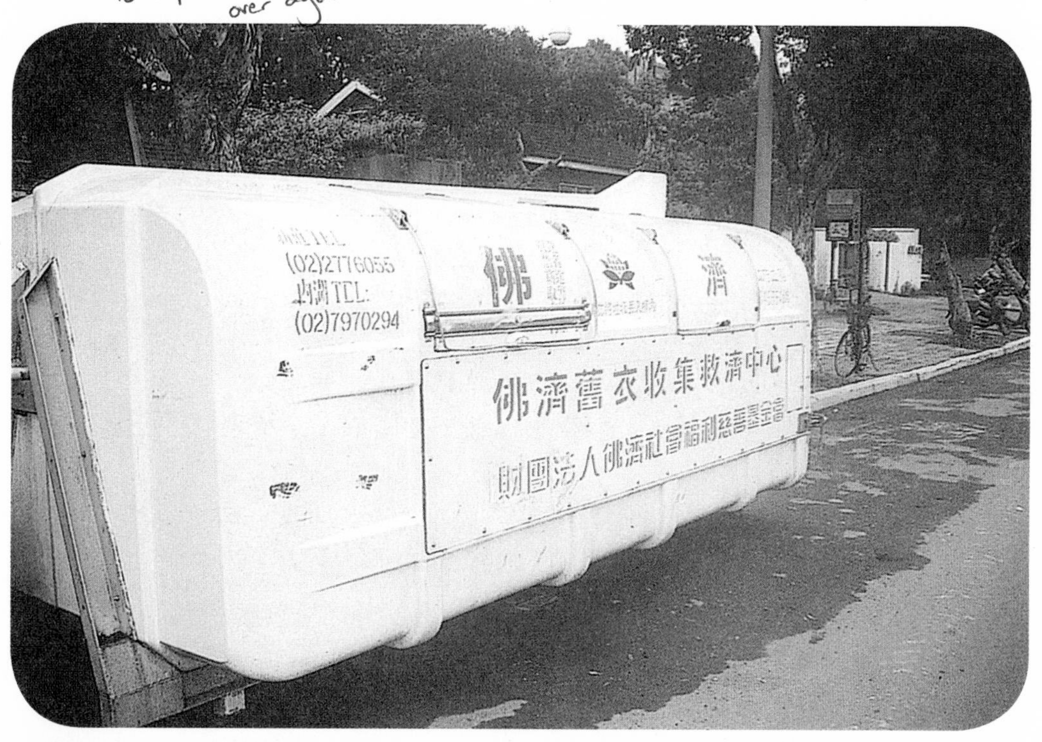

■舊衣回收（吳俊銘攝）

李平：那麼，**經過**這麼多年的努力，你們環保的成績怎麼樣？

偉立：空氣跟水源比較乾淨了，破壞森林、綠地的情形也少了，另外還通過了些法律，管理、控制有毒的廢棄物。

李平：如果臺灣以前不那麼重視經濟發展，大家都認真遵守環保法律，也許汙染的情形就**不至**於那麼嚴重了[5]。

偉立：只要隨時注意環保問題，現在開始，也不晚啊！

※　※　※　※　※　※

資源回收車（臺北市政府新聞處 王能佑攝）

■垃圾減量（臺北市政府環境保護局提供）

（謝美真、陳台麗家門口。高偉立在車裡，按一聲喇叭。）

台麗（出來）：來了！來了！別按了，小心別人來抗議你製造噪音！（上車）

偉立：我**又**沒有一直按！別緊張，我才按了一聲而已。欸，美真呢？

台麗：她馬上就來，今天**該**她倒垃圾。哎呀！我想起來了，我們有一袋空瓶子、可樂罐子，該拿去退錢了。對不起，你再等一下。（下車）

美眞（上車）：今天真謝謝你開車帶我們去買菜，平常都是我們自己提回來，重得**要命**。欸？台麗幹嘛又跑回去？

偉立：去拿空瓶子。嗯，這個習慣不錯，既可以換錢，又不會汙染環境。

台麗（上車）：真抱歉！等得不耐煩了吧？等一下瓶子換了錢，請你吃冰淇淋。

偉立：那太好了！有冰淇淋吃，給你們當司機還值得。

台麗：我小時候，這些罐子、寶特瓶都不能退錢[6]，每天丟掉的不知道有多少。想想看這些垃圾對環境的汙染有多大！

美眞：不止這些，還有塑膠袋、廢輪胎、紙尿布什麼的。這一類的廢棄物都很難處理，埋了會汙染水源，燒了又會有毒氣。空氣裡的二氧化碳太多，又會讓溫室效應更嚴重。唉！環境這麼糟糕，難怪得癌症的人越來越多了。

台麗：是啊！我看情形已經嚴重得**不能不**重視了。全球暖化，連冰河都開始融化了。

偉立：科學家既然發明了這些「用了就丟」[7]的東西，就應該趕快想出解決的辦法。

台麗：就是嘛！哎喲！說著說著就到了，真快啊！還是有車方便。

瑞士冰河（范慧貞提供）

生詞及例句

1 地ㄉㄧˋ球ㄑㄧㄡˊ (dìcióu) (dìqiú) N：the earth, the globe

地球是我們這個太陽系的一個行星 (planet)，是人類住的地方。

2 紙ㄓˇ張ㄓㄤ 回ㄏㄨㄟˊ收ㄕㄡ 處ㄔㄨˋ (jhǐhjhāng huéishōu chù) (zhǐzhāng huíshōu chù)

N：paper recycling collection site

我們這棟大樓的紙張回收處在地下室 (basement)，請把舊報紙、用過的紙都送到那裡去，有人會來收。

回ㄏㄨㄟˊ收ㄕㄡ (huéishōu) (huíshōu)

V/N：to collect for recycling or re-use / collection for recycling or re-use

(1) 我們這裡只回收瓶子，你那個罐子拿到別的地方去吧！
(2) 這個月飲料罐子回收的情形不太理想，是不是價錢太低了？

3 購ㄍㄡˋ物ㄨˋ中ㄓㄨㄥ心ㄒㄧㄣ (gòuwù jhōngsīn) (gòuwù zhōngxīn)

N：shopping center, shopping mall

週末的時候購物中心好熱鬧！有人來買東西、看電影，也有人來吃飯、玩遊戲。

4 大ㄉㄚˋ減ㄐㄧㄢˇ價ㄐㄧㄚˋ (dà jiǎnjià) N：big sale

這雙鞋，我是大減價的時候買的，特別便宜。

減ㄐㄧㄢˇ價ㄐㄧㄚˋ (jiǎn//jià) VO：to reduce prices

這個音響太貴了，你如果願意減價，我就買。

5 打ㄉㄚˇ折ㄓㄜˊ (dǎ//jhé) (dǎ//zhé)

VO：to discount (一折 = 10%, so 打八折 = 80% of the original price)

這個冰箱原價五百塊，打八折賣給你，四百塊就好了。

折扣 (jhékòu) (zhékòu)

N：a discount, a rebate, a lowering (from some desirable quality)

(1) 那家百貨公司雖然大減價，可是只有衣服跟鞋打九折，折扣不多，你不必去了。
(2) 老丁那個人不可靠，他說的話都得打個折扣，不能完全相信。

6 垃圾 (lèsè)

N：garbage, refuse, trash

我的網路信箱裡好多垃圾信件，都是不認識的人寄來的廣告，真受不了。

垃圾筒／垃圾桶 (lèsè tǒng)　N：trash can, garbage can

這些東西都沒有用了，扔到垃圾筒裡去吧。

7 廚餘 (chúyú)

N：kitchen waste

水果皮跟吃不完的飯菜，都是廚餘，可以回收，有的給豬吃，有的做肥料 (féiliào, fertilizer)。

8 收破爛 (shōu//pòlàn)

VO：to collect junk, collect scrap

這些鍋子丟了可惜，可以賣給收破爛的。

破爛 (pòlàn)　SV/N：to be worn-out, dilapidated

(1) 我才不要坐你那輛破爛老爺車 (old car) 呢，被人看見了多沒面子啊？！
(2) 我家沒什麼值錢的東西，都是些破爛，小偷來了也沒有東西可偷。

9 大驚小怪 (dà jīng siǎo guài) (dà jīng xiǎo guài)

IE：to make a fuss over a small matter, much ado about nothing

脫光衣服游泳很舒服，也不是什麼奇怪的事，你不必大驚小怪！

10 再生 (zàishēng) AT：recycled , regenerated, re-used

再生紙是用過的紙再處理過的，雖然顏色差一點，可是用起來一樣好，大家應該多多利用。

11 玻璃 (bōlí) N：glass（M：片/塊）

用玻璃做的杯子、瓶子來裝熱水，不會有毒，比較安全。

12 收買 (shōumǎi)

V：to buy up, purchase; to buy over, to bribe, to win (people's hearts or support by less than honorable means)

(1) 你這輛車太老舊了，哪家車行 (car dealership) 願意收買？！
(2) 政府減稅，有時候是為了減輕人民的負擔，有時候只是為了收買人心。

13 目的 (mùdì) N：purpose, aim, objective

目標 (mùbiāo) N：target, goal

我來美國的目的是學英文，我的目標是能說得跟美國人一樣好。

目的地 (mùdìdì) N：destination

大峽谷是我們這次旅行的目的地。

14 考慮 (kǎolǜ) V：to think over, to consider

(1) 我從來沒想過要結婚，你多給我點時間考慮考慮。
(2) 這個東西價錢不貴，品質又好，買了一定划得來，值得考慮。

15 汙染／污染 (wūrǎn)

V/N：to pollute, contaminate, adulterate/pollution, contamination

(1) 能不能請你到外面去抽菸？免得汙染了這裡的空氣。
(2) 這條河的汙染情形越來越嚴重，因為河邊的工廠流出來的水都髒得不得了。

16 保護 (bǎohù)　V/N：to protect, safeguard/protection

(1) 我不讓你騎摩托車，是想保護你，怕你出車禍受傷，並不是要限制你的自由。
(2) 我覺得有人要傷害我，我需要警察的保護。

環境保護（環保）(huánjìng bǎohù) (huánbǎo)

N：environmental protection

環保工作，像減少空氣汙染、河水汙染什麼的，不是短時間就看得到結果的。

17 引起 (yǐncǐ) (yǐnqǐ)　V：to give rise to, lead to, cause, arouse, incite

小林喜歡出鋒頭，好引起別人的注意。

18 提醒 (tísiňg) (tíxiňg)　V：to remind, call attention to

小趙的記性不好，你一定要提醒他，明天十點鐘開會。

19 愛惜 (àisí) (àixí)　V：to treasure, to cherish

大家要愛惜天然資源，少用一點，要不然用完了，就沒有了。

20 節約 (jiéyuē)　V：to economize, to be frugal, to use with thrift, to save

老王很節省，買的洗衣機、冷氣機都是省水、省電的。還常常提醒家人節約用水、用電。每個月節省的水費、電費，可以多買半個月的菜。

21 能源 (néngyuán)　N：energy source

地球上最好的能源就是太陽能，又安全又便宜，還不會汙染環境。

水源 (shuǐyuán)　N：water source

我們喝的水是從山上那個湖來的，所以政府規定湖邊不可以露營、烤肉，更不可以建房子、開公園，免得汙染了水源。

22 核ㄏㄜˊ能ㄋㄥˊ (hé néng) N：nuclear energy; atomic energy

我們不同意建核能電廠 (power plant)，是因為怕發生危險，可是政府說他們會處理得很好，保證很安全。

太ㄊㄞˋ陽ㄧㄤˊ能ㄋㄥˊ (tàiyáng néng) N：solar energy; solar power energy

我們這裡常下雨，晴天的時候不多，沒辦法利用太陽能發電。

23 風ㄈㄥ力ㄌㄧˋ發ㄈㄚ電ㄉㄧㄢˋ (fōnglì fādiàn) (fēnglì fādiàn)

N：generating electric power by wind turbine

風ㄈㄥ力ㄌㄧˋ (fōnglì) (fēnglì) N：wind power, wind force

颱風來的時候，風力到了八級的話，學校就停課了。

發ㄈㄚ電ㄉㄧㄢˋ (fā//diàn) VO：to generate electric power

風力發電要看風的大小，得靠天氣，沒有水力發電、火力發電那麼容易控制。

24 破ㄆㄛˋ壞ㄏㄨㄞˋ (pòhuài) V：to destroy, to wreck

(1) 不要亂踢，桌子、椅子都是學校的東西，你不能隨便破壞。
(2) 我們在慶祝小王的生日，房東卻進來說小王兩個月沒付房租了，把快樂的氣氛都破壞了。

25 森ㄙㄣ林ㄌㄧㄣˊ (sēnlín) N：forest（M：片）

樹ㄕㄨˋ林ㄌㄧㄣˊ (shùlín) N：woods, grove（M：片）

雨ㄩˇ林ㄌㄧㄣˊ (yǔlín) N：rain forest（M：片）

26 管ㄍㄨㄢˇ理ㄌㄧˇ (guǎnlǐ) V：to manage, administer, run

小李是學企業管理的，而且能力不錯，一定能把工廠管理得很好。

管ㄍㄨㄢˇ理ㄌㄧˇ員ㄩㄢˊ (guǎnlǐyuán) N：manager, administrator, superintendent

我們這棟大樓的管理員很負責，他來這裡工作以後，不但燈壞了馬上修理好，而且小偷再也沒有進來過。

27 廢ㄈㄟˋ棄ㄑㄧˋ物ㄨˋ (fèiciwù) (fèiqìwù) N：discarded materials, wastes, exhausts

你們醫院的廢棄物不能隨便亂扔，否則不但會汙染環境，還可能會傷到人。

廢ㄈㄟˋ物ㄨˋ (fèiwù) N：trash, waste material, rubbish, scrap

(1) 我沒有花瓶，你把花放在這個寶特瓶 (see No. 36) 裡吧，這就是廢物利用。
(2) 我看你們都那麼能幹，我卻什麼都不會，覺得自己真是個廢物。

廢ㄈㄟˋ料ㄌㄧㄠˋ (fèiliào) N：waste material; waste matter; scrap; refuse; wastes

核電廠最大的問題就是核廢料很難處理。

廢ㄈㄟˋ話ㄏㄨㄚˋ (fèihuà) N：nonsense, superfluous words, useless words

我弟弟說了半天，跟這個題目完全沒有關係，都是廢話。

28 不ㄅㄨˊ至ㄓˋ於ㄩˊ (bú jhìhyú) (bú zhìyú) Ph：not to the point of, not so far as

我的記性雖然不好，可是還不至於忘了自己家的電話號碼。

29 按ㄢˋ喇ㄌㄚˇ叭ㄅㄚ (àn//lǎbā) VO：to blow a horn, honk a horn (of a vehicle)

計程車司機按了幾聲喇叭，還是沒人出來坐車，他就開走了。

按ㄢˋ (àn) V：to press, to push down

這個照相機是全自動的，只要在這裡按一下就行了。

喇ㄌㄚˇ叭ㄅㄚ (lǎbā) N：brass or wind musical instrument

小陳會玩的樂器當中，小喇叭最拿手。他會吹 (chuēi) (chuī, to blow) 很多首歌，也吹得很棒。

30 抗ㄎㄤˋ議ㄧˋ (kàngyì)　V/N：to protest/a protest, protest

(1) 我們這次活動的目的，是抗議政府通過有關墮胎的法律。
(2) 政府減少了給學校的經費，引起了學生的抗議。

31 噪ㄗㄠˋ音ㄧㄣ (zàoyīn)　N：unpleasant noise, din, clamor

你音響開得那麼大聲，音樂都變成噪音了。

32 該ㄍㄞ +N (gāi+N)　CV-N：it's N's turn

我們輪流打掃房間，今天該我室友來做了。

33 退ㄊㄨㄟˋ錢ㄑㄧㄢˊ (tuèi//cián) (tuì//qián)　VO：to refund money

店員說這件衣服如果不合適，可以拿去換，但是不可以退錢。

退ㄊㄨㄟˋ步ㄅㄨˋ (tuèi//bù) (tuì//bù)　VO：to regress, to decline

李愛美這學期很不用功，成績退步了很多。

34 要ㄧㄠˋ命ㄇㄧㄥˋ (yào//mìng)

SV/VO：to an extreme degree, to the point of death / to take one's life (literally or figuratively)

(1) 小錢申請到了兩個獎學金，高興得要命。
(2) 真要命，火車就要開了，老陳怎麼還沒到呢？
(3) 老李吃錯了藥，差一點要了他的命。
(4) 我一個人要照顧三個小孩子，真要我的命。

35 不ㄅㄨˊ耐ㄋㄞˋ煩ㄈㄢˊ (bú nàifán)　SV：to be impatient

那個故事，老闆已經說了好幾次了，我們都聽得不耐煩了。

耐ㄋㄞˋ心ㄒㄧㄣ (nàisīn) (nàixīn)　N：patience

你想當護士就得有耐心，否則碰到不合作的病人，一定受不了。

36 寶特瓶 (bǎotèpíng)

N：a large plastic bottle (typically containing cola or other soda)

37 V 掉 (V -diào)

RC：(used as a complement to certain verbs, expressing a state of fulfillment or completion)

(1) 水果不能帶上飛機，你在這裡吃掉吧！
(2) 我衣服上有一塊白白的，拍了半天也拍不掉。

38 塑膠 (sùjiāo) N：plastic

為了保護環境，我們最好少用塑膠袋，多用紙袋。

39 輪胎 (lúntāi) N：tire

我騎腳踏車，騎到半路，忽然騎不動了，才發現輪胎沒氣了，不知道是誰把我的輪胎弄破的。

輪子 (lún‧zih) (lún‧zi) N：wheel

40 尿布 (niàobù) N：diaper

小張沒有帶孩子的經驗，尿布都包不好，孩子一動，就鬆開了。

尿／小便 (niào/siǎobiàn) (niào/xiǎobiàn) N/V：urine/to urinate

車上沒有廁所，你們小孩子別喝太多水，免得等會兒想尿尿就麻煩了。

41 埋 (mái) V：to bury

小林把偷來的錢埋在院子裡的一棵大樹下了。

42 二氧化碳 (èr yǎng huà tàn) N：carbon dioxide

一氧化碳 (yī yǎng huà tàn) N：carbon monoxide

氧氣 (yǎngcì) (yǎngqì) N：Oxygen

有些人到了很高的山上會有高山症，那是因為高山上的氧氣不夠，氣壓太低。

43 溫室效應 (wūnshìh siàoyìng) (wēnshì xiàoyìng)

N：greenhouse effect

44 癌（ㄞˊ）症 (yánjhèng/áijhèng) (yánzhèng/áizhèng) N：cancer

皮膚癌（ㄞˊ）(pífūyán/pífū'ái) N：skin cancer

太陽曬多了，容易得皮膚癌，你要小心。

鼻癌（ㄞˊ）(bíyán/bí'ái) N：nose cancer

腦癌（ㄞˊ）(nǎoyán/nǎo'ái) N：brain cancer

血癌（ㄞˊ）(siěyán/siěái) (xiěyán/xiě'ái) N：leukemia

45 冰河 (bīnghé) N：glassier（M：條）

46 科學家 (kēsyuéjiā) (kēxuéjiā) N：scientist

科學 (kēsyué) (kēxué) N/SV：science

(1) 小丁不喜歡做實驗，沒有科學精神。
(2) 這些資料，你可以用電腦查，這樣一張一張地找，太不科學了吧？！

科學界 (kēsyuéjiè) (kēxuéjiè)

N：the world of science, the community of scientists

科技（科學跟技術）(kēji) N：science and technology

生命科學研究人類遺傳 (yíchuán, genetics) 的問題，很多國家都在發展這方面的科技，很受科學界的重視。

47 發ㄈㄚ 明ㄇㄧㄥˊ (fāmíng) V/N：to invent/invention

(1) 愛迪生 (Edison) 發明電燈以後，人類的生活更方便了。
(2) 電腦是二十世紀 (century) 的一大發明。

注釋

1. **慢慢來** means "Take your time," (literally: "Do it slowly"). Here **來** does not mean "to come."
2. **講話中** means "the line is busy," (literally: "in the middle of a conversation").
3. **收破爛** refers to junk collecting. This includes used newspaper, empty bottles and cans, scrap metal, cardboard, etc. Some people make a living collecting such things for resale. They usually pedal three-wheeled bicycles with trailers through residential neighborhoods, buying such items for a nominal fee. These things can then be re-sold to recycling plants.
4. **環保運動** means the environmental protection movement, the "green" movement. People in Taiwan first began paying attention to environmental issues in the 1970's. But it was not until 1986, after two public protests that such issues were brought to the attention of the general population. The larger protest was directed against a planned E.I. Du Pont titanium dioxide factory in Zhang Hua County. The company made extensive reports addressing local residents' concerns and even sponsored trips by representatives to a similar plant operating in the U. S. However, after two years of fruitless negotiations the project was abandoned.
5. Several laws concerning protection of the environment were enacted in the 1970's, such as **廢棄物處理法**, the Disposal of Waste Materials Law, passed in 1974, and **空氣污染防制法**, the Prevention of Air Pollution Law, passed in 1974. However, at that time, enforcement of such laws was only mildly effective at best. In 1987 the National Bureau of Environmental Protection was established to coordinate and oversee the activities of previously established local environmental protection agencies.
6. **我小時候寶特瓶不能退錢** (Note: **寶** is a transliteration of the prefix "poly-" and is used when referring to many plastics. **寶特** therefore stands for the plastic material "Polyethylene Terephthalate".) In 1989 businessmen in Taiwan began collecting used plastic bottles for recycling.
7. **用了就丟** refers to things which can be disposed of after use.

文法練習

一　不是…，而是…　not ... but ...

◎舊報紙並不是垃圾，而是可以回收的資源。
Old newspapers are not garbage, but recyclable resource.

用法說明：「而」是連詞，多用於書面。本句型中的「而」表示轉折的語氣。「而」前後兩部分，一肯定，一否定，對比說明一件事；或一件事的兩個方面。

Explanation: 而 is a conjunction, most used in written material. Here, it indicates a disjunctive tone. This pattern is used to introduce two items, one affirmative and the other negative or the two sides of one matter by putting one thing before 而 and another one after.

練習　請用「不是…，而是…」完成下面各對話。

1. 張：聽說老趙這次還想競選市議員。
   Chang: They said that Old Zhao is still wants to run for a city council member this time.
   李：他這次不是想再競選市議員，而是想競選國會議員。
   Lee: He is not running for a city council member, but for a member of the parliament.

2. 張：小丁昨天被警察開罰單，還是因為超速吧？
   李：________________________________。

3. 張：老林說你又贏了他五十塊，你打麻將的技術越來越棒了。
   李：你弄錯了，________________________________。

4. 張：我媽是家庭主婦，一直都是我爸一個人負擔全家的經濟。
   李：我們家可不一樣，________________________________。

5. 張：你們公司做這麼大的廣告，是要發展國外市場嗎？
   李：我們的產量沒有那麼大，所以________________________________。

二　經過　pass, go through, via

◎經過這麼多年的努力，你們環保的成績怎麼樣？
After all these years of hard work, how are the results of your environmental protection?

用法說明：表示一種過程，經歷某種方式、活動。「經過」的後面可以用名詞、動詞、短句。

Explanation: This shows that something undergoes a certain process or course of action. 經過 may be followed by a noun, verb, or short clause.

練習　請把「經過」放在句中合適的地方。

1. 寶特瓶處理以後，還有別的用處。
After plastic soda bottles have been processed, they have other uses.
→寶特瓶經過處理以後，還有別的用處。
After plastic soda bottles have undergone processing, they have other uses.

2. 沒有學校的同意，不能借用演講廳。
___

3. 行李要海關檢查，才能拿走。
___

4. 我解釋以後，張小姐就不再誤會我了。
___

5. 這是大家開會討論決定的，誰都得遵守。
___

三　不至於

not to the point that ..., not go so far as to ...

◎如果臺灣這些年不那麼重視經濟發展，大家都認真遵守環保法律，也許汙染的情形就不至於那麼嚴重了。
If Taiwan hadn't attached so much importance to economic development during these years, and had earnestly abided by environmental protection laws, perhaps the pollution situation wouldn't have reached such a serious state.

用法說明：表示不會發展到某種地步、程度。是說話者對該事件的推測。「不至於」前面常用「才」、「還」、「就」、「該」、「總」、「也」等副詞。

Explanation: This shows that something will not reach a certain point or level. This is the speaker's deduction, inference, or prediction for a given situation. 才, 還, 就, 該, 總, or 也 and other such adverbs are often placed in front of 不至於.

練習　請用「不至於」改寫下面各句。

1. 你總不會因爲跟男朋友分手而自殺吧？
   You wouldn't ever kill yourself just because you broke up with your boyfriend, would you?
   → 你總不至於因爲跟男朋友分手而自殺吧？
   You wouldn't ever go so far as to kill yourself just because you broke up with your boyfriend, would you?

2. 老陳夫婦整天吵來吵去，但是還不會離婚。

   ____

3. 讓孩子知道了毒品的可怕，才不會好奇地去嘗試。

   ____

4. 老李這個人很規矩，就是需要錢用，也不會做非法走私的生意。

   ____

5. 我們工廠的工人鬧得很厲害，該不會眞的罷工吧？

   ____

四　又＋不/沒　It's not like ......

◎我又沒有一直按。

It's not like I was honking continuously.

用法說明：「又」表示加強否定的語氣。說話者覺得被誤會的時候，用本句型來爲自己辯解，或不認同對方意見時，說明自己的理由，稍有不悅的意味。請參考第三冊第五課第五個語法「並＋不/沒」及第三冊第八課第二個語法「可」。

Explanation: This 又 is used to emphasize the tone of negation. The speaker used this pattern to defend himself when he is misunderstood, or to explain his reason for his disapproval with a frowning tone. Please refer to 並＋不/沒 in Chapter 5, No. 5, and Chapter 8, No.2, 可 in Vol. 3.

練習

(一) 請用「又＋不/沒」完成下面各句對話。

1. 張：你別找了，今天八點的連續劇，因爲有重要的新聞，而改在十點播出了。
   Chang: Stop searching. The soap opera at 8 has been moved to 10 because of important news.
   李：又沒有人告訴我，我哪裡知道改時間了？！
   Lee: It's not like anyone told me. How could I know the time has changed?

2. 張：我上課有聽不懂的地方，都不敢問老師。
   李：老師又＿＿＿＿＿＿＿＿＿，有什麼好怕的。

3. 張：搖頭丸是現在青少年最愛的毒品，你怎麼不知道它是什麼樣子？
   李：我又＿＿＿＿＿＿＿＿＿，怎麼會知道它是什麼樣子？！

4. 張：這部電影是有關二次大戰的故事，我想請你妹妹去看。
   李：她又＿＿＿＿＿＿＿＿＿，她覺得打仗總是死好多人，太慘了。你還是請她看別的吧。

5. 張：老李，我在幫五號王美美拉票，下禮拜選舉，請投她一票。
   李：她又＿＿＿＿＿＿＿＿＿，我會選二號高偉立。

(二) 請在「並」、「可」、「又」三詞中，選一合適的填進空格裡。

1. 小林說的話，我都相信，他＿＿＿＿從來沒騙過人。

2. 老丁跟太太離婚 ________ 不是因為個性不合，而是因為太太有婚外情。

3. 你叫我，我沒答應，是眞的沒聽到，你 ________ 千萬別誤會。

4. 我室友一沒錢用了，就來找我借，眞倒楣。我 ________ 不是他的提款機。

5. 我爸是因為這家航空公司的服務態度太差，才不願意坐他們的飛機的，________ 不是覺得他們的餐點不好吃。

6. 你怎麼可以怪我？！我 ________ 不知道王美美懷孕了，要不然我也不會拉她去喝酒。

五　該 N/PN/NP　it's N/PN/NP's turn

◎今天該她倒垃圾。

It's her turn to take out the trash today.

用法說明：這個「該」就是「輪到」的意思。後面可以用名詞，代名詞、短句。

Explanation: This **該** NP means **輪到** NP (it's NP's turn). It can be followed by either a noun, pronoun, or noun phrase.

練習　請用「該 N/PN/NP」完成下面各對話。

1. 張：你排了半天的隊，怎麼沒買到票？
   Chang: You spent half the day in line; how could you have not gotten tickets?
   李：眞倒楣！排了半天，好不容易該我了，票就賣完了。
   Lee: What a disaster! I spent half the day in line. Then when it was finally my turn, the tickets were sold out.

2. 媽媽：你跟哥哥，今天誰打掃房間？
   女兒：________________________________。

3. 張：這個節目眞不錯，下面一個是什麼？
   李：________________________________。

4. 兒子：我一連割了三個鐘頭的草，好累！割下來的草，我掃不動了。
   媽媽：________________________________。

5. 張：這本小說現在到底在誰那裡？什麼時候才輪到我看啊？
　李：別急嘛！＿＿＿＿＿＿＿＿＿＿＿＿＿＿＿＿＿＿＿＿。

六　SV 得要命

SV to the extreme, nearing the point of death

◎平常都是我們自己提回來，重得要命。
Usually we carry them ourselves; they're unbelievably heavy.

用法說明：意思跟「SV 死了」差不多，也是誇張的語氣。但「SV 得要命」意思是 SV 這個情況對說話者是一種壓力，難以負荷。正反的 SV 都可以用。

Explanation: SV 得要命 is similar to SV 死了, and also used in exaggeration. However, while SV 得要命 only describes an extreme level or degree, SV 死了 indicates that the level or degree has reached the point of causing death. Thus, the two phrases are not always interchangeable. In SV 得要命 the SV can describe both a positive or a negative condition.

練習　請用「SV 得要命」完成下面各句。

1. 為了期末考，我開了幾天的夜車了，現在累得要命。
   I pulled a few all-nighters for the semester exam. Now I'm so tired I could die.
2. 我弟弟錯過了這個難得的機會，＿＿＿＿＿＿＿＿。
3. 這是不是你的襪子？＿＿＿＿＿＿＿＿！求求你趕快拿開。
4. 教堂裡一點聲音都沒有，＿＿＿＿＿＿＿＿，害我都不敢講話。
5. 小陳自從出車禍以來，開車都＿＿＿＿＿＿＿＿，離路口還很遠就慢下來了。

七　V 掉　V out, V away

◎這些罐子…，每天丟掉的不知道有多少。
These cans..., who knows how many were thrown out each day.

用法說明： 這個「掉」是RE。表示「去除」、「與主體分開」或「V 以後，談到的事物就不再存在了」。

Explanation: This 掉 is a RE which shows that something is being discarded, is being separated from the whole, or will no longer exist after an action is completed.

練習　請填上合適的「V 掉」RC。

1. 這些衣服實在不好看，難怪賣了好幾個禮拜，還賣不掉。
   These clothes are truly ugly. No wonder they've been selling for several weeks but still can't be sold out.
2. 吵死了！把收音機 ______________，我要睡覺。
3. 這麼一點菜留著幹嘛？你 ______________吧！
4. 那件事情太可怕了，我想忘都 ______________。
5. 這件襯衫上的黑點 ______________ 嗎？
6. 警察追了半天，小偷還是 ______________。
7. 你不用擔心，會汙染環境的廢棄物已經 ______________ 了。

八　不能不　cannot avoid, must certainly

◎我看情形已經嚴重得不能不重視了。

It seems to me that the situation is already so serious that one can no longer avoid placing great importance on this issue.

用法說明： 意思是「應該」、「必須」、「一定得」。表示「不這麼做不行」。跟「不得不」有分別。（請參看第二課第三個句型）

Explanation: Here, two negatives form a positive, so 不能不 means "ought to, have to or must." It shows that it will be unacceptable to do things any other way. This is similar to 不得不 (please refer to Ch. 2, No. 3 in sentence patterns), however, 不得不 implies that the situation arises from force or being compelled rather than simply from necessity.

練習

(一) 請用「不能不」完成下面各句。

1. 飛機快起飛了，不能不走了，要不然就來不及了。
The airplane is going to take off soon. You must go now, otherwise you won't make it.
2. 我要上台表演，臉太白不好看，不能不＿＿＿＿＿＿＿＿。
3. 他是我弟弟，他有困難找我幫忙，我不能不＿＿＿＿＿＿＿＿。
4. 那件事是由李主任負責的，你們要開會不能不＿＿＿＿＿＿＿＿。
5. 你要申請獎學金，就不能不＿＿＿＿＿＿＿＿。

(二) 請把下面各句改成「不能不」的句子，並比較不同，用英文也可以。

1. 陳先生的薪水太少，陳太太不得不節省一點。
＿＿＿＿＿＿＿＿＿＿＿＿＿＿＿＿＿＿＿＿
2. 醫生說小趙眼睛裡的東西會越長越大，所以他不得不開刀。
＿＿＿＿＿＿＿＿＿＿＿＿＿＿＿＿＿＿＿＿

課室活動

一、角色扮演

1. 一個鄉下的化學工廠正在整理一塊地，計畫蓋一個新廠房。由於工廠的廢水已經汙染了附近的田地，所以農人們非常不願意再增加一個新廠，加重汙染的情形，就派了兩個代表去見工廠老闆。不但要求停蓋新廠，還希望工廠能賠償他們的損失。因為汙染不但害他們辛辛苦苦種的農產品產量減少，連品質都變壞了。工廠老闆不願意接受他們的要求，先派經理跟他們談話，農人們不相信經理，還是要見老闆。請四個學生演出老闆、經理跟農人代表們的談話。

2. 問題越鬧越大，一個電台記者就請了工廠老闆、環保專家、農人、住在城市裡的人、大學裡的生物學教授來電台開討論會，說說自己對環保的看法。請五個學生演出這個討論會。

可能用到的詞：

化學 (chemistry), 化學藥品 (chemicals), 蓋 (gài, to build), 田地 (tiándì, field), 賠償 (péicháng, to compensate), 損失 (sŭnshīh) (sŭnshī, lose; loss), 經理 (manager of an office), 容忍 (to tolerate), 示威遊行 (shìhwēiyóusíng) (shìwēiyóuxíng, to demonstrate by parade), 絕種 (jyuéjhŏng) (juézhŏng, to become extinct, to die out), 經濟成長 (economic growth), 生物 (living organisms), 肥料 (féiliào,fertilizer)

二、討論問題

1. 如果你有權力決定一個城市的建設計畫，你希望你的城市有百分之多少的綠地公園？為什麼？市區裡的垃圾要怎麼處理呢？
2. 有的人並不反對環保，可是他們的態度是「不要在我家後院」(not-in-my-backyard)，對這種人你有沒有辦法改變他們的想法呢？垃圾場到底應該設在哪兒呢？

短文	地球的話

嗨！大家好！我是地球，就是你們人類住的地方。我們一起生活了幾十萬年，我的日子卻一天比一天難過了。

你們的祖先生活比較簡單：餓了就摘些樹上的果子[1]吃；冷了就穿上動物的皮；下雨、颱風就躲[2]在山洞[3]裡；出門就靠兩條腿。哪裡像你們這些現代人，不管天上飛的，地上跑的，水裡游的，只要你們想吃，沒有一樣逃得掉。我常聽見那些動物抱怨：你們人類再不停止[4]殺牠們，等牠們都死光了，看你們到哪兒再去找東西來填飽肚子[5]。

你們住的大樓，一棟比一棟高，從早到晚開著電燈、冷氣，住在裡面，連春夏秋冬都分不清楚。你們用起水來，也從來不愛惜，好像都是免費的。難道你們不知道，我讓你們用的這些東西，都有用完的一天嗎？現在我全身都是傷，而且病得越來越嚴重了。

不知道誰發明了這麼多用了就丟，而且幾百年也爛不了的東西，害我整天不停地吃垃圾，肚子都快裝不下了。你們還動不動就砍[6]樹，弄得我都快禿頭了。 唉！我本來是這麼漂亮的一個星球[7]，現在你們看看，我有多慘啊！如果你們不關心我，還是天天這樣地傷害我，我完蛋[8]的那天，你們也活不成了。

Vocabulary:

1. 果子 (guǒ·zih) (guǒ·zi): fruit
2. 躲 (duǒ): to hide
3. 山洞 (shāndòng): cave in a mountain
4. 停止 (tíngjhǐh) (tíngzhǐ): to stop
5. 肚子 (dù·zih) (dù·zi): stomach; belly
6. 砍 (kǎn): to cut down (trees, etc.)
7. 星球 (sīngcióu) (xīngqiú): star, planet, heavenly body
8. 完蛋 (wándàn): to be finished

地球的話

嗨！大家好！我是地球，就是你們人類住的地方。我們一起生活了幾十萬年，我的日子卻一天比一天難過了。

你們的祖先生活比較簡單：餓了就摘些樹上的果子[1]吃；冷了就穿上動物的皮；下雨、颱風就躲[2]在山洞[3]裡；出門就靠兩條腿。哪裡像你們這些現代人，不管天上飛的、地上跑的、水裡游的，只要你們想吃，沒有一樣逃得掉。我常聽見那些動物抱怨：你們人類再不停止[4]殺牠們，等牠們都死光了，看你們到哪兒再去找東西來填飽肚子[5]。

你們住的大樓，一棟比一棟高，從早到晚開著電燈、冷氣，住在裡面，連春夏秋冬都分不清楚。你們用起水來，也從來不愛惜，好像都是免費的。難道你們不知道，我讓你們用的這些東西，都有用完的一天嗎？現在我全身都是傷，而且病得越來越嚴重了。

不知道誰發明了這麼多用了就丟，而且幾百年也爛不了的東西，害我整天不停地吃垃圾，肚子都快裝不下了。你們還動不動就砍[6]樹，弄得我都快禿頭了。唉！我本來是這麼漂亮的一個星球[7]，現在你們看看，我有多慘啊！如果你們不關心我，還是天天這樣地傷害我，我完蛋[8]的那天，你們也活不成了。

第十三課　比比看誰會說故事

■兒童讀物（范慧貞攝）

（高偉立躺在湖邊草地上曬太陽）

建國（用飛盤蓋在偉立臉上，低聲說）：猜猜我是誰！

偉立：還需要猜嗎？！除了林建國，誰會做這種事？（拿開飛盤，張開眼睛）

欣欣：還有我們呢！

美眞：對不起，打斷了你的美夢。

偉立：哪兒有時間做夢啊？我正在為下禮拜的中文說故事比賽煩惱呢。你們來得正好，幫我想想吧！

建國：美真剛剛說了一個，**是關於**一個孝順孩子的故事。

偉立：哦？快說給我聽聽。

演講比賽（劉秀芝提供）

建國：很久以前，有個小孩，父親過世以後，跟著母親過日子。有一年冬天，母親病得很厲害，特別想吃魚。可是河水都結冰了，哪兒來的魚呢？

偉立：可以去市場買啊！

建國：他家窮，買不起。他就走到河上，找了一個冰比較薄的地方，脫了衣服，躺下來。

偉立：他瘋啦？那麼冷的天氣，怎麼受得了啊？！

建國：**說也奇怪**，他不但沒凍死，反而把冰融化了。媽媽吃了他抓來的魚，病就好了[1]。

欣欣：這個孩子真孝順，他沒凍死，真是奇蹟。

偉立：你還有沒有別的故事？

美眞：我的故事可多呢！幾天都說不完。不過，要我說故事，有個條件，你得請我看電影。

偉立：那有什麼問題？你再說幾個，我就請你看電影。

美眞：好，你說話要算話喔！

偉立：我**向來**說話算話，大家可以作證啊！

美眞：好吧！我們有很多有關孝順的故事[2]，不過你們大概沒興趣。我還是說一個兩頭蛇的故事吧！

欣欣：兩個頭的蛇？那一定很可怕！

美眞：從前人迷信誰看見兩頭蛇，誰就會死。有一天有個小男孩出去玩的時候，看見一條兩頭蛇，嚇得轉身就跑，……

建國：噢，我知道了，他勉強跑了幾步就死了。

欣欣：你別插嘴，讓美真說下去嘛！

美眞：他跑了幾步就想到不如把蛇打死，免得別人也看到，**於是**又跑回去把蛇打死了。

偉立：後來呢？他到底死了沒有？

美眞：你們不必替他擔心。他哭著跑回家，媽媽聽了他的話，就摸著他的頭說：「傻孩子，你不會死的。這只是迷信。你的心這麼好，好心的人，**遲早**會有好結果的。[3]」

欣欣：真有意思！再說一個，好不好？

美眞：讓我想一想。噢，有了！一隻黑羊在橋這邊，一隻白羊在橋那邊，兩隻羊都要過橋，走到橋中間就碰上了。因為橋很窄，過不去。可是誰也不肯讓，就打了起來，**結果**都從橋上摔下來，掉進河裡去了。

偉立：講完了？太簡單了吧？

美眞：這只是大概的意思，你可以用你**所**學過**的**詞彙，把故事說得有趣一點。你不覺得這個故事雖然內容很簡單，意思卻很深嗎？而且，你的中文程度現在已經不錯了，一定可以說得很好的。

偉立：那我回去想想，看怎麼說比較好。

欣欣：我也有個故事，聽完了也要請我看電影喔！

建國：說吧！他不請，我請。可是不能說得亂七八糟喔！

欣欣：華盛頓小時候，有一次想試試看爸爸送的斧頭利不利，砍倒了院子裡一棵樹。那是爸爸最喜歡的一棵櫻桃樹。爸爸很生氣，問是誰砍的。

美眞：華盛頓雖然知道說出來會被打屁股，還是很勇敢地站出來，向父親認錯，承認是自己砍的。

偉立：爸爸不但不生氣了，還誇獎他是個誠實的好孩子。

建[illegible]：這個故事已經老掉牙了，大家都熟得不能再熟了。你沒有新鮮一點的嗎？算了，看你說得這麼辛苦，電影還是照請吧！

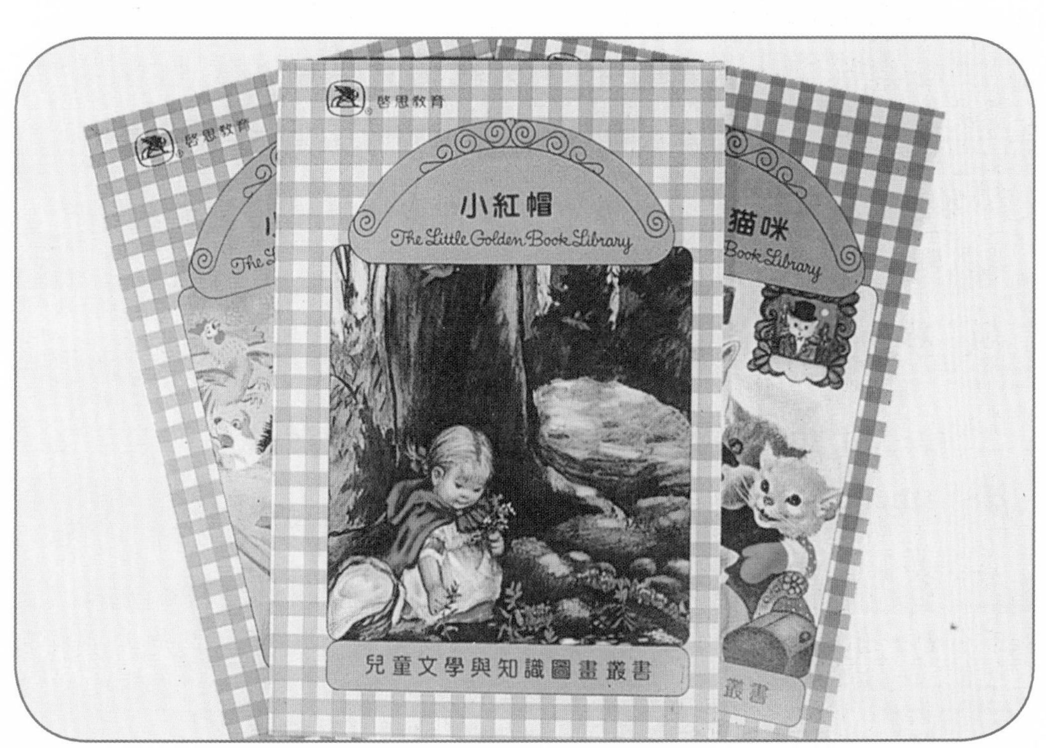

■童話書（吳俊銘攝）

生詞及例句

1 飛ㄈㄟ 盤ㄆㄢˊ (fēipán) N：Frisbee

我跟小林一起玩飛盤，他丟得太高，我老是接不到。

2 蓋ㄍㄞˋ (gài) V：to cover, to cover with; to build

(1) 這個機器現在不用了，用塊布蓋起來吧。
(2) 雖然已經是秋天了，可是還不太冷，不必蓋毯子。
(3) 飛機場的附近，房子都不能蓋得太高，免得影響安全。

蓋ㄍㄞˋ 子˙ㄗ (gài·zih) (gài·zi) N：lid, cover

趕快把蓋子蓋上吧！要不然茶一會兒就涼了。

3 猜ㄘㄞ (cāi) V：to guess, to speculate

李愛美叫我猜她的年紀，我猜了半天都沒猜對。

猜ㄘㄞ 出ㄔㄨ 來ㄌㄞˊ (cāichūlái) RC：to figure out by guessing

我男朋友說我一定猜不出來他送我的禮物是什麼。

4 做ㄗㄨㄛˋ 夢ㄇㄥˋ (zuò//mèng) VO：to dream

主持人宣布王英英當選了世界小姐，她以為自己在做夢。

夢ㄇㄥˋ (mèng) N：dream

美ㄇㄟˇ 夢ㄇㄥˋ (měimèng) N：pleasant dream

丁小青一直希望得獎，這次她得了最佳女主角獎，可以說是美夢成真了。

惡ㄜˋ 夢ㄇㄥˋ (èmèng) N：nightmare

(1) 我再也不看恐怖片了，每次看了，晚上都會做惡夢。
(2) 先生的外遇對陳太太來說，真是一場惡夢。

白ㄅㄞˊ日ㄖˋ夢ㄇㄥˋ (báirìhmèng) (báirìmèng)　N：daydream

別做白日夢了！你從來不念書，還想得博士？

夢ㄇㄥˋ見ㄐㄧㄢˋ / 夢ㄇㄥˋ到ㄉㄠˋ (mèngjiàn/mèngdào)

RC：to see in a dream, to dream about

昨天晚上我做了一個很可怕的夢，夢見有人要殺我。

5 關ㄍㄨㄢ於ㄩˊ (guānyú)　CV：concerning, with regard to, about

(1) 關於出國留學的事，我得再考慮考慮。
(2) 我們剛剛談的是關於捐錢給學校的事。

6 孝ㄒㄧㄠˋ順ㄕㄨㄣˋ (siàoshùn) (xiàoshùn)　SV/V：to be filial/to show filial obedience

(1) 你怎麼這麼不聽話？讓爸爸生這麼大的氣，太不孝順了。
(2) 華人都覺得孝順父母比什麼都重要，不但要聽父母的話，等父母老了，還要照顧他們。

7 過ㄍㄨㄛˋ世ㄕˋ (guòshìh) (guòshì)　V：to die, to pass away

李：你爺爺的病好了沒有？
張：他上個禮拜已經過世了。

8 過ㄍㄨㄛˋ日ㄖˋ子ㄗ˙ (guò//rìh·zih) (guò//rì·zi)　VO：to live, to survive

(1) 日子過得好快啊！我來法國已經一年了。
(2) 小高每天糊裡糊塗地過日子，將來要做什麼，一點計畫也沒有。

9 結ㄐㄧㄝˊ冰ㄅㄧㄥ (jié//bīng)　VO：to freeze, to ice up

溫度太低，路上的雪都結成冰了。

結ㄐㄧㄝˊ (jié)　V/N：to bear (fruit); to knot /a knot

(1) 這棵樹上結的蘋果特別大。
(2) 我的頭髮好久沒洗了，都打結了。

10 窮ㄑㄩㄥˊ (cyóng) (qióng) SV：to be poor, poverty-stricken

小陳家很窮，吃了這頓飯，不知道下頓在哪裡。

窮ㄑㄩㄥˊ人ㄖㄣˊ (cyóngrén) (qióngrén) N：destitute people, the poor

如果政府的經濟政策不適當，會讓富人（有錢人）越來越富（有錢），窮人越來越窮。

11 薄ㄅㄠˊ (báo/bó) SV：to be thin, flimsy

天氣變冷了，你穿這麼薄的衣服，夠暖嗎？

12 瘋ㄈㄥ (fōng) (fēng) SV/V：to be insane, crazy, mad / to go crazy, mad

(1) 學校、社會、家庭都給他壓力，小錢受不了，就瘋了。看到人就罵，看到書就丟。家人只好把他送到醫院去。
(2) 小高今天跟幾個朋友出去，又跳舞，又打球，又游泳，瘋了一天，現在累得動不了了。

瘋ㄈㄥ子˙ㄗ (fōng·zih) (fēng·zi) N：lunatic, madman

(1) 我今天回家的時候，看到一個瘋子站在十字路口，對著路上的人大聲演講。
(2) 媽媽罵我們是瘋子，怎麼可以把溼鞋子放在烤箱裡烤？！

發ㄈㄚ瘋ㄈㄥ (fā//fōng) (fā//fēng) VO：to go mad, to lose one's mind

你發什麼瘋？這麼冷的天還開冷氣？！

13 凍ㄉㄨㄥˋ (dòng) V/SV：to freeze/ to be freezing cold

(1) 去年冬天特別冷，凍死了好多人。
(2) 暖氣壞了，昨天晚上凍得我睡不著。

冷ㄌㄥˇ凍ㄉㄨㄥˋ (lěngdòng) V：to freeze

今天我買了兩條魚，吃了一條，另外一條已經冷凍起來了。

果ㄍㄨㄛˇ凍ㄉㄨㄥˋ (guǒdòng) N：gelatin, "Jell-O"

14 條ㄊㄧㄠˊ件ㄐㄧㄢˋ (tiáojiàn)　N：conditions, terms

(1) 我們跟對方簽約以前，一定要先把條件談好，免得賺不到錢。
(2) 李大偉各方面的條件都很棒，不但人長得又高又帥，而且家庭環境也很好，還有博士學位，難怪那麼多女孩子欣賞他。

15 說ㄕㄨㄛ話ㄏㄨㄚˋ（不ㄅㄨˊ）算ㄙㄨㄢˋ話ㄏㄨㄚˋ [shuōhuà (bú) suànhuà]

IE：（without 不）to mean what one says, to keep one's word /（with 不）to fail to keep a promise, to break one's word, to be unreliable in keeping one's word

小王說昨天要還我錢的，結果到今天還沒看見他，這個人真是說話不算話。

16 向ㄒㄧㄤˋ來ㄌㄞˊ (siànglái) (xiànglái)

A：from past to present, always, all along (for routine conditions)

老丁向來都很小氣，從來沒請過客，怎麼今天會請我們喝咖啡？

17 作ㄗㄨㄛˋ證ㄓㄥˋ (zuò//jhèng) (zuò//zhèng)　VO：to testify, bear witness

王英英昨天晚上一直跟我在一起，不可能去你家偷東西，我可以作證。

證ㄓㄥˋ人ㄖㄣˊ (jhèngrén) (zhèngrén)　N：witness

警察抓到王大文，說他搶銀行，他說警察抓錯了。可是銀行的職員都願意當證人，而且警察還有證物，就是他逃跑時掉了的那隻鞋。

證ㄓㄥˋ件ㄐㄧㄢˋ (jhèngjiàn) (zhèngjiàn)

N：document; papers; credentials; certificates

我第一天去新公司上班，把皮包忘在計程車上，很多證件都在裡面，像身份證、護照、駕照、保險卡，大學畢業證書什麼的。我正急得滿頭大汗的時候，好心的司機就打電話來了。

18 蛇ㄕㄜˊ (shé)　N：snake, serpent（M：條）

眼鏡蛇的毒很厲害，千萬要小心。

19 迷信 (mísìn) (míxìn)

SV/N/V：to be superstitious/superstition/to believe a superstition

(1) 老王迷信得不得了，從來不從梯子下面走過。
(2) 有的人認為十三號星期五會發生不幸的事，這完全是迷信。
(3) 我們老闆相當迷信風水 (geomancy)，房子的大門一定要開在東邊。

20 轉身 (jhuǎn//shēn) (zhuǎn//shēn)

VO：to turn one's body, turn around

我帶著孩子在排隊買票，一轉身就發現孩子不見了。

轉眼 (jhuǎnyǎn) (zhuǎnyǎn)

A：in the twinkling of an eye, in a very brief period of time, an instant, a moment

時間過得真快，好像才剛開學，轉眼就要放暑假了。

21 勉強 (miǎnciǎng) (miǎnqiǎng)

V/SV/A：to force someone to do something; to manage with an effort; to do with difficulty/to be strained; constrained; unnatural; unconvincing/reluctantly; grudgingly; unwillingly

(1) 孩子對法律沒興趣，你就不要勉強他念法律系吧。
(2) 感情的事不能太勉強，你男朋友既然已經變心了，你就想開一點吧。
(3) 我今天雖然喉嚨痛，可是找不到人代課，只好勉強教了四個小時的書，才回家休息。

22 插嘴 (chā//zuěi) (chā//zuǐ)

VO：to interrupt a conversation, to cut with one's own opinion

大人說話，小孩子不要插嘴，不然很沒禮貌。

插 (chā) V：to insert, to stick in

吃飯的時候，不可以把筷子插在飯碗裡，這是臺灣人的規矩。

插隊 (chā//duèi) (chā//duì) VO：to cut in line

我們已經排了很久了，你才來，請你到後面去排隊，別插隊！

插ㄔㄚ 圖ㄊㄨˊ (chātú) N：illustrations or plates (in a book or magazine, etc.)

這本小說裡的插圖，不管是人、風景，都是我弟弟畫的。

插ㄔㄚ 花ㄏㄨㄚ (chā//huā) VO/N：to arrange flowers/flower arranging

(1) 我媽喜歡百合花，所以她總是在花瓶裡插兩枝百合花 (lily)。
(2) 聽說從前的日本女人結婚以前一定要學插花。

插ㄔㄚ 曲ㄑㄩˇ (chācyǔ) (chāqǔ)

N：accompanying songs in a play or film other than the main theme songs

(1) 你說的這首歌是那部電影裡的插曲，並不是主題曲。
(2) 王先生說外遇只是生活裡的一個小插曲，不必太認真。

插ㄔㄚ 頭ㄊㄡˊ (chātóu) N：an electrical plug

咦，錄音機怎麼沒有聲音？噢，原來是插頭鬆了。

插ㄔㄚ 座ㄗㄨㄛˋ (chāzuò) N：an electrical outlet

冰箱不能放這邊，因為這面牆上沒有插座，沒有地方插插頭。

23 於ㄩˊ 是ㄕˋ (yúshìh) (yúshì) CONJ：thereupon, hence, consequently, as a result

李大偉接到隔壁王太太的電話，說他們家的門開著，客廳裡的東西都翻亂了，可能有小偷進去了，於是他馬上跟老闆請假，趕回去看看。

24 摸ㄇㄛ (mō) V：to feel, stroke, touch; to feel for, grope for, fumble for

(1) 孩子是不是有點發燒？你摸摸看！
(2) 我摸摸口袋，才發現一毛錢也沒帶！

25 傻ㄕㄚˇ (shǎ) SV：to be silly, foolish, stupid

(1) 很多聰明女孩一談起戀愛來就變傻了，男朋友說什麼都相信。
(2) 李導演是我的偶像，我上次跟他見面的時候，高興得只知道傻傻地看著他，什麼話也說不出來。

傻ㄕㄚˇ瓜ㄍㄨㄚ (shǎguā) N：a fool; a blockhead; a simpleton; a stupid fellow; a pudding head; a pumpkin head; a thick head

(1) 大家都看得出來老張只是想利用你，只有你這個傻瓜才會以為他是好人，還借錢給他開公司。
(2) 小張對女朋友說：「小傻瓜，我有了你，怎麼會對別的女孩有興趣呢？」

26 遲ㄔˊ早ㄗㄠˇ/早ㄗㄠˇ晚ㄨㄢˇ (chíhzǎo) (chízǎo/zǎowǎn) A：sooner or later

不管什麼人，遲早都會死的，不如趁活著的時候，好好兒地享受一下生活。

遲ㄔˊ到ㄉㄠˋ (chíhdào) (chídào) V：to be late / arrive late

對不起！晚了二十分鐘，路上塞車，所以我遲到了。

27 羊ㄧㄤˊ (yáng) N：sheep（M：隻）

俗話 (súhuà, a common saying) 說：「羊毛出在羊身上。」不要以為百貨公司送你禮物，你就賺到了，其實這個禮物的錢，已經算在你買的東西裡面了。

28 窄ㄓㄞˇ (jhǎi) (zhǎi) SV：to be narrow

我的腳寬，這雙鞋太窄了，我沒辦法穿。

29 肯ㄎㄣˇ (kěn) AV：to be willing to

老王雖然願意幫我搬家，可是不管我怎麼求他，他都不肯讓我用他的車來搬東西。

30 讓ㄖㄤˋ (ràng) V：to give way, give in

(1) 在路口，開車的要讓走路的，這是大家都知道的常識。
(2) 在公共汽車上，我看見老人，一定把位子讓給他坐。

31 摔ㄕㄨㄞ (shuāi) V：to fall, tumble; to break; to cast, throw, fling, slam

(1) 那兩個小孩的運氣真好，從那麼高的地方摔下來，一個一點都沒摔傷，一個只摔斷了腿。
(2) 隔壁那對夫妻吵架以後，先生氣得把門一摔就走了。
(3) 我弟弟一生氣就亂摔東西。

摔ㄕㄨㄞ倒ㄉㄠˇ (shuāi//dǎo) RC：(said of a person) to fall down

下了雪，路很滑，我一不小心就摔倒了。

32 內ㄋㄟˋ容ㄖㄨㄥˊ (nèiróng) N：content, meaning, theme

(1) 這篇文章的內容很豐富，各方面的問題都提到了。
(2) 李老師的演講沒什麼內容，大家都聽得很無聊。

33 程ㄔㄥˊ度ㄉㄨˋ (chéng//dù) N：degree, level

我對舞台劇的了解，程度沒有李教授那麼高，你還是去請教他吧。

34 亂ㄌㄨㄢˋ七ㄑㄧ八ㄅㄚ糟ㄗㄠ (luàn cī bā zāo) (luàn qī bā zāo)

IE：in a mess, in terrible disorder

小王今天歷史課的報告沒有準備好，講得亂七八糟，把清朝的事說成民國以後的事了。

35 斧ㄈㄨˇ頭ㄊㄡˊ (fǔ·tóu) N：axe, hatchet（M：把）

36 利ㄌㄧˋ (lì) SV：to be sharp

這把刀是吃肉用的，所以很利。

37 砍ㄎㄢˇ倒ㄉㄠˇ (kǎn//dǎo) RC：to fell (trees, etc.), to cut down

森林裡的樹不知道被誰砍倒了好幾棵，警察正在查。

砍 (kǎn) V：to chop, hack, cut

(1) 那個瘋子拿著刀到處亂砍，真嚇人。
(2) 我們實驗計畫的經費被砍了三分之一，現在只有七十萬了，所以很多設備都沒有錢買了。

38 櫻桃 (yīngtáo) N：cherry

桃子 (táo·zih) (táo·zi) N：peach

39 屁股 (pì·gǔ) N：buttocks, butt

小孩子坐不住，沒坐幾分鐘，就覺得屁股痛了。

放屁 (fàng//pì)

VO/IE：to break wind, flatulate, fart; to speak nonsense/Nonsense!

剛剛有人在電梯裡放屁，臭得我受不了。

拍馬屁 (pāi//mǎpì) VO：to flatter, fawn over

小趙想要加薪，所以常常拍老闆馬屁，不是說老闆能幹，就是幫他倒咖啡、提皮包。

40 勇敢 (yǒnggǎn) SV：to be brave, courageous

房子裡的火很大，可是王太太還是很勇敢地跑進去救孩子。

41 站出來 (jhànchū·lái) (zhànchū·lái)

V：to stand out of the crowd, to stand up for

老闆叫我走路，沒有一個人敢站出來替我說話，都怕自己也丟了工作。

42 向 (siàng) (xiàng) CV：towards; to face; to turn towards; all along; hitherto

我請張教授幫我寫推薦信。後來我一拿到獎學金，就馬上打電話向他道謝。他客氣地說是我自己成績好，不必謝他。

43 承ㄔㄥˊ認ㄖㄣˋ (chéngrèn)

V/N：to admit, acknowledge; to give diplomatic recognition, to recognize/recognition

(1) 這個孩子是小林的，可是他不想負責任，一直不肯承認。
(2) 這個國家的軍隊推翻原來的政府，建立了新的政府，但是還沒有得到別的國家的承認。

認ㄖㄣˋ錯ㄘㄨㄛˋ (rèn//cuò)　VO：to admit one's mistake

這筆生意沒有做成，全公司都知道是張主任的問題，可是他為了面子，怎麼都不肯認錯。

44 誠ㄔㄥˊ實ㄕˊ (chéngshíh) (chéngshí)

SV/N：honest, upright, trustworthy/honesty, trustworthiness

千萬要說真話，別騙人，誠實比什麼都重要，沒有老闆會願意用一個不誠實的人。

老ㄌㄠˇ實ㄕˊ (lǎo·shíh) (lǎo·shí)

SV：honest, frank, well-behaved, simple-minded, easily taken in

小高很老實，你跟他說什麼，他都相信。

45 老ㄌㄠˇ掉ㄉㄧㄠˋ牙ㄧㄚˊ (lǎo diàoyá)

AT：very old, hackneyed (literally:"so old it's losing its teeth")

這種老掉牙的笑話，我已經聽過幾千次了，誰還要聽啊？！

46 熟ㄕㄡˊ (shóu)　SV/RE：to be familiar, cooked, ripe, practiced

(1) 這附近我很熟，哪邊有餐廳，哪邊有郵局，我都很清楚。
(2) 老張在藝術界有很多熟人，知道很多表演活動的消息。
(3) 我媽喜歡吃全熟的牛排，她不敢吃還看得到血的肉，可是我覺得五分熟的才好吃。
(4) 這些香蕉還是綠的，太生了，要等黃了、熟了，才能吃。
(5) 我把這篇文章背熟了，就可以上台演講了。

47 照ㄓㄠˋ + V (jhào-V) (zhào-V) A：as usual, as before, as of old

明天要考試了，小錢還是照玩，去夜店喝酒、跳舞，一點也不緊張。

注釋

1. This story is one of the 二十四孝, "Twenty-four Stories of Filial Piety." These are stories about the filial deeds of sons from antiquity.
2. **很多關於孝順的故事**, "many stories about filial piety." The most popular ones are in the above -mentioned 二十四孝. From very early on in Chinese history, in a great part due to the teachings of Confucius, the concept of filial piety was instilled in the minds of children. Filial piety includes honoring and respecting one's parents during childhood as well as caring for elderly parents when one comes of age. This latter point is based on the idea that parents lavish care on children when they are young and helpless, so children should reciprocate when their parents are old and unable to care for themselves. The concept of filial piety is still one of the most important virtues in Chinese and Taiwanese society. Treating one's parents poorly is considered a sign of extreme moral depravity.
3. **好心的人遲早會有好結果的**, "In the end, kind-hearted people will get their just reward.

文法練習

一　NP1 是關於 NP2　NP1 is about/concerns NP2

◎美真剛剛說了一個，是關於一個孝順孩子的故事。
Mei-Zhen just told one. It was a story about a filial child.

用法說明：表示 NP1 跟 NP2 有關聯。
Explanation: This shows that NP1 and NP2 are related.

練習　請用「NP1是關於NP2」改寫下面各句。

1. 張教授昨天講的內容跟現代婦女的社會地位有關。
   The content of Professor Zhang's lecture yesterday was related to modern woman's place in society.
   →張教授昨天講的內容是關於現代婦女的社會地位。
   The content of Professor Zhang's lecture yesterday concerned modern woman's place in society.

2. 這本書寫的都跟第二次世界大戰的情形有關。
   ____

3. 明天要考的都跟中國的氣候和出產有關。
   ____

4. 我們明天開會，要討論臺幣升值對貿易的影響。
   ____

5. 剛剛記者報告臺北空氣汙染的情況，你聽到了沒有？
   ____

二　說也奇怪　It's really odd.

◎說也奇怪，他不但沒凍死，反而把冰融化了。
It's really odd. Not only did he not freeze to death, but he even made the ice melt.

用法說明：說話者對「說也奇怪」後面的情況覺得迷惑，無法了解，或找出原因。
Explanation: After **說也奇怪** is a situation which the speaker feels is odd or perplexing, and defies reason.

練習　請跟據所給情況用「說也奇怪」說出完整的句子。

1. 有一個人本來病得很重，快要死了，吃了這個醫生的藥，第二天就好了。
   Once there was a person who was seriously ill and was on the verge of dying. He ate this doctor's medicine and recovered the next day.

→那個人本來病得很重，快要死了，說也奇怪，吃了這個醫生的藥，第二天就好了。

Once there was a person who was ill and was on the verge of dying. Then a very strange thing happened: he ate this doctor's medicine and recovered the next day.

2. 有一個學生打架、吸毒，誰都管不了，可是張教授教他以後，他就變好了。

____

3. 你室友的父親在市區發生了車禍，當時他坐在有冷氣的教室裡，卻一直不停地流汗。

____

4. 地震的時候，房子倒了，有一個小孩被壓在下面。大家把他救出來的時候，他居然一點傷也沒有。

____

5. 有一家超級市場每天把東西收好了關門，可是第二天早上開門一看，東西總是亂七八糟的。

____

三　向來　always, all along, from past to present

◎我向來說話算話。

I always mean what I say.

用法說明：「向來」跟「從來」都表示從以前到現在，情況不變，可是「向來」一般用於肯定句，「從來」一般用於否定句。如果「向來」用於否定句，程度沒有「從來」那麼強，只是一個習慣的行爲模式。「一直」則表示在一個起點、終點都很明確的時段內，情況不變。

Explanation: Both 向來 and 從來 mean "the situation remains the same from past to present," but 向來 is usually used in positive sentences, and 從來 is usually used in negative sentences. If 向來 is in a negative sentence, its degree is not as strong as 從來, and it is only a costumed behavior pattern. Whereas, 一直 means "the situation remains the same during a period of time which has clear starting and ending points."

練習

(一) 請用「向來」完成下面對話。

1. 張：欸，你居然還知道廚餘可以回收！
   Chang: Hey, I didn't expect that you knew that kitchen waste can be recycled.
   李：那還用說？！我向來重視環保。
   Li: Obviously. I always pay attention to environmental protection.

2. 張：沒想到你爺爺的想法這麼保守，覺得女孩子不必念博士。
   李：你不知道，他向來＿＿＿＿＿＿＿＿＿＿。

3. 張：你們昨天去逛百貨公司，王美美怎麼沒有去？
   李：她向來＿＿＿＿＿＿＿＿＿＿，百貨公司的東西對她來說都太貴了，而且她也不買用不著的東西。

4. 張：剛才小陳看到你，怎麼好像沒看到一樣？你們不是同學嗎？
   李：我想他不喜歡我，他對我向來＿＿＿＿＿＿＿＿＿＿。

5. 張：每次有升級的機會，爲什麼你們老闆都不考慮女職員？
   李：因爲他向來＿＿＿＿＿＿＿＿＿＿，看不起女人，覺得女人都沒有男人能幹。

(二) 請在「向來」、「從來」、「一直」三詞當中，選一個合適的填進空格裡。

1. 我開車＿向來＿遵守交通規則，怎麼可能會闖紅燈！？
2. 老王開刀以後就＿一直＿按照醫生的規定，不再抽菸、喝酒了。
3. 我＿向來＿喜歡看偵探片，因爲劇情都很緊張刺激。
4. 我對我老哥有信心，因爲他＿從來＿沒讓我們失望過。
5. 男朋友向我道歉，我不想聽，他還＿一直＿跟我解釋。
6. 小陳個性很急，不喜歡等，所以不管坐車、買票都＿從來＿不排隊。

四　於是　thereupon, to act accordingly

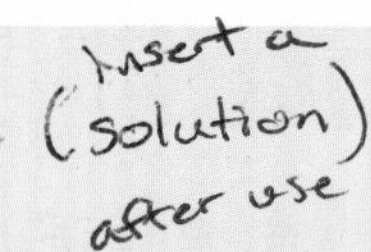

◎……，於是又跑回去把蛇打死了。

……., thereupon (he) ran back to kill the snake.

用法說明：「於是」後面的事情，往往是由「於是」前面的事情引起的。表示：因爲「於是」前面的情況，而採取「於是」後面的行動；並不是像「所以」一樣的單純因果關係。自然現象就不可以用「於是」。「於是」也可以用在主語後面。

Explanation: The thing after 於是 is usually caused by the thing before 於是. It indicates because of the former situation, the action takes place later accordingly. It is different from 所以 which is only for causal relations. Therefore natural phenomena cannot be described with 於是. 於是 can be put after the subject.

練習

(一) 請用「於是」完成下面各句。

1. 政府注意到經濟全球化的影響，於是找專家研究出一些這方面的新政策。
The government noticed the effect of economical globalization, so they found some experts to research and got some new policies in this field.
2. 導演覺得女主角的演技不夠好，於是＿＿＿＿＿＿＿＿＿＿。
3. 這家工廠的廢棄物汙染了附近的河流，當地人要求他們改善，可是工廠一直沒有反應，於是＿＿＿＿＿＿。
4. 我們要搭的那班飛機出了問題，短時間內沒辦法修好，航空公司於是＿＿＿＿＿＿＿＿＿＿。
5. 前面出了車禍，車子塞了兩公里遠，於是＿＿＿＿＿＿。

(二) 請在「於是」、「所以」兩詞當中，選一個合適的填進空格裡。

因爲溫室效應造成全球暖化，＿＿＿＿有些冰河已經開始融化了。經過科學家的研究，發現現代人天天開汽車、用冷暖氣，＿＿＿＿才會有這麼多二氧化碳。有些環保團體看情況一天比一天嚴重，＿＿＿＿找了專業的人來，按照研究的結果拍了一部影片，提醒大家重視這個問題。因爲資料相當清楚，＿＿＿＿很快就引起了熱烈的反應。大家＿＿＿＿開始擔心過不了多少年，地球上就沒有人類可住的地方了。因爲個人的力量有限，_______ 聯合起來，用大家的力量，要求各國政府訂出新政策，控制二氧化碳的排放量 [(amount) of emissions]。

五　遲早（早晚）　sooner or later

chí zǎo

◎好心的人遲早會有好結果的。

Sooner or later, kind people get their just reward.

用法說明：表示某個情況將來一定會發生，發生的時間可能早一點，可能晚一點。

Explanation: This shows that a certain situation will definitely occur in the future; it is just an issue of timing.

練習　請用「遲早」完成下面各句。

1. 我們應該對老人好一點，因爲不管是誰，遲早都會老的。
   We ought to be a little kinder to old people, because, no matter who you are, you too will grow old sooner or later.
2. 我們只有一個地球，可是大家都不重視環保，______________。
3. 吸毒的人 ______________。
4. 這件事雖然很難，只要你繼續努力，______________。
5. 孩子還小，不懂父母管他是爲他好，不過我想將來 ______________。

六　結果　as a result, finally, in the end

◎可是誰也不肯讓，就打了起來，結果都從橋上摔下來，掉進河裡去了。

But neither one was willing to give in, so they started to fight. In the end, they both fell off of the bridge and into the river.

用法說明：第九課的「結果」是名詞，這課的是 CONJ。「結果」的後面是前面事情或情況的結果。這個結果常與期望不同。

Explanation: In Ch. 9 結果 is used as a noun. Here, however, it is used as a conjunction, describing a final result. Often use 結果 implies that the final result is different from one's expectations.

練習 請用「結果」完成下面各句。

1. 那對夫婦整天吵個不停，朋友們怎麼勸都沒有用，結果離婚了。
   That couple fought all day long. No matter how friends pleaded with them, it was useless. In the end, they got divorced.
2. 本來是我要請助教吃飯的，可是他太客氣，________________。
3. 那個車禍受傷的人送到醫院以後，醫生馬上給他開刀，輸了很多血，________________。
4. 小王競選參議員，大家都認爲沒有希望，可是他努力拉票，________________。
5. 我怕麻煩，把各種顏色的衣服都放進洗衣機裡一起洗，________________。

put right before the verb

七　NP 所 V 的 (O)　that which NP has V

◎你可以用所學過的詞彙，把故事說得有趣一點。
You can use the vocabulary that you've learned to make the story more interesting.

用法說明：「NP 所 V 的」是用來修飾後面的 O，使談話中提到的主題 (O) 更清楚。「所」可以加強語氣，不用意思也一樣。O 前面如有 DEM + Nu + M，爲特指，否則爲泛指。

Explanation: NP 所 V 的 modifies the object which follows and which is the topic being discussed. 所 serves to clarify and bring emphasis to the object, but the meaning of the sentence does not change if 所 is omitted. If the object is preceded by "DEM + Nu + M", then it is pointing out a specific object. Otherwise, it is only making a general reference.

練習 請用「NP 所 V 的」完成下面對話。

1. 張：用這種電腦軟體，會不會很容易中毒？
   Chang: Using this kind of computer software, is it easy to get effected by virus?

李：你所擔心的問題，我們已經想出辦法，可以解決了。

Li: The problem you were worried about has been solved. We have already figured out a way to do it.

2. 張：這位作家平常喜歡採用哪一方面題材？
   李：他＿＿＿＿＿＿＿＿多半是關於家庭跟社會的問題。

3. 張：聽說那個最紅的偶像歌手每年要繳一百萬的稅。
   李：對啊，他一年＿＿＿＿＿＿＿＿比我一年賺的薪水還多。

4. 張：你們申請這麼多經費，到底要做什麼實驗？
   李：我們這次＿＿＿＿＿＿＿＿是要研究核廢料的處理。

5. 張：你們工廠生產的筆記型電腦，每年外銷多少台？
   李：我們工廠＿＿＿＿＿＿＿＿銷路不錯，每年外銷三百萬台。

八　照＋V

as before, as usual, according to , in accordance with

◎看你說得這麼辛苦，電影還是照請吧！

Since it was such hard work for you to tell it, then I will still treat you to a movie just the same.

用法說明：「照」是「照樣」、「照舊」的意思。說話者覺得這件事是不應該或不必做的。這個句型裡面的 V 一般都是單音節。

Explanation: **照** means **照樣**, or **照舊** (in the same old way, as before, as usual, as of old, as agreed). This shows that, though the speaker feels the action being mentioned is either unrequired, unexpected or undesired, it still occurs. The verb in this pattern is usually monosyllable.

練習　請用「照＋V」改寫下面各句。

1. 老李是老闆的親戚，什麼事都不做，可是工錢還是一樣拿。
   Old Li is a relative of the boss. He doesn't do anything, but he still gets his wages just the same.
   → 老李是老闆的親戚，什麼事都不做，可是工錢還是照拿。
   Old Li is a relative of the boss. He doesn't do anything, but he still gets his wages just the same.

2. 王先生孩子發高燒，可是他一點都不著急，吃得下也睡得著，王太太很不高興。

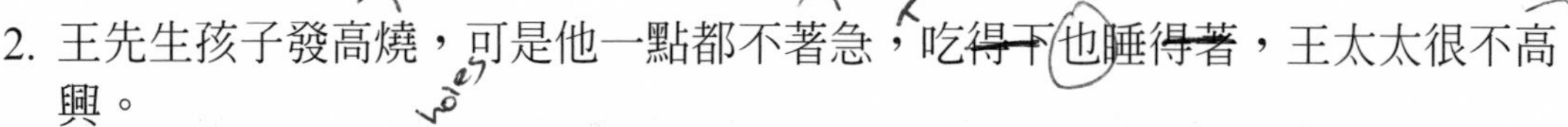

____

3. 那件衣服已經破破爛爛的了，小林覺得沒關係，還是常穿。

____

4. 學校宣布明天的運動會就是下雨，也一樣要開。

____

5. 明天就要期末考了，小高還是跟平常一樣地玩。

____

課室活動

一、角色扮演

張先生已經結婚，張太太也上班。他們有兩個小孩，都還沒上小學。張先生的父親已經過世了，母親跟他們一起住。張老太太很愛乾淨，總是覺得張太太做得不好，比方說：客廳、房間沒有天天打掃，衣服、碗洗得不乾淨，小孩晚上睡覺以前老是忘了叫他們刷牙什麼的。張老太太常常跟張先生抱怨。張先生想做孝順的兒子，又不想讓太太生氣，他怎麼跟太太談呢？請學生演出張老太太跟張先生的談話，再演出張先生跟太太的談話。

可能用到的詞：

疏忽 (shūhū carelessness, negligence; to neglect), 養成好習慣 (to cultivate a good habit), 蛀牙 (jhùyá) (zhùyá, decayed tooth)

二、說故事

請學生在家準備一個故事，最好是有關美德的，上課的時候說給大家聽。

可能用到的詞：美德 (virtue), 忠心 (jhōngsīn) (zhōngxīn, loyal), 守信 (faithful in keeping promises, reliable), 忠實 (faithful, true), 忍讓 (conceding, yielding), 仁慈 (réncíh) (réncí, charitable, merciful), 犧牲 (sīshēng) (xīshēng, to sacrifice)

三、請介紹一本貴國的童話故事書（小孩子看的故事書）。

短文　一個成語[1]故事—畫蛇添[2]足

很久以前，有一天，天氣不冷不熱，幾個人坐在樹下聊天，一個鄰居[3]走過來送給他們一小壺[4]酒，這幾個人很高興地收下了。可是他們發現酒太少，就是每個人喝一口也不夠，只能讓一個人喝。到底給誰喝呢？於是他們決定大家比賽畫蛇，誰先畫好，誰就喝。他們就在地上畫起蛇來。沒多久，就有一個人畫好了，他拿起酒壺正想喝，看見別的人都還沒畫好，他就很得意，左手拿著壺，右手又給蛇加了幾隻腳，他的蛇腳還沒畫完，另外一個人卻把蛇畫好了，他搶過酒壺，一口就把酒喝光了，然後說：「蛇本來沒有腳，誰叫你畫蛇添足呢？」

如果有人像這個畫蛇腳的人一樣，做了本來不必做的事，結果不但沒有好處，反而有壞處，我們就說他「畫蛇添足」。也有人說「多此一舉」[5]。

我們都應該小心，別做這樣白費[6]力氣的傻事。

Vocabulary:

1. 成語 (chéngyǔ): traditional phrase or proverb (often of four characters)
2. 添 (tiān): to add to, to increase
3. 鄰居 (línjyū) (línjū): neighbor
4. 壺 (hú): M/N: pot; teapot; wine vessel
5. 多此一舉 (duō cǐ yì jyǔ) (duō cǐ yì jǔ): an unnecessary action, remark, etc.
6. 費 (fèi): expenditure

一個成語[1]故事——畫蛇添[2]足

很久以前，有一天，天氣不冷不熱，幾個人坐在樹下聊天，一個鄰居[3]走過來，送給他們一小壺[4]酒。這幾個人很高興地收下了，可是他們發現酒太少，就是每個人喝一口也不夠，只能讓一個人喝。到底給誰喝呢？於是他們決定大家比賽畫蛇，誰先畫好，誰就喝。他們就在地上畫起蛇來。沒多久，就有一個人畫好了。他拿起酒壺正想喝，看見別的人都還沒畫好，他就很得意，左手拿著壺，右手又給蛇加了幾隻腳。他的蛇腳還沒畫完，另外一個人卻把蛇畫好了，他搶過酒壺，一口就把酒喝光了，然後說：「蛇本來沒有腳，誰叫你畫蛇添足呢？」

如果有人像這個畫蛇腳的人一樣，做了本來不必做的事，結果不但沒有好處，反而有壞處，我們就說他「畫蛇添足」。也有人說「多此一舉[5]」。

我們都應該小心，別做這樣白費[6]力氣的傻事。

第十四課　來一段相聲

■國寶級相聲大師：魏龍豪、吳兆南（同心圓出版社提供）

（教室講台上）

偉立（穿西裝打領帶）：高偉立。

欣欣（穿旗袍[1]）：歐陽欣欣[2]。

偉立、欣欣：（邊說邊彎腰）上台一鞠躬[3]。各位女士、各位先生，大家好。

欣欣：學期快要結束了，我們來給各位說一段相聲[4]，讓大家輕鬆輕鬆。

偉立：哎呀！親愛的，好久不見了！（轉身擁抱欣欣）

欣欣（用手推開）：欸，欸，欸，你幹什麼？不要動手動腳，你想吃我豆腐啊？！

偉立：對不起，我忘了你們不在公共場所摟摟抱抱。幸虧我剛才沒親你，要不然你要打我耳光了[5]。

欣欣：一點也不錯！還有，你也別叫我「親愛的」，好肉麻啊[6]！

偉立：好吧！下次不敢了。欸，你今天的髮型配上旗袍看起來特別漂亮。

欣欣：哪裡！哪裡！我對自己的身材不太滿意，所以平常都不敢穿。倒是你今天穿得這麼整齊，這麼帥，我差點都不認得了。

偉立：謝謝，其實我本來就很帥，只是平常對穿衣服不講究，看起來不修邊幅而已。

欣欣：你的臉皮真厚[7]，我不過隨便說說，你就這麼得意。我們謙虛多了[8]。

偉立：才不是謙虛！**明明**心裡高興得要命，還要假裝不在乎。我實在弄不懂你們的「謙虛」。

欣欣：這話怎麼說？

偉立：像上次伯母請我吃飯，她說沒什麼菜[9]，我就先吃了一個三明治才去，結果害我吃得差點兒站不起來。

欣欣：誰叫你不懂我們的規矩，活該！

偉立：我們**連**大人**帶**小孩才七八個人，你媽媽卻準備了一隻雞、兩條魚、三盤肉、四樣青菜、五種飲料，再加上冰淇淋、蘋果派、巧克力蛋糕，你說怎麼吃得完？

欣欣（拍手）：哇！厲害，厲害！**一口氣**說這麼多。你不知道，華人最好客，就怕客人吃不飽。哪兒像你上次請我們幾個人吃飯，就是一碗沙拉、一隻小雞，害我都不敢放心地吃。還沒回到家，肚子就餓了。

偉立：我怎麼知道你那麼能吃？！

欣欣：誰有你那麼能吃啊？我只是替你擔心，萬一東西不夠吃，多丟人啊！

偉立：我倒覺得吃不完才浪費。聽說你們有人**把**白蘭地**當做**果汁，不停地乾杯[10]。根本不會喝酒嘛！

欣欣：我們不會喝酒，你們也**不見得**會喝茶啊！茶裡加了糖、牛奶，還能叫茶嗎？**簡直**可笑。

偉立：哎喲，生氣了？說著玩的，何必那麼認真！

欣欣：我也是說著玩的啊！還有一件事，你注意到沒有？我們是怎麼看書的？從上往下念。（邊說邊表演）你們呢？

偉立：我們是從左往右念。（也邊說邊表演）

欣欣：欸，高偉立，你幹嘛直搖頭啊？是不好看，還是不同意啊？

偉立：啊！我上當了。（故意打了一個噴嚏，欣欣沒反應）哈！我**終於**有機會取笑你了。剛才我打噴嚏，你應該說什麼啊？

欣欣：噢！對不起！對不起！我們沒這個習慣，那句話我一時還說不來[11]。

偉立：大人不記小人過[12]，**看在**我們是同學**的份上**，原諒你一次！

欣欣：好啦！我也懶得再罵你了。下台吧！觀眾已經不耐煩了。你看，有人在打哈欠了。

欣欣、偉立：歐陽欣欣、高偉立，下台一鞠躬。

■黃嘉千身穿旗袍出席美食活動（聯合報　記者周永受攝）

生詞及例句

1 段ㄉㄨㄢˋ (duàn) M：section, part, segment, paragraph

(1) 這一課的課文一共有三段，一段比一段難懂。
(2) 跟女朋友剛分手當然會很難過，可是過段時間，你就會忘了。

2 相ㄒㄧㄤˋ聲ㄕㄥ (siàng·shēng) (xiàng·shēng)

N：a traditional Chinese comical dialogue

相聲是我們的傳統藝術，可以一個人說，也可以兩個人說。他們所講的都跟一般人的現實生活有關，常拿大家都知道的人跟事做例子，開個玩笑或評論一下。不但內容輕鬆、有趣，也能讓聽眾一聽就懂而從心裡笑出來。

3 講ㄐㄧㄤˇ台ㄊㄞˊ (jiǎngtái) N：lecture platform

4 西ㄒㄧ裝ㄓㄨㄤ (sījhuāng) (xīzhuāng) N：Western suit（M：套）

套ㄊㄠˋ裝ㄓㄨㄤ (tàojhuāng) (tàozhuāng) N：ladies suit（M：套）

老闆規定：上班的時候，男職員要穿西裝，女職員要穿套裝。他認為這樣看起來才比較專業。

洋ㄧㄤˊ裝ㄓㄨㄤ (yángjhuāng) (yángzhuāng) N：a woman's dress（M：件）

5 領ㄌㄧㄥˇ帶ㄉㄞˋ (lǐngdài) N：necktie（M：條）

小趙今天打了一條紅色的領帶，配上黑西裝，看起來精神特別好。

領ㄌㄧㄥˇ結ㄐㄧㄝˊ (lǐngjié) N：bow tie

穿西裝打領結，看起來比打領帶還正式。

6 旗ㄑㄧˊ袍ㄆㄠˊ (cípáo) (qípáo)

N：a traditional Chinese gown for women (introduced by the Manchurians)（M：件）

現代年輕女孩不喜歡穿旗袍，因為行動起來不方便。

7 彎ㄨㄢ腰ㄧㄠ (wān//yāo) VO：to bend the body at the waist, to stoop over

李老師彎腰把地上的球撿起來，丟給運動場上的小孩子。

彎ㄨㄢ (wān) V/SV：to bend, flex / to be curved, crooked

(1) 山路彎來彎去，開車要特別小心。
(2) 塑膠叉子，火一烤就彎了。

腰ㄧㄠ (yāo) N：waist

李愛美的身材很好，腰很細，穿起旗袍來特別好看。

8 鞠ㄐㄩˊ躬ㄍㄨㄥ (jyú//gōng) (jú//gōng) VO：to bow

老闆說小高做事又快又好，小高就對著老闆鞠了一個躬，謝謝老闆的誇獎。

9 女ㄋㄩˇ士ㄕˋ (nyǔshìh) (nǚshì)

N：polite form of address for women; lady, madam

那位穿黑色套裝的女士是你母親嗎？

人ㄖㄣˊ士ㄕˋ (rénshìh) (rénshì) N：a personage; a public figure

有一位文化界的人士昨天開記者會，批評政府給文化團體的經費補助太少。

10 親ㄑㄧㄣ愛ㄞˋ的˙ㄉㄜ (cīn'ài·de) (qīn'ài·de) IE/AT：dear, beloved

(1) 保守的華人從來不說「甜心」、「親愛的」這一類的話。
(2) 女兒給我的信一開始就是：「親愛的爸爸：我很想你，你好嗎？」

11 擁ㄩㄥˇ抱ㄅㄠˋ (yǒngbào) V：to hug, embrace

老張跟媽媽好幾年沒見了，一見面就高興得擁抱在一起。

12 動ㄉㄨㄥˋ手ㄕㄡˇ動ㄉㄨㄥˋ腳ㄐㄧㄠˇ (dòng shǒu dòng jiǎo)

IE：to be unrestrained or unreserved (with women), to take liberties (with women)

陳老闆常對女職員動手動腳，不是摸摸她們的頭髮，就是拉拉她們的手。被他摸過的都很生氣，有的人就不幹了。

13 吃ㄔ豆ㄉㄡˋ腐ㄈㄨˇ (chīh//dòu·fǔ) (chī//dòu·fǔ)

VO：to tease or take advantage of someone (usually a woman) by words or physical contact (slang)

(1) 陳老闆喜歡吃女孩子的豆腐，一見到女孩子就動手動腳。
(2) 張先生：李小姐，你這麼漂亮，又溫柔，做我太太吧！
李小姐：啊？！你說什麼？
王太太：你們才剛認識，你怎麼就吃起她的豆腐來了？

豆ㄉㄡˋ腐ㄈㄨˇ (dòu·fǔ) N：bean curd, tofu（M：塊）

我認為有的西方人不愛吃豆腐，是因為他們不會用豆腐做菜。

14 公ㄍㄨㄥ共ㄍㄨㄥˋ場ㄔㄤˇ所ㄙㄨㄛˇ (gōnggòng chǎngsuǒ) N：a public place

舞廳、酒吧，這樣的公共場所不適合小孩子去。

15 摟ㄌㄡˇ (lǒu) V：to place one arm around someone

我昨天看見小王摟著女朋友的腰，從電影院出來。

16 親ㄑㄧㄣ (cīn) (qīn) V：to kiss

法國人跟朋友見面就要親臉，這沒什麼，你別大驚小怪。

親ㄑㄧㄣ嘴ㄗㄨㄟˇ (cīn//zuěi) (qīn//zuǐ) VO：to kiss on the lips

小林在校園裡跟女朋友親嘴，被我們看見了。大家就笑他說：可不可以等我們走開，你們再親？

17 打ㄉㄚˇ耳ㄦˇ光ㄍㄨㄤ (dǎ//ěrguāng)　VO：to slap somebody in the face

(1) 小趙說我們一家人都是小偷，把我氣得忍不住打了他一個耳光。
(2) 你這個耳光打得太重了，他的臉痛了好幾天。

18 髮ㄈㄚˇ型ㄒㄧㄥˊ (fǎsíng) (fǎxíng)　N：hairstyle

妳這個髮型真特別，一邊長一邊短，在哪一家美容院做的？

臉ㄌㄧㄢˇ型ㄒㄧㄥˊ (liǎnsíng) (liǎnxíng)　N：shape of one's face

我的臉型太方了，剪短頭髮不合適。

血ㄒㄧㄝˇ型ㄒㄧㄥˊ (siěsíng) (xiěxíng)　N：blood type, blood group

我們有一位重傷的病人需要輸血，你們哪一位的血型是B型？

19 滿ㄇㄢˇ意ㄧˋ (mǎnyì) (mǎnyì)　SV：to be satisfied, pleased

那個飯館不但菜好吃，服務也好，我們都很滿意。

滿ㄇㄢˇ足ㄗㄨˊ (mǎnzú)

V/SV：to satisfy; to meet; to fulfill/to feel content, to feel satisfied, to be fulfilled

(1) 他要買的東西太多了。這一點錢，怎麼能滿足他的需要呢？
(2) 妻子、兒子、房子、車子、金子，你什麼都有了，還不滿足啊？

20 整ㄓㄥˇ齊ㄑㄧˊ (jhěngcí) (zhěngqí)　SV：to be even, regular, in good order, tidy

我們學校的啦啦隊動作真不整齊，該抬左腿的時候，卻有人抬右腿，亂七八糟！

整ㄓㄥˇ理ㄌㄧˇ (jhěnglǐ) (zhěnglǐ)

V：to arrange, put in order, sort out, straighten up

家裡這麼亂，客人馬上就來了，趕快整理整理吧！

21 講究 (jiǎngjiòu) (jiǎngjiù)

SV/V：to be particular about; to be fastidious about

(1) 王教授對吃很講究，什麼菜應該怎麼做，什麼時候吃，配什麼酒，都有一定的規矩。
(2) 我在歐洲留學的時候，沒有能力講究住，只要房租便宜、交通方便，房子再舊、再髒，我也住。

22 厚 (hòu)

SV：to be thick

這件夾克太薄了，冬天穿不夠暖和，有沒有厚一點的？

23 謙虛 (ciānsyū) (qiānxū)

SV/N：to be modest, self-effacing / modesty

(1) 李先生得獎以後，說這是大家努力的結果。他真謙虛。
(2) 有人說，華人的謙虛是假客氣。

24 明明 (míngmíng)

A：clearly, obviously, undoubtedly

今天明明是禮拜三，你怎麼說是禮拜四呢？

25 在乎 (zài·hū)

V：to mind, to care about, take to heart

(1) 你這麼在乎王美美，怕她冷，怕她餓，怕她生氣，還怕看不到她，我想你是愛上她了。
(2) 我不在乎我男朋友有沒有錢，只要他愛我就行了。

26 連 A …帶 B … (lián A... dài B...)

PT：(indicating two nearly simultaneous actions) and, while, as well as, both A and B

小錢騎摩托車騎得太快，結果轉彎的時候，連人帶車摔倒在人行道上。

27 一口氣 (yì kǒu cì) (yì kǒu qì)

A/Nu-M-N：in one breath, in one go/a breath of air

(1) 小趙說有人追著要打他，就一口氣跑了二十分鐘，一會兒也不敢停。
(2) 這件衣服太緊，穿的時候，得先吸一口氣。

28 好客 (hàokè) SV：to enjoy entertaining guests, to be hospitable

我們全家都很好客，所以家裡常常有客人來玩。

好吃 (hàochīh) (hàochī) SV：to be fond of eating

你真好吃，看到什麼都想吃。

好學 (hàosyué) (hàoxué)

SV：to be fond of studying, to be diligent in the pursuit of knowledge

老王非常好學，年紀這麼大了，還去念研究所。

好玩 (hàowán) SV：to be fond of playing

我就是因為太好玩了，所以書沒念好。

好賭 (hàodǔ) SV：to be fond of gambling

十賭九輸，所以好賭的人一定存不了什麼錢。

29 肚子 (dù·zih) (dù·zi) N：stomach, belly, abdomen

我中午吃的魚一定不新鮮，現在肚子好痛喔！

拉肚子 (lā//dù·zih) (lā//dù·zi)

VO：to suffer from diarrhea, to have loose bowels

這個飯館的菜太油，害我回家拉了兩次肚子。

30 浪ㄌㄤˋ費ㄈㄟˋ (làngfèi) V/SV：to waste, to squander/ to be wasteful

(1) 我們不要浪費時間，你有什麼事就趕快說吧！
(2) 你太浪費了吧！這些紙還沒用過，怎麼就扔了呢？

費ㄈㄟˋ (fèi) V：to spend, consume

王美美跟她先生吵架以後，不願意原諒她先生，也不肯回家。我花了好大的精神，費了好多時間，才把她勸回家。

費ㄈㄟˋ油ㄧㄡˊ (fèi//yóu) SV/VO：to be gasoline-consuming

現在油價這麼高，大車太費油了，我要換一輛小的。

費ㄈㄟˋ電ㄉㄧㄢˋ (fèi//diàn) SV/VO：to be electricity-consuming

最近我想換冷氣機，哪個牌子的比較不費電？

費ㄈㄟˋ水ㄕㄨㄟˇ (fèi//shuěi) (fèi//shuǐ) SV/VO：to be water-consuming

洗碗機太費水，講究環保的人都不鼓勵大家用。

費ㄈㄟˋ力ㄌㄧˋ (fèi//lì) SV/VO：to be energy-consuming

這個山真高，我費了好大的力（氣）才爬上來。

31 果ㄍㄨㄛˇ汁ㄓ (guǒjhīh) (guǒzhī) N：fruit juice（M：種／杯／盒）

這種水果太硬 (yìng, to be hard)，我奶奶牙不好，沒辦法吃，我媽就用果汁機打成果汁給她喝。

32 乾ㄍㄢ杯ㄅㄟ (gān//bēi)

VO：to offer a toast with all the wine in one's glass, (literally:"drink the glass dry") "Bottoms up!"

你遲到了，要罰，你先乾了這杯再說。

33 根ㄍㄣ本ㄅㄣˇ (gēnběn) A：(this is often used in the negative) simply, at all

你說你認識我，可是我根本沒見過你。

34 不ㄅㄨˋ見ㄐㄧㄢˋ得ㄉㄜˊ (bújiàn·dé) IE/A：not necessarily so

(1) 張：當醫生的都有幫人看病、救人的理想。
李：不見得，有的醫生就只想賺錢。
(2) 只要用功，考試就能考得好，所以成績好的人不見得聰明。

35 簡ㄐㄧㄢˇ直ㄓˊ (jiǎnjhíh) (jiǎnzhí) A：simply, at all, seems like

(1) 我餓得簡直可以吃下一頭牛。
(2) 那個人簡直不是人！聽說他小時候家裡很窮，父母辛辛苦苦地把他養大。沒想到他發財以後，不但不照顧父母，還看不起他們。

36 可ㄎㄜˇ笑ㄒㄧㄠˋ (kěsiào) (kěxiào) SV：funny, laughable; ridiculous, ludicrous

真是太可笑了！電腦公司的老闆居然弄不清楚電腦的價錢！

37 搖ㄧㄠˊ頭ㄊㄡˊ (yáo//tóu) VO：to shake one's head (in disapproval)

我問他要不要喝咖啡，他搖搖頭說：「不要」。

點ㄉㄧㄢˇ頭ㄊㄡˊ (diǎn//tóu)

VO：to nod one's head (as a sign of approval, greeting, etc.)

(1) 樓下的管理員每天早上看到我，都跟我點頭說「早」。
(2) 你看老李一直點頭，他一定同意我的看法。

38 上ㄕㄤˋ當ㄉㄤˋ (shàng//dàng)

VO：to be taken in, to be fooled, to fall for a practical joke/trick

(1) 你上當了，這個東西在別的地方只要五十塊錢，你卻花了八十塊。
(2) 小王跟我說我申請到獎學金了，我高興了好幾天，沒想到他是騙我的，我上了他的當！

39 故ㄍㄨˋ意ㄧˋ (gùyì) A：on purpose, intentionally

我們校隊的三號球員常常打全壘打，所以每次輪到他打球，對方投手就故意投四壞球。

40 打噴嚏 (dǎ//pēntì) VO：to sneeze

我剛剛一連打了四五個噴嚏，我的過敏又犯了。

41 終於 (jhōngyú) (zhōngyú) A：at last, in the end, finally

我們求了半天，老高終於答應幫忙了，結果卻越幫越忙，事情更麻煩了。

42 取笑 (cyǔsiào) (qǔxiào) V：to make fun of, to ridicule

小林說話有南方口音，所以朋友們常常取笑他。

43 一時 (yìshíh) (yìshí) A：temporarily, for a short while, for a period of time

我記得見過這個人，可是一時想不起來他叫什麼名字。

44 大人不記小人過 (dàrén bújì siǎorén guò) (dàrén bú jì xiǎorén guò)

IE：A person of great moral stature does not remember the offenses committed by one of low moral stature

張主任，李文德太年輕，也沒有經驗，不懂規矩。算了吧！大人不記小人過，您別生他的氣了。

45 看在…的份上 (kànzài...·de fèn·shàng)

PT：consider from the standpoint of

(1) 雖然那個老闆對我們不太客氣，但是看在錢的份上，我們還是跟他合作吧！
(2) 我跟你父親是老同事，我要不是看在你父親的份上，我是不會幫你這個忙的。

46 懶得 (lǎn·de)

A：to not have energy to, to be against putting forth effort to

老丁明明沒有登記，卻非要拿這份資料。真不講道理！我懶得跟他解釋，就是不給他。

懶 (lǎn) SV：to be lazy, indolent

小李真懶，從來不打掃房間，髒得受不了的時候就搬家。

偷懶 (tōu//lǎn) VO：to loaf, to be lazy

我本來想偷個懶，沒把衣服分開來洗，結果衣服顏色都變了。下次不敢再這樣了。

47 打哈欠 (dǎ//hāciàn)(dǎ//hāqiàn) VO：to yawn

孩子已經打了好幾個哈欠了，我們帶他去睡覺吧。

翻譯名詞 Proper Names

1. 巧克力 (ciǎokèlì) (qiǎokèlì) chocolate
2. 三明治 (sānmíngjhìh) (sānmíngzhì) sandwich
3. 沙拉 (shālā) salad
4. 白蘭地 (báilándì) brandy

注釋

1. 旗袍 is the formal dress for Chinese women, which originated in Manchuria (see Note 2 in Lesson 5). Manchurians were known as 旗人, "banner people" so these outfits are called 旗袍, "gown of the banner people." Since 旗袍 fit the body very tightly and are not very comfortable, they are seldom worn by young women today.
2. 歐陽 is a dual syllable surname. Although most Chinese surnames are one syllable long, there are some which consist of two syllables. Other such surnames are 上官 (Shàngguān), 司馬, 司徒 (Sītú) and 諸葛 (Jhūgě) (Zhūgě).

3. **上台一鞠躬** at the beginning of the routine and **下台一鞠躬** at the end is the standard format of **相聲** (See Note 4 below).

4. **相聲** is a traditional Chinese comic routine. Usually two people entertain the audience by carrying on a dialogue in which they make fun of each other using sarcasm, criticism, puns, etc.

5. **摟抱、親吻、打耳光**. See Note 2 of Lesson 3. Most Chinese find public display of affection rude and embarrassing , so they do not hug and kiss in public. Chinese usually greet each other with words rather than physical contact. One traditional type of Chinese greeting is 拱手 (gǒng//shǒu), which refers to offering obeisance by joining one's hands and slightly raising one's forearms. This is done on special occasions such as New Years as a sign of respect. Today, however, since Taiwan has been strongly influenced by the West, one often sees young people openly displaying their affection in public.

6. **你也別叫我「親愛的」，好肉麻啊！** (See Note 3 in Lesson 3).

7. **臉皮厚** literally means "one's facial skin is thick" and refers to a person who feels no shame or embarrassment in situations where he/she ought to. Usually when people are ashamed or embarrassed it shows in their facial expression through such signs as blushing. This term facetiously implies that if such signs are not present when they should be then it must be because they are hidden by very thick skin.

8. **我們謙虛多了**. In Chinese society, humility is considered an extremely important virtue. Therefore, there are many polite expressions, 客氣話, such as "哪裡，哪裡," "沒什麼菜，你多吃一點，別客氣。", and "我不懂的地方很多，以後請多多指教。"

9. **沒什麼菜** means "There isn't much food" or "There aren't any special dishes" (See Note 2 of Lesson 4). Chinese people are very hospitable and usually make a lot of food when they invite people for dinner. In fact, it is considered a great social blunder for the host to fail to provide enough food for his/her guests. Regardless of how much food has been prepared, however, the host often still says 沒什麼菜 in order to be polite.

10. **乾杯** means "to empty one's glass" See Note 1 in Lesson 2. Traditionally, this was a way of showing respect at a Chinese banquet, but today it is not necessary to drink "bottoms up" on every occasion. In business dealings, however, the consumption of alcohol often plays an important role, and 乾杯 is a common method of building connections with clients.

11. **打噴嚏** means "to sneeze." Chinese people do not usually say anything when someone else sneezes. Whereas westerners would say "Bless you." to someone who sneezed.

12. **大人不記小人過** means "A person of great moral stature does not remember the offenses committed by one of low moral stature." This saying is sometimes used when asking for forgiveness.

文法練習

一　明明　clearly, obviously, plainly

◎明明心裡高興得要命，還要假裝不在乎。
It's clear that in their hearts they are so happy they could just die, but still they pretend to be nonchalant.

用法說明：「明明」的後面是明顯的事實。「明明」的前面或後面常有一短句，此短句所述的情況卻與這個明顯的事實矛盾。

Explanation: Following **明明** is an obvious fact or situation. Often a contradictory clause precedes or follows **明明** and the accompanying fact.

練習　請把「明明」放在句中合適的地方。

1. 那邊還有一個停車位，他卻告訴我們都滿了，真可惡！
   There's still a parking space over there, yet he told us that all the spaces were full. How hateful!
   → 那邊明明還有一個停車位，他卻告訴我們都滿了，真可惡！
   It's obvious there's a parking space left, yet he told us that all the spaces were full. How hateful!

2. 那本書是我借給你的，你怎麼說是你自己買的？

   ____

3. 你看錯了，剛剛進來的人哪裡是小李？是小王！

   ____

4. 你有太太，爲什麼還說你是單身？

   ____

5. 奇怪！這個燈怎麼亮著？我關了的。

   ____

二 連……帶…… both......and, both...... as well as......

(I) 連 $N_1/V(O)_1$ 帶 $N_2/V(O)_2$

◎我們連大人帶小孩七八個人，你媽媽……
Including both adults and children, there were only seven or eight of us. Your mother……

用法說明：表示包括 $N_1/V(O)_1$ **跟** $N_2/V(O)_2$。
Explanation: This pattern shows that both $N_1/V(O)_1$ and $N_2/V(O)_2$ are included.

練習 **請用「連** $N_1/V(O)_1$ **帶** $N_2/V(O)_2$**」改寫下面各句。**

1. 我們這次去大峽谷旅行，車錢花了一百七，旅館錢花了一百二，還算便宜。
   On our trip to the Grand Canyon this time, we spent $170 on transportation costs and $120 on hotel costs. It was quite cheap.
   → 我們這次去大峽谷旅行，連車錢帶旅館錢一共花了兩百九，還算便宜。
   On our trip to the Grand Canyon this time, in total we spent $290 for both transportation and hotel costs. It was quite cheap.
2. 我們上次新年晚會，聚餐跟看表演一共用了三個多小時。
   ____
3. 我動作很快，洗頭、洗澡加起來十分鐘就夠了。
   ____
4. 這次車禍情況相當嚴重，王主任的人跟車都翻到山下去了。
   ____

(II) 連 V_1 帶 V_2

用法說明：V_1、V_2 **爲兩個性質相近的單音節動詞。「連** V_1**帶** V_2**」表示兩個動作同時發生。**
Explanation: V_1, V_2 are two single-syllable verbs of similar nature. 連 V_1帶 V_2 shows that the two actions are happening simultaneously.

請用「連 V_1 帶 V_2」改寫下面各句。

1. 眞不好意思，我每次來你家都又吃又拿的。
   I feel really bad. Every time I come to your house I eat and also take home a doggie-bag.
   → 眞不好意思，我每次來你家都連吃帶拿的。
   I feel really bad. Every time I come to your house I both eat and also take home a doggie-bag.

2. 我們請他表演相聲，他就邊說邊唱地表演了一段。
   ____

3. 我哥申請到了獎學金，高興得不得了，跑著跳著地回來了。
   ____

4. 李小華的新媽媽對他很不好，他一做錯事就又打又罵，眞可憐！

   ____

三　一口氣　in one breath, in one shot, in one go

◎哇！厲害，厲害！一口氣說這麼多。
Wow! You're really amazing! You said so much in one breath.

用法說明：「一口氣」意思是呼吸一次，用在動詞前面，表示在短時間內連續做完某一動作，這個動作是一般人不容易做到的。這是一種誇張的用法。

Explanation: **一口氣** literally means"in one breath,"and is used in exaggeration. When placed in front of a verb, it shows that an action is started and completed within a very short span of time, and implies that the speed is must faster the average person.

練習　請把「一口氣」放在句中合適的地方。

1. 我平常沒空，趁今天放假，把整個房子都打掃乾淨了。
   I usually don't have any spare time, so I took advantage of the holiday today and cleaned the entire house.
   → 我平常沒空，趁今天放假，把整個房子一口氣都打掃乾淨了。
   I usually don't have any spare time, so I took advantage of the holiday today and cleaned the entire house in one shot.

2. 小王跟人打賭，賭輸了，只好喝下十罐啤酒。

____

3. 張太太看了三卷錄影帶，還不覺得累。

____

4. 小趙身體很好，可以跑十公里都不必休息。

____

5. 我媽只在百貨公司大減價的時候買衣服，常常買好幾套。

____

四 S 把 NP_1/VP_1 當做 NP_2/VP_2 to regard NP_1/VP_1 as NP_2/VP_2

◎聽說你們有人把白蘭地當做果汁，不停地乾杯。
I've heard that some of you treat brandy like fruit juice, emptying cup after cup non-stop.

用法說明：「當做」是「看成」或「作為」的意思，主語可以是人或機關、組織。

Explanation: **當做** means **看成** (to regard as, recognize as) or **作為** (to use as, to take as). The subject can be a person or it can be a group, body or organization.

練習　請用「S 把 NP_1/VP_1 當做 NP_2/VP_2」完成下面句子。

1. 我們公司把做得最好的產品當做樣品給客戶看。
Our company used our best products as samples to show the clients.

2. 張教授沒有孩子，總是 ______________，對學生好得不得了。

3. 我在垃圾筒裡找到我的研究資料，不知道是誰 ______________。

4. 王先生不常運動，可是常幫太太做家事，他說 ______________ 也不錯。

5. 住在我家，你千萬別客氣，就 ______________，吃的、用的，自己來。

五　不見得　not necessarily so, not really

◎我們不會喝酒，你們也不見得會喝茶啊！
We don't know how to drink wine properly, but you don't necessarily know how to drink tea properly either!

用法說明：意思是「不一定是這樣」，說話者委婉地表示不同意對方的看法。可以單獨使用，也可以放在句中。

Explanation: 不見得 means "not necessarily so". The speaker uses it to tactfully express that he/she does not agree with the other party's point of view. 不見得 can both be used alone and in the middle of a sentence.

練習　請用「不見得」完成下面各句對話。

1. 張：受過教育的人都不迷信。
   Chang: Educated people do not believe in superstitions.
   李：誰說的？！受過教育的人不見得都不迷信。
   Lee: Says who? Not necessarily educated people reject superstitions.

2. 張：你是單身貴族，煩惱一定比我們結過婚的人少。
   李：那得看人，＿＿＿＿＿＿＿＿。

3. 張：科學家大概對藝術沒什麼興趣。
   李：＿＿＿＿＿＿＿＿，像我舅舅是個科學家，可是對音樂也很有研究。

4. 張：欸，你看！小王的車停在門口，他一定在家。
   李：＿＿＿＿＿＿＿＿，他不一定每次出門都開車。

5. 張：你身體不太好，應該常吃維他命(wéi tā mìng, vitamin)。
   李：＿＿＿＿＿＿＿＿，還是應該多運動才好。

六　簡直　simply

◎茶裡加了糖、牛奶，還能叫茶嗎？簡直可笑。
When tea is adulterated with sugar and milk, can it still be called tea? It's simply ridiculous.

用法說明：是一種誇張語氣，表示「差不多這樣」或「就像這樣」。
Explanation: **簡直** expresses a tone of exaggeration. It means **差不多這樣** (it is more or less equal to) or **就像這樣** (it is the same as).

練習　請用「簡直」改寫下面各句。

1. 你室友皮膚很白，鼻子那麼高，頭髮也紅紅的，看起來一點也不像臺灣人。
Your roommate has very white skin, a very big nose, and very red hair. She doesn't look at all like a Taiwanese person.
→你室友皮膚很白，鼻子那麼高，頭髮也紅紅的，看起來簡直不像臺灣人。
Your roommate has very white skin, a very big nose, and very red hair. She simply doesn't look like a Taiwanese person.

2. 昨天氣溫高到四十三度，差不多跟在沙漠裡一樣。
____

3. 那個人全身燒傷了百分之七十，居然沒死，眞是奇蹟。
____

4. 我吃得太飽，差一點站不起來了。
____

5. 我帶了一天的孩子，又做了那麼多家事，快要把我累死了。
____

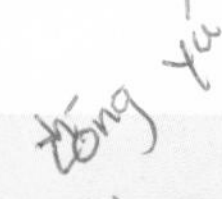

七　終於　finally, at last, in the end

◎我終於有機會取笑你了。
I finally have an opportunity to make fun of you.

用法說明： 表示經過較長過程，最後好不容易達到了所盼望的某種結果。後面可以用動詞+了或表示狀態變化的 SV 短語，如果不是所期盼的結果，可以用「還是」、「到底」、「結果」、「最後還是」、「終於還是」。如果有主語，要放在「終於」前面。

Explanation: This shows that after a relatively lengthy or difficult process a desired result finally occurs. Following **終於**, one can either place a V+了 or a short adjectival phrase to describe the resulting change in situation. If the resulting change was contrary to one's wishes, then **還是, 到底, 結果, 最後還是**, or **終於還是** should be used instead of **終於**. If there is a subject, **終於** should be placed after it.

練習 Exercises

(一) 請用「終於」完成下面句子。

1. 老林的病很嚴重，看了好多醫生都沒好，這次開刀以後，____________。
2. 哎喲！你 ________________ ！我等你半個小時了，你再不來，我就走了。
3. 我不清楚這個動詞的用法，老師給我舉了好幾個例子，我 ____________。
4. 丁小青覺得自己太胖了，半年前開始，每天除了運動以外，也不敢吃得太多，現在 __________________。
5. 那個實驗做了好幾年，一直沒結果，上個禮拜 __________________。

(二) 請改正下面句子。

1. 我一直求我男朋友不要離開我，可是他終於走了。

   ____

2. 經過一年的努力，終於丁小青考上了大學。

   ____

3. 當了主任以後，李愛美終於很負責。

   ____

八　看在……的份上

considering from the standpoint of ......

◎看在我們是同學的份上，原諒你一次！

Considering that we are classmates, I'll forgive you this one time!

用法說明：「看在……的份上」後面的短句是當事者本來不願意做的事，但現在因爲「看在」後面的原因，卻願意做了。

Explanation: The clause following **看在……的份上** describes something that one was originally unwilling to do, but due to the reason stated after **看在** the subject now agrees to do it.

練習　請用「看在……的份上」完成下面對話。

1. 張：你先生對你這麼不好，你怎麼受得了？要是我早就離婚了。
   Chang: Your husband is so mean to you. How can you stand it? It it were me, I'd have divorced him long ago.
   李：我是看在孩子的份上才沒跟他離婚的，父母離婚，孩子最可憐。
   Lee: It's on account of the children that I haven't divorced him. When parents get divorced, the children are the most pitiful.

2. 張：你的作業借我看嘛！考完了，我請你吃飯。
   李：________________，就借你吧！

3. 張：昨天我小妹對你說話很沒禮貌，我替她跟你道歉。
   李：我是很生氣，不過________________，就算了。

4. 張：我知道你不喜歡帶孩子，可是我實在找不到人，我願意一個鐘頭給你十五塊，求你幫我這個忙！
   李：好吧！我正需要錢，________________，我就幫你這個忙吧！

5. 哥哥：我知道這禮拜輪到我割草，可是我頭痛得不得了，能不能請你替我割一次？
   弟弟：唉！________________，我只好替你割啦！

課室活動

一、請學生想一想學中文的這段時間裡，曾經鬧過什麼笑話？說出來給大家聽聽。

二、趣味問答（腦筋急轉彎, [nǎojīn jí jhuǎn wān]　nǎojīn jí zhuǎn wān, riddle, brain-teaser），請想出一個好笑又好像有道理的答案。

例：在路上碰見朋友，他問：What's up?

　　你說：The opposite of down.

1. 在什麼地方，一開口說話就要給錢？
2. 有一個人住在十八樓，他每次回家的時候，如果電梯裡有別人，他就坐到十八樓。如果他一個人坐電梯，就坐到十二樓，再走上去，為什麼？
3. 我可以一邊刷牙，一邊吹口哨 (chuēi//kǒushào) (chuī//kǒushào, to whistle)，你知道為什麼嗎？
4. 一隻狗在沙漠裡走路，水也夠喝，可是牠還是死了，為什麼？
5. 你正在洗澡，忽然有人開門進來，你的手會遮住 (jhē//jhù) (zhē//zhù, to cover) 什麼？

三、吹牛比賽：比比看誰說的話最誇張。老師在上課前告訴學生回家準備，上課的時候說給大家聽。

例：我爸爸昨天釣到好大的一條魚，幾百個人吃，也吃不完。我們吃了十分之一以後，還有很多，於是就把沒吃完的魚放在冰箱裡。結果十個冰箱才夠放。

四、請比較貴國文化跟華人文化有哪些不同的地方，上課時向全班報告。

趣味問答可能的答案：

1. 電話亭 (diànhuàtíng, telephone booth)
2. 因為他太矮，按不到十八樓的按鈕 (ànniǒu) (ànniǔ, button)。
3. 因為我可以把假牙拿下來再刷牙。
4. 找不到電線桿 (diànsiàngǎn) (diànxiàngǎn, electrical pole, telephone pole)，沒地方尿尿，難過死了。
5. 我自己的眼睛

牠 (tā, it)

短文　笑話四則[1]

◎一個美國男學生在街上看見他的中文女老師，他想起一個問題要問，就在後面追著大叫：「老師！老師！等一下，我wěn你，我wěn你，我要wěn你呀！」女老師紅著臉轉身說：「我問你，不是我吻[2]你！」

◎中文課聽寫[3]的時候，老師說：「他太自私[4]了。」，沒想到收回考卷一看，有個學生居然寫成：「他孩子死了。」

◎我問一位日本小姐：「你跟張先生是怎麼認識的？」她說：「我們是在chuáng上認識的。」我嚇了一跳，後來談了半天，才弄清楚原來他們是在船上認識的。

◎一個法國男學生走進一家飯館，坐下以後，對女服務生說：「小姐，睡覺一晚多少錢？」服務小姐又氣又好笑地說：「是水餃一碗多少錢！看在你是外國人的份上，我原諒你，要不然我非打你一耳光不可。」

Vocabulary:

1. 則 (zé): M (for a joke, an item of news, a rule, etc.)
2. 吻 (wěn): to kiss
3. 聽寫 (tīngsiě) (tīngxiě): character-writing test, dictation test
4. 自私 (zìhsīh) (zìsī): selfish

INDEX I

詞類略語表

GRAMMATICAL TERMS KEY TO ABBREVIATIONS

A -- Adverb
AT-- Attributive
AV --- Auxiliary Verb
CONJ --- Conjunction
CV --- Coverb
DC --- Directional Compound
DEM -- Demonstrative Pronoun
DV --- Directional Verb
I--- Interjection
IE-- Idionmatic Expression
L--- Localizer
M--- Measure
MA-- Movable Adverb
N -- Noun
NP-- Noun Phrase
O -- Object
ON --- Onomatopoeia
P--- Particle
PRON-- Pronoun
PT --- Pattern
PV-- Post Verb
PW --- Place Word
QW-- Question Word
RC-- Resultative Compound
RE-- Resultative Ending
S--- Subject
SV-- Stative Verb
V -- Verb
VO --- Verb Object Compound
VP-- Verb Phrase

文法練習索引

A

B

C

D

E

F

G

Vguàn	V 慣	8
guāng N/V(O) jìu……	光 N/V(O) 就……	11
guǒrán	果然	4

H

háibújìushì……?!	還不就是……?!	4
……hǎo……	……好……	10
hǎobùróngyì	好不容易	9
hébì	何必	4
hènbùdé	恨不得	8
hēng	哼	9

J

jiǎnzhí	簡直	14
jiéguǒ	結果	13
jíshǐ……yě……	即使……也……	7
jīngguò	經過	12
jìu	就	3
jiùshì …cái	就是…才	7
jì……yòu……	既……又……	10
jūrán	居然	2

K

VV kàn	VV 看	6
kànzài……·defènshàng	看在……的份上	14
NP kào……shēnghuó (guòrì·zi)	NP 靠……生活（過日子）	10
(kěshì) hùashuōhuílái/ (kěshì) huàyò shōuhuílái·le	（可是）話說回來／（可是）話又說回來了	7

L

N

O

Q

S

Z

生詞索引 Vocabulary Index

通用拼音	漢語拼音	生詞	課數
	A		
	ai	唉	6
àicíng	àiqíng	愛情 爱情	4
àisí	àixí	愛惜 爱惜	12
áijhèng	áizhèng	癌症	12
	àn	岸	11
	àn	按	12
	ānfēitāmìng	安非他命	6
	ānjìng	安靜	2
	àn//lǎbā	按喇叭	12
	ānwèi	安慰	7
ànjhào	ànzhào	按照	6
	B		
	bà//gōng	罷工 罢工	9
	bà//kè	罷課 罢课	9
	bái	白	5
	Báilándì	白蘭地 白兰地	14
	báirìmèng	白日夢 白日梦	13
	bǎiwén bùrú yíjiàn	百聞不如一見 百闻不如一见	2
	bāléiwǔ	芭蕾舞	5
	bān	班	11
	bǎn	版	4
	bānjī	班機 班机	11
	báo	薄	13

通用拼音	漢語拼音	生詞	課數
	bǎohù	保護　保护	12
bǎolíngcióu	bǎolíngqiú	保齡球　保龄球	2
	bào míng	報名　报名	3
	bǎoshǒu	保守	7
	bǎotèpíng	寶特瓶　宝特瓶	12
	bǎo//xiǎn	保險　保险	7
bǎosiǎntào	bǎoxiǎntào	保險套　保险套	7
	bàoyuàn	抱怨	6
Bāsī	Bāxī	巴西	3
	bèi	背	1
	bēibāo	背包	1
bēijyù	bēijù	悲劇　悲剧	4
bèi·zih	bèi·zi	輩子　辈子	9
	bī	逼	6
	bǐ	筆　笔	9
	biān	編　编	5
biànsīn	biàn//xīn	變心　变心	7
	biǎodá	表達　表达	3
biǎosiàn	biǎoxiàn	表現　表现	5
	biāozhì	標誌　标志	10
biāojhǔn	biāozhǔn	標準　标准	11
	bǐfāngshuō	比方說　比方说	9
bǐjìsíng diànnǎo	bǐjìxíng diànnǎo	筆記型電腦 笔记型电脑	9
bǐlyù	bǐlǜ	比率	8
	bìngdú	病毒	6
	bīnghé	冰河	12
	bǐrúshuō	比如說　比如说	9
	bǐtào	筆套　笔套	7

通用拼音	漢語拼音	生詞		課數
chāzuěi	chā//zuǐ	插嘴		13
	chāzuò	插座		13
	chángshì	嘗試	尝试	5
	chǎnliàng	產量	产量	9
	chǎo	吵		2
	chāo//chē	超車	超车	10
	chāoguò	超過	超过	10
	chǎo//jià	吵架		8
	chāosù	超速		10
	chēhuò	車禍	车祸	10
	chéngběn	成本		9
chénggōnglyù	chénggōnglǜ	成功率		8
	chéngdù	程度		13
	chéngrèn	承認	承认	13
chéngshíh	chéngshí	誠實	诚实	13
	chènshān	襯衫	衬衫	1
chíhdào	chídào	遲到	迟到	13
chīh dào bǎo	chī dào bǎo	吃到飽	吃到饱	2
chīh//dòufǔ	chī//dòufǔ	吃豆腐		14
chíhzǎo	chízǎo	遲早	迟早	13
	chōng làng	衝浪	冲浪	2
	chōu	抽		6
	chòu	臭		6
	chōu//dàmáyān	抽大麻菸		6
chōu//yān	chōu//yān	抽菸		6
chōusìang	chōxìang	抽象		5
chōusìanghùa	chōxìanghùa	抽象畫		5
	chūbǎn	出版		4
	chǔfá	處罰	处罚	10

通用拼音	漢語拼音	生詞	課數
	chúfēi	除非	9
	chū//hàn	出汗	1
	chǔlǐ	處理 处理	10
chūshēnglyù	chūshēnglǜ	出生率	8
	chúyú	廚餘 厨余	12
	chūyuàn	出院	10
	chuánbò	傳播 传播	5
	chuánbò méitǐ	傳播媒體 传播媒体	5
	chuǎng	闖 闯	10
	chuǎng//hóngdēng	闖紅燈 闯红灯	10
	chuánrǎn	傳染 传染	7
	chuánrǎnbìng	傳染病 传染病	7
	chuántǒng	傳統 传统	5
chūnjyuǎn	chūnjuǎn	春捲 春卷	1
cíhhuèi	cíhuì	詞彙 词汇	11
cìhjī	cìjī	刺激	3
	cuòguò	錯過 错过	5

D

通用拼音	漢語拼音	生詞	課數
	dā	搭	10
	dáàn	答案	3
	dàbó	大伯	11
	dǎduàn	打斷 打断	11
	dǎ//ěrguāng	打耳光	14
	dǎ//hāqiàn	打哈欠	14
	dǎ//jià	打架	8
	dàjiǎnjià	大減價 大减价	12
dà jīng siǎo guài	dà jīng xiǎo guài	大驚小怪 大惊小怪	12
	dǎ//májiàng	打麻將 打麻将	2

通用拼音	漢語拼音	生詞	課數
	dàmáyān	大麻菸	6
dànánrén jhǔyì	dànánrén zhǔyì	大男人主義 大男人主义	8
	dǎ//pái	打牌	9
	dǎ//pēntì	打噴嚏　打喷嚏	14
	dǎrǎo	打擾　打扰	2
dàrén bújì siǎorén guò	dàrén bújì xiǎorén guò	大人不記小人過 大人不记小人过	14
	dǎ//sǎn	打傘　打伞	7
	dǎsǎo	打掃　打扫	8
	dàsǎo	大嫂	9
	dǎ//shuì	打稅	11
dǎ//Tài Jí cyuán	dǎ//Tàijí Quán	打太極拳　打太极拳	2
dàsiǎo	dàxiǎo	大小	9
	dǎ//zhé	打折	12
dàjhòng	dàzhòng	大眾　大众	3
	dàigōu	代溝　代沟	11
	dài//kuǎn	貸款　贷款	9
	dàn	淡	11
dāncīn jiātíng	dānqīn jiātíng	單親家庭　单亲家庭	8
	dānshēn	單身　单身	8
dānshēn guèizú	dānshēn guìzú	單身貴族　单身贵族	8
dānsíngdào	dānxíngdào	單行道　单行道	10
	dāngchǎng	當場　当场	10
Dāngdài Chuancí Jyùchǎng	Dāngdài Chuánqí Jùchǎng	當代傳奇劇場 当代传奇剧场	5
	dāngdì	當地　当地	10
dāngshíh	dāngshí	當時　当时	10
	dāngtiān	當天　当天	10
	dào	倒	6

通用拼音	漢語拼音	生詞	課數
	dàobǎn	盜版	4
	dàolǐ	道理	3
	dǎoyǎn	導演 导演	4
	dé//jiǎng	得獎 得奖	4
	dēng	登	10
	dēngguāng	燈光 灯光	1
	dēngjī	登機 登机	11
	déyì	得意	2
	diǎn//tóu	點頭 点头	14
diànsiàn	diànxiàn	電線 电线	3
	diànyǐng tái	電影台 电影台	3
	diànyǐngyuàn	電影院 电影院	4
diàn·zǐh	diàn·zǐ	電子 电子	9
diàn·zǐh chǎnpǐn	diàn·zi chǎnpǐn	電子產品 电子产品	9
	diào	掉	4
	diào	v.掉	12
	diào//yǎnlèi	掉眼淚 掉眼泪	4
	diào//yú	釣魚 钓鱼	2
dìjiàshuèi	dìjiàshuì	地價稅 地价税	11
	dìng//hūn	訂婚 订婚	7
dìcióu	dìqiú	地球	1
	díquè	的確 的确	8
	dìtǎn	地毯	8
diōuliǎn	diū//liǎn	丟臉 丢脸	8
diōurén	diūrén	丟人	8
	dìwèi	地位	8
dìsiàdào	dìxiàdào	地下道	10
dìsiàtiě	dìxiàtiě	地下鐵 地下铁	10
	dòng	凍 冻	13

通用拼音	漢語拼音	生詞	課數
	dònghuà	動畫 动画	4
	dòng//shǒu	動手 动手	3
	dòng shǒu dòng jiǎo	動手動腳 动手动脚	14
	dòng//shǒushù	動手術 动手术	10
	dòngzuòpiàn	動作片 动作片	4
	dòufǔ	豆腐	14
	dú	毒	6
	dúpǐn	毒品	6
	dúyǐn	毒癮 毒瘾	6
	dǔyǐn	賭癮 赌瘾	6
dújhě	dúzhě	讀者 读者	3
	dùzi	肚子	14
	duàn	斷 断	11
	duàn	段	14
duèi ... X ... deyǐngsiǎng	duì ... X ... deyǐngxiǎng	對…X…的影響 对…X…的影响	6
	duìbái	對白 对白	4
	duìmiàn	對面 对面	10
	duò//tāi	墮胎	7

E

通用拼音	漢語拼音	生詞	課數
	èmèng	惡夢	13
	ěrduo	耳朵	2
	értóng	兒童 儿童	3
	Èryǎnghuàtàn	二氧化碳	12
	éryǐ	而已	11

F

通用拼音	漢語拼音	生詞	課數
	fá	罰 罚	10

通用拼音	漢語拼音	生詞	課數
	fā//cái	發財　发财	1
	fádān	罰單　罚单	10
	fādiàn	發電　发电	12
	fā//fēng	發瘋　发疯	3
fǎlyù	fǎlǜ	法律	6
	fāmíng	發明　发明	12
	fāshēng	發生　发生	7
fǎsíng	fǎxíng	髮型　发型	14
	fā//yīn	發音　发音	3
	fàn//cuò	犯錯　犯错	6
	fàn//dú	販毒　贩毒	6
	fǎn’ér	反而	8
	fàn//fǎ	犯法	6
	fànmài	販賣　贩卖	6
	fánnǎo	煩惱　烦恼	8
	fǎnyìng	反應　反应	3
fànzuèi	fàn//zuì	犯罪	6
	fàng//pì	放屁	13
fāngshìh	fāngshì	方式	3
fángwū shuèi	fángwū shuì	房屋稅	11
	fèi	費　费	14
	fèidiàn	費電　费电	14
	fēifǎ	非法	11
	fèihuà	廢話　废话	12
	fèilì	費力　费力	14
	fèiliào	廢料　废料	12
	fēipán	飛盤　飞盘	13
fèicìwù	fèiqìwù	廢棄物　废弃物	12
	fèishuǐ	費水　费水	14

通用拼音	漢語拼音	生詞	課數
	fèiwù	廢物　废物	12
	fèiyóu	費油　费油	14
fōng	fēng	瘋　疯	13
fōngfù	fēngfù	豐富　丰富	3
fōnglì	fēnglì	風力　风力	12
fōnglì fādiàn	fēnglì fādiàn	風力發電　风力发电	12
	fēngqù	風趣　风趣	3
	fēn//jí	分級　分级	4
	fēnshǒu	分手	7
fōng·zih	fēng·zi	瘋子　疯子	13
	fǒuzé	否則　否则	3
	fù	副	1
	fùdān	負擔　负担	8
	fǔdǎo	輔導　辅导	4
	fǔdǎojí	輔導級　辅导级	4
	fūfù	夫婦　夫妇	10
fù huèijhǎng	fù huìzhǎng	副會長　副会长	1
fùnyǔ	fùnǚ	婦女　妇女	8
	fūqī	夫妻	10
	fǔtóu	斧頭　斧头	13
fù siàojhǎng	fù xiàozhǎng	副校長　副校长	1
	fùzá	複雜　复杂	2
	fù//zé	負責　负责	1
fú jhuāng	fúzhuāng	服裝　服装	1
	fù zǒngtǒng	副總統　副总统	1

G

通用拼音	漢語拼音	生詞	課數
	gāi	該　该	12
	gǎishàn	改善	11

通用拼音	漢語拼音	生詞	課數
	gōutōng	溝通　沟通	11
gòuwù jhōngsīn	gòuwù zhōngxīn	購物中心　购物中心	12
	gǔdài	古代	5
	gǔdiǎn	古典	5
	gùkè	顧客　顾客	11
	Gǔkējiǎn	古柯鹼　古柯碱	6
gùshìh	gùshì	故事	4
	gùyì	故意	14
gù·jhe	gù·zhe	顧著　顾着	2
	guàdiànhuà	掛電話　挂电话	5
guā·zǐh	guā·zǐ	瓜子	8
	guài	怪	1
	guǎnlǐ	管理	12
	guǎnlǐ yuán	管理員　管理员	12
	guānniàn	觀念　观念	8
guānshuèi	guānshuì	關稅　关税	11
	guānyú	關於　关于	3
guānjhòng	guānzhòng	觀眾　观众	3
	guāng	光	11
	guàng	逛	2
	guāngdié	光碟	1
	guāngdiéjī	光碟機　光碟机	1
	guàngjiē	逛街	2
guēidìng	guīdìng	規定　规定	5
guēijyǔ	guījǔ	規矩　规矩	5
guēizé	guīzé	規則　规则	10
guèizú	guìzú	貴族　贵族	8
	guǒdòng	果凍　果冻	13
	guójì huà	國際化　国际化	9

通用拼音	漢語拼音	生詞	課數
	hèn	恨	8
	hènbùdé	恨不得	8
	hēng	哼	9
	hóng	紅　红	3
	hóngbāo	紅包　红包	1
	hóngchá	紅茶　红茶	1
	hōngdòng	轟動　轰动	5
	hòu	厚	14
hoùhuěi	hòuhuǐ	後悔　后悔	5
	hóulóng	喉嚨　喉咙	6
	hòuyuàn	後院　后院	8
	hòuzuò	後座　后座	10
	húlǐhútú	糊裡糊塗　糊里糊涂	7
	huā	花	7
	huábùlái	划不來　划不来	10
	huáchuán	划船	10
	huāhuāgōngzǐ	花花公子	7
	huáiyùn	懷孕　怀孕	7
	huánbǎo	環保　环保	12
	huánjìng bǎohù	環境保護　环境保护	12
	huāshēng	花生	8
huà shuō huéi·lái	huà shuō huí·lái	話說回來　话说回来	7
huà//jhuāng	huà//zhuāng	化妝　化妆	1
huàjhuāng	huàzhuāng	化裝　化装	1
huásiángyì	huáxiángyì	滑翔翼	2
huéidá	huídá	回答	3
huéishoū	huíshōu	回收	12
huèijhǎng	huìzhǎng	會長	1
	hūndǎo	昏倒	10

通用拼音	漢語拼音	生詞	課數
hūnmí bùsǐng	hūnmí bùxǐng	昏迷不醒	10
	húntún	餛飩 馄饨	1
hūnwàicíng	hūnwàiqíng	婚外情	8
	huógāi	活該 活该	6
	huǒguō	火鍋 火锅	2
	hūrán	忽然	1
hùshìh	hùshì	護士 护士	10
	hùwài	戶外	2
hùsiāng	hùxiāng	互相	1

J

通用拼音	漢語拼音	生詞	課數
	jí	集	3
	jí	級 级	4
	jì	繫 系	10
	jīchē	機車 机车	10
	jīdòng	激動 激动	11
	jíjiù	急救	10
jìniànsìng	jìniànxìng	紀念性 纪念性	3
jīcì	jīqì	機器 机器	1
jīcìrén	jīqìrén	機器人 机器人	1
	jìsuàn	計算 计算	11
	jìsuànjī	計算機 计算机	11
jíshǐh	jíshǐ	即使	7
jìsìng	jìxìng	記性 记性	4
jìsyù	jìxù	繼續 继续	8
jìjhě	jìzhě	記者 记者	3
jíjhěn	jízhěn	急診 急诊	10
jíjhěnshìh	jízhěnshì	急診室 急诊室	10
jìzǔ	jìzǔ	祭祖	11

通用拼音	漢語拼音	生詞	課數
	jiāchángcài	家常菜	4
jiājyù	jiājù	家具	9
	jiārén	家人	11
	jiātíng	家庭	6
jiāsīn	jiāxīn	加薪	8
	jiǎn	減　减	6
	jiǎn	撿　捡	11
	jiānbǎng	肩膀	11
	jiǎnchá	檢查　检查	11
	jiǎndān	簡單　简单	8
	jiǎng//diànhuà	講電話　讲电话	5
	jiǎng//dàolǐ	講道理　讲道理	3
	jiǎngjiù	講究　讲究	14
	jiǎngtái	講台　讲台	14
	jiǎnjià	減價　减价	12
	jiànjiē	間接　间接	10
	jiàngluò	降落	11
	jiànmiàn	見面　见面	5
jiǎncīng	jiǎnqīng	減輕　减轻	6
	jiǎnshǎo	減少　减少	6
jiànsíng	jiànxíng	健行	2
jiǎnjhíh	jiǎnzhí	簡直　简直	14
	jiǎo	繳　缴	11
	jiāoliú	交流	11
(jiǎosè/juésè)	jiǎosè(juésè)	角色	4
jiǎoshuèi	jiǎoshuì	繳稅　缴税	11
	jiǎotàchē	腳踏車　脚踏车	2
	jiǎo tà liǎngtiáo chán	腳踏兩條船 脚踏两条船	7

通用拼音	漢語拼音	生詞	課數
jiāotōngguēizé	jiāotōngguīzé	交通規則 交通规则	10
	jiārén	家人	11
jiàshǐh jhíhjhào	jiàshǐ zhízhào	駕駛執照 驾驶执照	10
jiātíng jhǔfù	jiātíng zhǔfù	家庭主婦 家庭主妇	8
jiàjhào	jiàzhào	駕照 驾照	10
	jīchē	機車 机车	10
	jīdòng	激動 激动	11
	jié	結 结	13
	jiè	戒	6
	jiébīng	結冰 结冰	13
	jiéguǒ	結果 结果	9
	jiéhūn	結婚 结婚	7
jiéjyú	jiéjú	結局 结局	4
jiějyué	jiějué	解決 解决	6
	jiémù	節目 节目	1
	jiéshěng	節省 节省	10
jiěshìh	jiěshì	解釋 解释	7
	jiēshòu	接受	5
	jiéyuē	節約 节约	12
	jiéyùn	捷運 捷运	10
jièjhǐh	jièzhǐ	戒指	11
	jìng	敬 敬	2
	jìngjìng·de	靜靜地 静静地	2
jìngjiǒu	jìng//jiǔ	敬酒	2
jīngjyù	jīngjù	京劇 京剧	1
jǐngcì	jǐngqì	景氣 景气	9
jīngsǐ	jīngxǐ	驚喜 惊喜	11
jīngyà	jīngyà	驚訝 惊讶	11
jìng·zih	jìng·zi	鏡子 镜子	1

通用拼音	漢語拼音	生詞	課數
Jīnmǎjiǎng yǐngjhǎn	Jīnmǎjiǎng yǐngzhǎn	金馬獎影展 金马奖影展	4
	jiù	救	10
	jiùhùchē	救護車　救护车	10
	jiùhuǒ	救火	10
	jiùhuǒchē	救火車　救火车	10
jiǒuyǐn	jiǔyǐn	酒癮　酒瘾	6
jyù	jù	聚	4
jyuānkuǎn	juān//kuǎn	捐款	10
jyuān//siě	juān//xiě	捐血	10
jyùběn	jùběn	劇本　剧本	5
jyùcān	jùcān	聚餐	4
jyúgōng	júgōng	鞠躬	14
jyùcíng	jùqíng	劇情　剧情	3
jyūrán	jūrán	居然	2

K

通用拼音	漢語拼音	生詞	課數
	kāi	開　开	10
	kāidāo	開刀　开刀	10
	kāidāo fáng	開刀房　开刀房	10
	kāi//fádān	開罰單　开罚单	10
	kǎn	砍	13
	kǎndǎo	砍倒	13
	kàngyì	抗議　抗议	12
	kànzài...·defènshàng	看在…的份上	14
	kào	靠	8
kǎolyù	kǎolǜ	考慮　考虑	12
kǎosiāng	kǎoxiāng	烤箱	9
	kǎtōng yǐngpiàn	卡通影片	3

通用拼音	漢語拼音	生詞	課數
	kèhù	客戶	9
	kēhuàn piàn	科幻片	4
kējì, kēsyué gēn jìshù	kējì, kēxué gēn jìshù	科技，科學跟技術 科技，科学跟技术	12
	kěkào	可靠	8
	kělián	可憐　可怜	4
	kěn	肯	13
	kěpà	可怕	6
	kěwù	可惡	7
kēsyué	kēxué	科學　科学	12
kēsyuéjiā	kēxuéjiā	科學家　科学家	12
kēsyuéjiè	kēxué jiè	科學界　科学界	12
kěsiào	kěxiào	可笑	14
	kǒngbù	恐怖	4
	kǒngbù piàn	恐怖片	4
	kǒucái	口才	7
kǒushuěi	kǒushuǐ	口水	2
	kùwà	褲襪　裤袜	6
	kuàichē dào	快車道　快车道	10
	kuājiǎng	誇獎　夸奖	9
	kuān	寬　宽	10

L

通用拼音	漢語拼音	生詞	課數
	lǎbā	喇叭	12
lādù·zih	lādù·zi	拉肚子	14
	láiwǎng	來往　来往	11
	lǎn	懶　懒	14
	lǎn·de	懶得　懒得	14
	làng	浪	2

通用拼音	漢語拼音	生詞	課數
	làngfèi	浪費 浪费	14
	lǎodiàoyá	老掉牙	13
	láogōng	勞工	9
	lǎogōng	老公	11
	lǎojiā	老家	11
	lǎopó	老婆	11
lǎoshíh	lǎoshí	老實 老实	13
lǎoshìh	lǎoshì	老是	7
	lěngdàn	冷淡	11
	lěngdòng	冷凍 冷冻	13
	lèsè	垃圾	12
	lèsè tǒng	垃圾桶 垃圾筒	12
	lì	利	13
	lǐ duō rén bú guài	禮多人不怪 礼多人不怪	11
	lí//hūn	離婚 离婚	8
líhūnlyù	líhūn lǜ	離婚率 离婚率	8
	lǐtáng	禮堂 礼堂	1
lì·zih	lì·zi	例子	5
	lián...dài	連…帶 连…带	14
	liàn'ài	戀愛 恋爱	7
	liǎnpíhòu	臉皮厚 脸皮厚	14
liánsiàn	liánxiàn	連線 连线	3
liǎnsíng	liǎnxíng	臉型 脸型	14
liánsyùjyù	liánxùjù	連續劇 连续剧	3
	liáotiān	聊天	8
	lǐngdài	領帶 领带	14
	lǐngjié	領結 领结	14
línjyū	línjū	鄰居 邻居	13

通用拼音	漢語拼音	生詞	課數
	màizuò	賣座　卖座	4
	mǎmǎhūhū	馬馬虎虎　马马虎虎	4
	mànchē dào	慢車道　慢车道	10
	máng·búguòlái	忙不過來　忙不过来	1
	mǎn tóu dà hàn	滿頭大汗　满头大汗	1
	mǎnyì	滿意　满意	14
	mǎnzú	滿足　满足	14
	máo	毛	7
	máojīn	毛巾	7
	máoyī	毛衣	7
	màoyì	貿易　贸易	9
	měijīn	美金	9
	měimèng	美夢　美梦	13
méimiàn·zǐh	méimiàn·zǐ	沒面子	8
měishìh	měishì	美式	3
měishìh zúcióu	měishì zúqiú	美式足球	3
	Měiyuán	美元	13
	mèng	夢　梦	13
	mèngdào	夢到　梦到	13
	mèngjiàn	夢見　梦见	13
	miǎndé	免得	3
	miǎnfèi	免費　免费	3
	miǎnqiǎng	勉強	13
miǎnshuèi shāngdiàn	miǎnshuì shāngdiàn	免稅商店　免税商店	11
miànjhǐh	miànzhǐ	面紙　面纸	11
miàn·zǐh	miàn·zǐ	面子	8
	míngmíng	明明	14
	míngpái	名牌	9

通用拼音	漢語拼音	生詞	課數
	nuǎnhuà	暖化	12
	nǔlì	努力	8
nyǔ ciángrén	nǚ qiángrén	女強人	8
nyǔshìh	nǚshì	女士	14
nyǔ jhǔjiǎo (nyǔ jhǔjyué)	nǚ zhǔjiǎo (nǚ zhǔjué)	女主角	4

O

通用拼音	漢語拼音	生詞	課數
	ō	喔	5
	ōuyuán	歐元	9
ǒusiàng	ǒuxiàng	偶像	5

P

通用拼音	漢語拼音	生詞	課數
	pāi	拍	4
	pài	派	1
	pāi//mǎpì	拍馬屁　拍马屁	13
pàiduèi	pài//duì	派對　派对	6
pái·zih	pái·zi	牌子	9
	pān yán	攀岩	2
	pào	泡	8
	pào chá	泡茶　泡茶	8
	péi	陪	2
	pèi	配	1
	pèihé	配合	1
pèijiǎo(pèiyué)	pèijiǎo(pèijué)	配角	4
	pèishàng	配上	1
	pèiyīn	配音	3
	pìgǔ	屁股	13
	piàn	騙　骗	7

通用拼音	漢語拼音	生詞	課數
ciánshuěi	qiánshuǐ	潛水 潜水	2
ciānwàn	qiānwàn	千萬 千万	10
ciānsyū	qiānxū	謙虛 谦虚	14
ciányuàn	qiányuàn	前院	8
ciánzuò	qiánzuò	前座	10
Ciǎokèlì	Qiǎokèlì	巧克力	14
cīn	qīn	親 亲	14
cīn'ài·de	qīn'ài·de	親愛的 亲爱的	14
cīněr	qīněr	親耳 亲耳	7
cīnkǒu	qīnkǒu	親口 亲口	7
cíngkuàng	qíngkuàng	情況 情况	10
cīngshāng	qīngshāng	輕傷 轻伤	10
cīngshàonián	qīngshàonián	青少年	6
cīncī	qīnqī	親戚 亲戚	11
cīnrén	qīnrén	親人 亲人	11
cīnshǒu	qīnshǒu	親手 亲手	7
cīnyǎn	qīnyǎn	親眼 亲眼	7
cīnzìh	qīnzì	親自 亲自	7
cyún·zih	qún·zi	裙子	8
cīn//zuěi	qīn//zuǐ	親嘴 亲嘴	14
cyóng	qióng	窮 穷	13
cyóngrén	qióng rén	窮人 穷人	13
cípáo	qípáo	旗袍	14
cióu	qiú	求	7
cióuhūn	qiúhūn	求婚	7
cyuán	quán	拳	2
cyuàn	quàn	勸 劝	7
cyuánlì	quánlì	權利 权利	3
cyuánlì	quánlì	權力 权力	3

通用拼音	漢語拼音	生詞	課數
sānmíngzhìh	sānmíngzhì	三明治	14
	sǎo	掃　扫	8
	sǎodì	掃地　扫地	8
	sǎodú	掃毒　扫毒	8
	sēnlín	森林	12
	shā	殺　杀	7
	shǎ	傻	13
	shā//chē	煞車　煞车	10
	shǎguā	傻瓜	13
	shālā	沙拉	14
Shāshìhbǐyà	Shāshìbǐyà	莎士比亞　莎士比亚	5
Shānsī	Shānxī	山西	11
	shāng	傷　伤	6
	shàngbānzú	上班族	8
	shàng//dàng	上當　上当	14
	shānghài	傷害　伤害	6
	shàng//shuì	上稅	11
	shàng//tái	上台　上台	1
shāngsīn	shāngxīn	傷心　伤心	7
shàngsiàn	shàngxiàn	上線　上线	5
	shàngyǐn	上癮	6
	shé	蛇	13
	shèbèi	設備　设备	11
shèhuèisiěshípiàn	shèhuìxiěshípiàn	社會寫實片　社会写实片	4
	shēn	深	5
	shēngchǎn	生產　生产	9
	shēng//jí	升級　升级	8
	shēngmìng	生命	7

通用拼音	漢語拼音	生詞	課數
shēngjhíh	shēngzhí	升值	9
shènjhìhyú	shènzhìyú	甚至於	8
	shèyǐng	攝影 摄影	4
shèyǐngshīh	shèyǐngshī	攝影師 摄影师	4
shìhdàng	shìdàng	適當 适当	9
shíhjiānsìng	shíjiānxìng	時間性 时间性	3
Shìhjièbèi Zúcióu Dà Sài	Shìjièbēi Zúqiú Dà Sài	世界杯足球大賽 世界杯足球大赛	3
shīhliàn	shīliàn	失戀 失恋	7
	shīmǔ	師母	8
shīhwàng	shīwàng	失望	7
shīhyè	shīyè	失業 失业	9
shíhyè	shìyè	事業 事业	8
shíhzài	shízài	實在 实在	3
shíhzàishuō	shízàishuō	實在說 实在说	3
	shóu	熟	13
	shōumǎi	收買 收买	12
	shōu//pòlàn	收破爛 收破烂	12
shōushìhlyù	shōushìlǜ	收視率 收视率	8
	shǒushù	手術 手术	10
	shǒushù fáng	手術房 手术房	10
	shōuyǎng	收養 收养	7
	shuā	刷	6
	shuā yá	刷牙	6
shuā·zih	shuā·zi	刷子	6
	shōuyīnjī	收音機 收音机	1
	shǒu	首	1
	shǒutào	手套	7
	shǒutí diànnǎo	手提電腦 手提电脑	9

通用拼音	漢語拼音	生詞	課數
shòu ...x... ·deyǐngsiǎng	shòu... x ... ·deyǐngxiǎng	受…X…的影響 受…X…的影响	6
	shuāi	摔	13
	shuāidǎo	摔倒	13
shuèi	shuì	稅	11
shuěijhǔn	shuǐzhǔn	水準　水准	5
shuěiyuán	shuǐyuán	水源	12
	shùlín	樹林　树林	12
	shú·shu	叔叔	9
shūsiě	shūxiě	輸血　输血	10
	shùnlì	順利　顺利	1
	shuōhuà búsuànhuà	說話不算話 说话不算话	13
	shuōmíng	說明　说明	11
	shuōmíngshū	說明書　说明书	11
	shuō shízài·de	說實在的　说实在的	3
	shùwèi huà	數位化　数位化	1
shùwèi siàngjī	shùwèi xiàngjī	數位相機　数位相机	1
SNG jhuǎnbòchē	SNG zhuǎnbòchē	SNG轉播車 SNG转播车	3
	sùdù	速度	10
	sùjiāo	塑膠　塑胶	12
	suíshēndié	隨身碟　随身碟	4
	suíshēntīng	隨身聽　随身听	4
	suǒ	鎖　锁	4
suǒdéshuèi	suǒdéshuì	所得稅	11

T

通用拼音	漢語拼音	生詞	課數
	tái	臺，台　台	3

通用拼音	漢語拼音	生詞	課數
	tái	抬	10
	táibì	台幣 台币	9
	tāiér	胎兒 胎儿	7
	táishāng	台商	11
	tái//tóu	抬頭 抬头	10
táiwān tóngsyué huèi	táiwān tóngxué huì	臺灣同學會 台湾同学会	1
	tàiyangnéng	太陽能	12
tánhuàsìng jiémù	tánhuàxìng jiémù	談話性節目 谈话性节目	3
	tán//liàn'ài	談戀愛 谈恋爱	7
tàn/cīn	tàn//qīn	探親 探亲	11
tán cíng shuō ài	tán qíng shuō ài	談情說愛 谈情说爱	3
tǎn·zih	tǎn·zi	毯子	8
	tàng	趟	5
	tàng	燙 烫	8
	tángdì	堂弟	2
	tánggē	堂哥	2
	tángjiě	堂姐	2
	tángmèi	堂妹	2
	táo	逃	6
	tào	套	7
	táobì	逃避	6
táo·zih	táo·zi	桃子	13
	tàozhuāng	套裝 套装	14
	táozǒu	逃走	6
	tí	提	2
	tícái	題材 题材	5
	tíchūlái	提出來 提出来	2

通用拼音	漢語拼音	生詞	課數
	tígāo	提高	8
	tídào	提到	2
tí//cǐlái	tí//qǐlái	提起來　提起来	2
	tízǎo	提早	8
tísǐng	tíxǐng	提醒	12
	tǐyù tái	體育台　体育台	3
	tiáojiàn	條件　条件	13
tiǎojhàn	tiǎozhàn	挑戰　挑战	3
tiǎojhànsìng	tiǎozhànxìng	挑戰性　挑战性	3
	tiē	貼　貼	1
	tíngchē chǎng	停車場　停车场	10
	tíngchē fèi	停車費　停车费	10
	tíngchē wèi	停車位　停车位	10
tīngjhòng	tīngzhòng	聽眾　听众	2
	tǒng	桶	6
	tòng	痛	6
	tōngháng	通航	11
	tòngkǔ	痛苦	7
tóngcíng	tóngqíng	同情	4
tóngcíngsīn	tóngqíngxīn	同情心	4
tóngsìngliàn	tóngxìngliàn	同性戀　同性恋	7
	tǒngyī	統一	11
	tōu//lǎn	偷懶　偷懒	14
tóuzīh	tóuzī	投資　投资	9
	tǔ	吐	6
	tù	吐	6
	tuìbù	退步	12
tuèicián	tuìqián	退錢　退钱	12
	V-diào	V-掉	

通用拼音	漢語拼音	生詞	課數

W

通用拼音	漢語拼音	生詞	課數
wà·zih	wà·zi	襪子　袜子	6
	wàigōng	外公	11
	wàipó	外婆	11
wàisiāo	wàixiāo	外銷　外销	9
wàisiāo liàng	wàixiāo liàng	外銷量　外销量	9
	wàiyù	外遇	8
	wān	彎　弯	14
wǎnhuèi	wǎnhuì	晚會　晚会	1
wánjyù	wánjù	玩具	9
	wǎnbèi	晚輩　晚辈	9
	wān//yāo	彎腰　弯腰	14
	wǎngkā	網咖　网咖	2
wǎngcióu pāi	wǎngqiúpāi	網球拍　网球拍	9
	wéifǎn	違反　违反	10
	wèihūn	未婚	7
	wèihūnfū	未婚夫	10
	wèihūn māmā	未婚媽媽　未婚妈妈	7
wèihūncī	wèihūnqī	未婚妻	10
	wèishēng	衛生　卫生	11
	wèishēng shèbèi	衛生設備　卫生设备	11
wèishēngjhǐh	wèishēngzhǐ	衛生紙　卫生纸	11
wūnshìh siàoyìng	wēnshì xiàoyìng	溫室效應　温室效应	12
wéisiǎn	wéixiǎn	危險　危险	6
wúnjyù	wénjù	文具	9
wūncyuán	wēnquán	溫泉	2
wúnyì àicíng piàn	wényì àiqíng piàn	文藝愛情片 文艺爱情片	4

通用拼音	漢語拼音	生詞	課數
	wò//shǒu	握手	5
	wǔdào	舞蹈	1
	wǔdàotuán	舞蹈團　舞蹈团	1
	wùdiǎn	誤點　误点	11
wùhuèi	wùhuì	誤會　误会	7
	Wūlongchá	烏龍茶　乌龙茶	8
	wūrǎn	污染	12
	wúsuǒwèi	無所謂　无所谓	4
	wǔtái	舞臺	1
wǔtáijyù	wǔtái jù	舞臺劇　舞台剧	5
wǔjhě	wǔzhě	舞者	3

X

通用拼音	漢語拼音	生詞	課數
sī	xī	吸	6
sì	xì	戲　戏	5
sīdú	xī//dú	吸毒	6
sià	xià	嚇　吓	11
sīguǎn	xīguǎn	吸管	6
sǐjyù	xǐjù	喜劇　喜剧	4
sìjyù	xìjù	戲劇　戏剧	5
sīshíh	xīshí	吸食	6
sīyān	xī//yān	吸菸	6
sīshìh	xīshì	西式	3
sǐwǎn jī	xǐwǎn jī	洗碗機　洗碗机	3
sǐyījī	xǐyījī	洗衣機　洗衣机	3
sǐzǎo	xǐzǎo	洗澡	5
sǐzǎo jiān	xǐzǎo jiān	洗澡間　洗澡间	5
sījhuāng	xīzhuāng	西裝　西装	14
sì//jhǔrèn	xì//zhǔrèn	系主任	1

通用拼音	漢語拼音	生詞	課數
sià//tái	xià//tái	下臺 下台	1
siàyítiào	xiàyítiào	嚇一跳 吓一跳	11
siànchǎng	xiànchǎng	現場 现场	3
siànshíh	xiànshí	現實 现实	6
siànjhìh	xiànzhì	限制	4
siànjhìhjí	xiànzhìjí	限制級 限制级	4
siǎng	xiǎng	響 响	1
siàng	xiàng	向	13
siāngdāng	xiāngdāng	相當 相当	1
Siāng gǎng	Xiānggǎng	香港	11
siǎngkāi	xiǎngkāi	想開 想开	7
siànglái	xiànglái	向來	13
siāngpiàn	xiāngpiàn	香片	8
siàngshēng	xiàngshēng	相聲 相声	14
siǎngsiàng	xiǎngxiàng	想像	3
siǎngsiànglì	xiǎngxiànglì	想像力	3
siāngyān	xiāngyān	香菸	6
siǎobiàn	xiǎobiàn	小便	12
siǎo dé	xiǎodé	曉得 晓得	4
siāofáng chē	xiāofáng chē	消防車 消防车	10
siàoguǒ	xiàoguǒ	效果	1
siàohuà	xiàohuà	笑話 笑话	5
siàoshùn	xiàoshùn	孝順 孝顺	13
siě	xiě	血	10
siěshíh	xiěshí	寫實 写实	4
siěsíng	xiěxíng	血型	14
siěyán (siěái)	xiěyán (xiěái)	血癌	12
sīnān	xīnān	心安	11
sīngguāng	xīngguāng	星光	1

通用拼音	漢語拼音	生詞	課數
sìng//jiàoyù	xìng//jiàoyù	性教育	7
sīncíng	xīnqíng	心情	7
sīnruǎn	xīnruǎn	心軟　心软	7
sīnshuěi	xīnshuǐ	薪水	8
sīnwún tái	xīnwén tái	新聞台　新闻台	3
sīnwúnsìng	xīnwénxìng	新聞性　新闻性	3
sìnsīn	xìnxīn	信心	7
siōulǐ	xiūlǐ	修理	1
siōusiánfú	xiūxiánfú	休閒服　休闲服	2
siōusián huódòng	xiūxián huódòng	休閒活動　休闲活动	2
siōusián shēnhuó	xiūxián shēnghuó	休閒生活　休閑生活	2
siōusiánsié	xiūxiánxié	休閒鞋　休闲鞋	2
syuānchuán	xuānchuán	宣傳　宣传	7

Y

通用拼音	漢語拼音	生詞	課數
yáchǐh	yáchǐ	牙齒　牙齿	6
	yáshuā	牙刷	6
	yān	菸，煙　烟	6
yǎnchànghuèi	yǎnchànghuì	演唱會　演唱会	5
	yǎnguāng	眼光	2
	yǎnjì	演技	4
	yǎnjìng	眼鏡　眼镜	1
	yǎnlèi	眼淚　眼泪	4
	yānyǐn	煙癮	6
	yǎnyuán	演員　演员	4
yánjhèng(áijhèng)	yánzhèng(áizhèng)	癌症	12
	yáng	羊	13
	yǎng	養　养	7
	yángguāng	陽光　阳光	1

通用拼音	漢語拼音	生詞	課數
	Yángmíng Shān	陽明山 阳明山	2
yǎngcì	yǎngqì	氧氣 氧气	12
	yàngpǐn	樣品 样品	9
	yángsǎn	陽傘 阳伞	7
yángjhuāng	yángzhuāng	洋裝	14
	yāo	腰	14
	yàomìng	要命	12
yāocióu	yāoqiú	要求	7
	yáo//tóu	搖頭 摇头	14
	yáotóuwán	搖頭丸 摇头丸	6
	yèdiàn	夜店	2
	yèmāozú	夜貓族	8
	yè shēnghuó	夜生活	2
yèshìh	yèshì	夜市	2
yìkǒucì	yìkǒuqì	一口氣 一口气	14
yǐshàng	yǐshàng	以上	6
yìshíh	yìshí	一時 一时	14
	yìshù	藝術 艺术	5
yìshùgōngzuòjhě	yìshù gōngzuòzhě	藝術工作者 艺术工作者	5
	yìshùjiā	藝術家 艺术家	5
	yìshùjiè	藝術界 艺术界	5
yìshùjhōngsīn	yìshù zhōngxīn	藝術中心 艺术中心	5
	Yì yǎng huà tàn	一氧化碳	12
	yīyuàn	醫院 医院	10
yǐncǐ	yǐnqǐ	引起	12
yīnsiǎng	yīnxiǎng	音響 音响	1
yìnsiàng	yìnxiàng	印象	5
yīnsiào	yīnxiào	音效	1

通用拼音	漢語拼音	生詞	課數
yīnyuè	yīnyuè	音樂　音乐	3
yīnyuèhuèi	yīnyuèhuì	音樂會　音乐会	3
	yǐngjí	影集	3
	yíngmù	螢幕　萤幕	1
	yǐngpiàn	影片	3
	yīngtáo	櫻桃　樱桃	13
yǐngsiǎng	yǐngxiǎng	影響　影响	6
	yǒngbào	擁抱　拥抱	14
	yǒudàolǐ	有道理	3
	yǒnggǎn	勇敢	13
yǒuguēijyǔ	yǒu guījǔ	有規矩　有规矩	5
yóusì	yóuxì	遊戲　游戏	2
yǒusiàn diànshìh	yǒuxiàn diànshì	有線電視　有线电视	3
	yóuyú	由於	5
	yúkuài	愉快	1
	yǔlín	雨林	12
yǔcí	yǔqí	與其　与其	9
	yǔsǎn	雨傘　雨伞	9
	yùshàng	遇上	10
yúshìh	yúshì	於是	13
	yuánbǎn	原版	4
	yuánliàng	原諒　原谅	7
	yuánlǐngshān	圓領衫　圆领衫	1
	yuányīn	原因	9
yuàn·zih	yuàn·zi	院子	8
	yuèguāng	月光	1
	yuèqì	樂器　乐器	3
	yūn	暈　晕	6
	yūnchē	暈車　晕车	6

通用拼音	漢語拼音	生詞	課數
	yūnchuán	暈船　晕船	6
	yùngdòngshān	運動衫　运动衫	1
	yūnjī	暈機　晕机	6
	Yúnmén Wǔjí	雲門，雲門舞集 云门，云门舞集	5

Z

通用拼音	漢語拼音	生詞	課數
	zàihū	在乎	14
	zàishēng	再生	12
	zàishuō	再說　再说	7
	zāo	糟	4
	zàochéng	造成	11
	zāogāo	糟糕	4
	zāoyù	遭遇	4
	zǎowǎn	早晚	13
	zàojù	造句	9
	zàoyīn	噪音	12
	zēngjiā	增加	11
	zérèn	責任　责任	1
jhǎi	zhǎi	窄	13
jhànchūlái	zhànchūlái	站出來　站出来	13
jhàn ...dìyīwèi	zhàn...dìyīwèi	佔…第一位 占…第一位	9
jhāng	zhāng	張　张	1
jhǎng	zhǎng	漲　涨	9
jhāngkāi	zhāngkāi	張開　张开	1
jhǎngbèi	zhǎngbèi	長輩　长辈	9
jhǎngjià	zhǎngjià	漲價　涨价	9
jhànshíh	zhànshí	暫時　暂时	6

通用拼音	漢語拼音	生詞	課數
jhāodài	zhāodài	招待	1
jhào+V	zhào+V	照+V	13
jhékòu	zhékòu	折扣	12
jhèsià·zih	zhèxià·zi	這下子　这下子	2
jhēnshíh	zhēnshí	真實　真实	4
jhēntàn	zhēntàn	偵探　侦探	4
jhēntànpiàn	zhēntàn piàn	偵探片　侦探片	4
jhēnjhèng	zhēnzhèng	真正　真正	8
jhěng	zhěng	整	8
jhèngcè	zhèngcè	政策	9
jhēngkāi	zhēngkāi	睜開　睁开	13
jhèngjiàn	zhèngjiàn	證件　证件	13
jhěnglǐ	zhěnglǐ	整理	14
jhěngcí	zhěngqí	整齊　整齐	14
jhèngcyuè	zhèngquè	正確　正确	9
jhèngrén	zhèngrén	證人　证人	13
jhèngshìh	zhèngshì	正式	5
jhěngtiān	zhěngtiān	整天	8
jhīhpiào	zhīpiào	支票	4
jhīhshìhsìng	zhīshìxìng	知識性　知识性	3
jhíhwèi	zhíwèi	職位　职位	8
jhíhwù	zhíwù	植物	10
jhíhwùrén	zhíwùrén	植物人	10
jhíhyèfùnyǔ	zhíyè fù'nǔ	職業婦女　职业妇女	8
jhǐhjhāng huéishōuchù	zhǐzhāng huíshōuchù	紙張回收處 纸张回收处	12
Jhíhjhào	zhízhào	執照　执照	10
jhìhzào	zhìzào	製造　制造	9
jhòngdú	zhòngdú	中毒	6

通用拼音	漢語拼音	生詞	課數
zìhdiǎn	zìdiǎn	字典	5
zìhdòngfànmàijī	zìhdòngfànmàijī	自動販賣機 自动贩卖机	6
zìhmù	zìmù	字幕	4
zìhshā	zìshā	自殺 自杀	7
zìhsíngchē	zìxíngchē	自行車 自行车	2
zìhyóu	zìyóu	自由	2
zìhyóu zìhzài	zìyóu zìzài	自由自在	2
zìhzài	zìzài	自在	2
	zǒngsuàn	總算 总算	1
	zòngyì jiémù	綜藝節目 综艺节目	3
zǒusīh	zǒusī	走私	11
	zú	族	1
zuān	zuān	鑽 钻	10
zuèi	zuì	醉	5
zuèihòu	zuìhòu	最後 最后	6
zuèijiā	zuìjiā	最佳	4
zūnshǒu	zūnshǒu	遵守	6
zuǒyòu	zuǒyòu	左右	10
	zuò//mèng	做夢 做梦	13
zuòwún	zuòwén	作文	7
zuòjhě	zuòzhě	作者	3
zuòjhèng	zuò//zhèng	作證 作证	13
zúcióu	zúqiú	足球	3

國家圖書館出版品預行編目資料

新版實用視聽華語 / 國立臺灣師範大學主編. – 二版. – 臺北縣新店市：正中, 2008. 2
冊；19×26公分 含索引
ISBN 978-957-09-1788-8（第1冊：平裝）
ISBN 978-957-09-1789-5（第1冊：平裝附光碟片）
ISBN 978-957-09-1790-1（第2冊：平裝）
ISBN 978-957-09-1791-8（第2冊：平裝附光碟片）
ISBN 978-957-09-1792-5（第3冊：平裝）
ISBN 978-957-09-1793-2（第3冊：平裝附光碟片）
ISBN 978-957-09-1794-9（第4冊：平裝）
ISBN 978-957-09-1795-6（第4冊：平裝附光碟片）
ISBN 978-957-09-1796-3（第5冊：平裝）
ISBN 978-957-09-1797-0（第5冊：平裝附光碟片）
1. 漢語 2. 讀本
802.86 96021892

新版《實用視聽華語》（四）

主　　編　者◎國立臺灣師範大學
編 輯 委 員◎范慧貞・劉秀芝（咪咪）・蕭美美
召　　集　人◎葉德明
著作財產權人◎教育部
地　　　　址◎(100)臺北市中正區中山南路5號
電　　　　話◎(02)7736-7990
傳　　　　眞◎(02)3343-7994
網　　　　址◎http://www.edu.tw

發　　行　人◎蔡繼興
出 版 發 行◎正中書局股份有限公司
地　　　　址◎臺北縣(231)新店市復興路43號4樓
郵 政 劃 撥◎0009914-5
網　　　　址◎http://www.ccbc.com.tw
E-mail：service@ccbc.com.tw
門　　市　部◎臺北縣(231) 新店市復興路43號4樓
電　　　　話◎(02)8667-6565
傳　　　　眞◎(02)2218-5172

香港分公司◎集成圖書有限公司－香港皇后大道中283號聯威商業中心8字樓C室
TEL：(852)23886172-3・FAX：(852)23886174
美國辦事處◎中華書局－135-29 Roosevelt Ave. Flushing, NY 11354 U.S.A.
TEL：(718)3533580・FAX：(718)3533489
日本總經銷◎光儒堂－東京都千代田區神田神保町一丁目五六番地
TEL：(03)32914344・FAX：(03)32914345

政府出版品展售處
教育部員工消費合作社
地　　　　址◎(100)臺北市中正區中山南路5號
電　　　　話◎(02)23566054
五南文化廣場
地　　　　址◎(400)臺中市中山路6號
電　　　　話◎(04)22260330#20、21

國立教育資料館
地　　　　址◎(106)臺北市大安區和平東路一段181號
電　　　　話◎(02)23519090#125

行政院新聞局局版臺業字第0199號(10577)
出版日期◎西元2008年2月二版一刷
ISBN 978-957-09-1795-6
定價 / **880**元（內含MP3）
著作人：范慧貞・劉秀芝（咪咪）・蕭美美

分類號碼◎802.00.073
GPN 1009700091
著作財產權人：教育部

CHENG CHUNG
BOOK CO., LTD.

CHENG CHUNG
BOOK CO., LTD.

CHENG CHUNG
BOOK CO., LTD.

CHENG CHUNG
BOOK CO., LTD.